「俗信」と生活の知恵

―揺籃期の民俗誌から―

佐々木 美智子 著

岩田書院

目次

はじめに

日本の近代化と柳田國男

日本の近代化には、明治初年期に始まる国家主導の制度改革を主とする近代化と、戦後から一九六〇年代に始まる高度経済成長期以後をピークとする国民の生活改善を中心とする近代化とが見られた。

近代化に伴う都市部への人口移動は、従来の地域共同体、すなわち村落共同体に社会変動を起こした。社会変動はまたそれまでの生活様式を根本から変えることになり、日本の社会は多様な形で前近代社会から近代社会へと生まれ変わることになった。

柳田國男の目には、前近代社会と近代社会による生活上の文化の相違がはっきり映っていたと思われる。

一九三五年(昭和一〇)に刊行された『郷土生活の研究』[1](原題は『郷土生活の研究法』で、後に改題)において、「文化は継続しているので、今ある文化のなかに前代の生活が含まれているのである」としながら、「近年の新文化になってから、新たになされた改良はひき離して、今まで残っている昔からの生活技術だけをみようとするのである」と、昭和初期における民俗調査の方向性を述べる。前代の生活の文化を受け継いでいる近代化以前の前近代社会、すなわち、伝統社会が日本列島の多くを占めている間に、急いでそのあり方を究明すべきだ、という考えがはっきりと示されている。

柳田民俗学と『郷土生活の研究』

柳田國男は『後狩詞記』(一九〇九年)出版のもとになった宮崎県の椎葉村での聞き書きを契機に、フォークロア(民間伝承)に関心を寄せることになる。その後、自宅の書斎を提供して民俗学研究所を開設する。民間伝承研究の拠点として一〇年間研究や出版事業を行ってきた研究所は、諸般の事情から一九五七年(昭和三二)に解散することになる。著者は柳田國男が創始し主導したこの間の民間伝承の学を「柳田民俗学」と位置付ける。東京教育大学と成城大学が民俗学を学科として設置した、いわば研究拠点を大学に移行する前年までのことである。

『後狩詞記』の出版から民俗学研究所の解散に至るまでの半世紀にわたる柳田國男の軌跡にあって、一九三五年はとりわけ大きな意義を持つ年であった。日本民俗学講習会が柳田の還暦を記念して開催されたからである。同時に、郷土史家といわれる人々や民俗学に関心を寄せる人々を網羅するかのように、全国組織の「民間伝承の会」が発足し、機関誌『民間伝承』が発行されることになった。

こうした学会としての組織化と同等に、あるいはそれ以上に著者が意義を感じるのは、時を同じくして刊行された『郷土生活の研究』による一般への啓蒙と会員への指導である。同書の解説を担当した大藤時彦によれば、巻頭の一章「郷土研究とは何か」は、新たに書き起こされたものだという。後半の民俗資料の分類は、すでに昭和七年から八年にかけて口述されたものであった。

前篇では「郷土研究の第一義は平民の過去を知ることである」という主旨のもとに、民間伝承の資料の特質やその意義などを述べている。後篇では採集者が調査対象に近づいていく順序に従って、まず眼に訴えるものすなわち有形文化、次に耳を通して得られるものすなわち言語芸術、最後に感覚に訴えるものとして心意現象と三部に分けて、入門者にも理解しやすい説明をしている。

三部の心意現象では、「人は何のために生きているか」を知るために、「生活目的」と「知識」、そして「手段と技術」の三つに分類する。つまり、「知識」として兆と卜占、「生活技術」として呪と禁を説明し、「この禁こそは、一番に、郷土研究の重要な部分である。どうしても郷土人自身の研究にまたねばならぬ部分、といったのは実はこれだったのである」と述懐する。そして、「知識」と「技術」を中心に据えて、俗信の分野の説明に終始する。その結果、「郷土研究の第一の目的は、禁忌の研究にあるとも言い得られるほどである」という結論が導き出されるのである。

井之口章次がその著書『日本の俗信』(2)の中で指摘するように、一九三一年(昭和六)から三五年にかけて柳田は俗信を規定する意欲が旺盛だったようである。特に俗信に対する定義を示すことはなかったが、「通俗的に信じられてきたこと」という理解が最も多いとしている。

俗信研究と郷土人の採集

このように、柳田は俗信研究の重要性を主張しているのであるが、その一方で、文章の端々に採集者(調査者)の心得や注意がなされている。その主だった例をいくつか挙げてみる。

①私の提案は、郷土人自身の力をもって、一日も早く安心して使えるような精確なる採集記録を調製して(中略)これが私たちが二十年も前から、つねに力説している郷土研究の本体であった。

②今までの採集記録の欠点は(以下著者の要約)目的の散漫、採集者自身の郷土の自慢、採集範囲の偏りである。

③(採集で)一番困ることは、折角歴史によって現実の疑問を解こうとする志があり、かつ綿密なる調査を続けるだけの、根気のある採集者が土地におりながら、こんなことを採集して果たして何の役に立つのかと怪しんでみたり、または全然ある事物の意義を看過して、眼前に残ってほどなく消えるものも、注意せずに投げ棄てておくことである。

④採集者は、生物学方面の採集も同じように、ざっと一通り民俗に関する知識を具え、とくに他の地方で行われている先輩の調査には、つねに若干の注意を払っている必要がある。

①は郷土人による採集記録(調査報告)の重要性について述べたものである。当時は調査地に居住している郷土の人の手になる調査と、他所から訪れて一定期間滞在した旅人による調査とを区別する傾向があった。俗信、とりわけ禁忌について柳田は、「境遇の違ったところに育った者には、何としたところで分かりようはずはないから、これだけはどうしても、郷土人自身の手によらなくてはならぬのである」と述べている。俗信はそれを持ち伝えている地域の人々の生活と結び付いているものであるから、俗信を伝承する地に居住する人による生活記録が必要であると考えていたのである。

②は従来の採集記録にありがちな欠点について、③は採集者の考え方、④は採集者の心得についてである。これらはいずれも、郷土人自身による民俗誌の必要性とその弊害について述べたものである。

一般に、『郷土生活の研究』は民俗学の入門書、あるいは柳田唯一の概論書と見なされている。しかし、学史的な位置付けとなると捉え方が違ってくる。内容の中心である後篇は当時の研究水準を示しつつ、民俗事象の主要項目を解説したものである。前篇はその前提として採集者の心得と採集記録のあり方を述べたものであった。つまり、学会の組織化を背景に会員の民俗調査者としての自覚を促すものである。このように編み出された『郷土生活の研究』のエッセンスは、それまでの柳田民俗学の到達点であると同時に、それ以後の大学に研究拠点を置いたアカデミック民俗学、すなわち近代民俗学の出発点ともなったという位置付けが出来るのである。

揺籃期の民俗誌

「炉辺叢書」は柳田國男編集の民俗学初期の叢書で、一九二一年（大正一〇）から一九二九年（昭和四）にかけて郷土研究社から刊行された。その土地に生まれ育った人による生活記録をという思いの具体化である。民俗誌・民謡集・民譚集など多岐にわたるが、柳田の意向を反映して、民俗資料集としての性格が次第に整いはじめてきたものといえる。

一九二四年（大正一三）に「炉辺叢書」の一環として『相州内郷村話』を刊行した鈴木重光は序において、「ここに集めた話の全部は、私がこれまでに見聞した事ばかりであります。それでその多くの話は、凩《こがらし》の吹く寒い晩などに、一家一同炉辺に集まって、粗朶《そだ》折りくべながら、母などから聴いたものである。この点は「炉辺叢書」の名に背かぬと思います」と述べている。

また、一九二八年（昭和三）に『信達民譚集』を上梓した近藤喜一は、「世の風潮に伴って人はみな新しきを追うに急で、これら旧事に属する談柄《だんぺい》などはほとんど顧みる遑《いとま》がない。私は永い間世の伝承の泯《ほろ》び行くを憂えていた」と心境を語る。

一方、この叢書の編集にあたった柳田は『故郷七十年』[3]の回想の中で、「埋もれた執筆者を見つけて育てたといふ功績は大きなものであつたと思ふ」と振り返り、「この人達が今日の民俗学会の一つの基礎になつたのである」と、その業績を高く評価しているのである。

こうした人々の手になる民俗誌は、当事者の声をまとめた民俗誌といえる。当事者目線による民俗誌ほど、民俗事象をリアルに語るものはない。「言い習わし」「禁厭」という項目を含めて俗信の分野が大きな割合を占めていることも、一九三五年（昭和一〇）までの民俗誌の特徴の一つである。これは筆者の取捨選択による結果ではなく、炉辺の話が反映されているからであろう。俗信は、ごく普通の人々の日常生活にあって、無視したり笑いとばしたりするほど軽いものではなく、安全かつ安心な生活を送る上で、必要不可欠な共通認識であったと考えられる。「俗信」を「生活の知恵」と言い換えることもできる。

その後、民俗学研究所のメンバーによる柳田國男監修の民俗誌が、「全国民俗誌叢書」として三省堂及び刀江書院から刊行される。それぞれの筆者が戦前に調査した資料を地域別にまとめたもので全七冊である。専門家の手になる民俗誌としてその後の民俗誌のあり方に大きな影響を与えた。

こうした柳田國男や民俗学研究所、柳田の甥で郷土研究社の岡村千秋らの働きかけによってまとめられ刊行された戦前戦中までの民俗誌、いわゆる「柳田民俗学」の時代に上梓された民俗誌を「民俗学揺籃期の民俗誌」と位置付けたい。『郷土研究』や『旅と伝説』などに掲載された調査報告も同様である。

本書の構成

本書は、前近代社会における俗信生活のありようの探知をテーマとする。具体的には明治初期から昭和初期、第二次大戦前後までの時代を想定している。したがって、素材となる資料は「民俗学揺籃期の民俗誌」ということになる。これらの民俗誌の一部や『旅と伝説』など関連雑誌には復刻されたものもあるが、その多くは『日本民俗誌大系』(一九七六年、角川書店)に収録されている。同書は、沖縄・九州・中国四国・近畿・中部(Ⅰ・Ⅱ)・北陸・関東・東北の地方ごとの九巻と、未刊資料三巻からなる。

大系に収められている民俗誌から直接引用した事例については、引用文の上下に罫を入れ、文末に、(「出典」　初出発行年　著者名)を掲げ、併せて章末の註において個別の民俗誌名の後に「大系第〇巻所収」と記した。なお、著者の判断で段落をつけたり中略をしたり文章の順序を替えた場合には、※印を付けて示した。また、現代では不適切な表現があるが、資料を尊重して原文通りにした。

揺籃期の民俗誌をテキストとした本書の構成は以下のようにした。

第一章から第三章にかけて、産育・婚姻・葬送などヒトに関する俗信、稲作・漁労・山仕事など生業に伴う俗信、年間を通しての年中行事における俗信を探る。第四章では信仰と俗信との関わりを追究し、第五章で疾病に、第六章では怪異伝承に対する俗信の役割を考える。そして、「俗信とその周縁」とした第七章では、禁忌を重視する俗信生活のありようや、禁忌を犯した場合の災いを回避するための俗信を確認し、迷信と位置付けられ俗信とは一線を画す憑依伝承などを取り上げた。

最後の附章は「村落生活の諸相」として、俗信事項にこだわらずその時代の特徴的な生活に目を向けたものだが、俗信生活の理解に必要であると考えた。

柳田國男以降、これまでの民俗学の研究では、様々な俗信の構成要素として、予兆・卜占・禁忌・呪法といった原理が認められてきた。そして、それらとの関連で、民間療法、妖怪や幽霊といった分野の伝承も取り上げられている。本書においてもそうした俗信研究の枠組みに則っているが、実際には幾多の要素がかかわり合っている。

通常二つの出来事が相次いで起こると、そこに相関関係を想定して、原因・結果という結び付きを求めがちになる。「カラスが異常な鳴き方をしている。これから何かが起こるのではないか」、「人が死んだ。そういえば前日にカラスが異常な鳴き方をしていた」というように、自然の現象や動物の普段目にすることのない挙動などによって未来を推測したり、近い過去の出来事と結びつけたりする。こうした予兆は、これから何かが起こることを予測させる前触れのことである。多くは「これは何かが起こる前知らせだ」という形式をとる。

卜占は占《うらな》いによって因果関係を求めること。一般に素朴な道具や方法を用いて、神意を問い、期待を込めて吉凶を定める。多くは「占いの結果から、こうした方がよい」という形式をとる。

禁忌は神聖なものや不浄なものに対する接触を禁ずることで、極端に言えば、何もせずに謹慎せよということになる。「……だから、何々をするな。すれば祟りがある」というものだが、多くは「……だから」という理由の部分は省略されるか、欠落している。また「……をするな」という禁忌に対して、「……しなければならぬ」というものもあるが、著者はこれを裏返し禁忌と名付けたいと考えている。なお、禁忌を犯した場合や、どうしても犯さざるを得ない場合の災いを回避する呪文や呪法もある。

呪法は悪い事態を留めてよい結果をもたらそうとするもので、呪《まじな》いによる手段が用いられる。「こういう事態には、こうするのがよい」という形式をとる。なお、呪いは様々な要素によって形成されている。そのため、本書では手段として用いられる呪いにおいて比較的大きな要素を「○○系の呪術」、あるいは「○○系の呪法」という形で表現した。

民間療法は伝統的な民間薬を用いる療法と、呪術的な方法による療法とに大別できるが、俗信という視点から本書では呪術的療法を中心に取り上げる。

妖怪や幽霊に関する伝承を怪異伝承とまとめるが、文芸化された伝承を避けるために、実話の色彩が濃いものを取り上げた。妖怪などの怪異譚は古くは平安期の文献などに登場する。ことに近世には粋人や好事家の手に成る創作が急激な勢いを得た時期があった。俗信の一分野として扱う村落に語り伝えられる怪異伝承と、創作あるいは文芸化した怪異譚の区別はいかなるものか、そこには大きな課題が立ちはだかっているようである。

俗信は超自然の現象を含めた自然環境や村落共同体の生活を中心とする社会環境に順応するための知恵や方法と考えている。兆・占・禁・呪は、そうした知恵や方法を構築するための構成原理と位置付けている。民間療法や怪異伝承を俗信として捉えるならば、そうした環境に順応するための知恵や方法としなければならない。民間療法については、それが科学的であるか否かは別として、生存環境への順応という俗信のあり方と一致していることは明白である。

一方、怪異伝承についてはどうであろうか。

村落に語り継がれてきた怪異伝承にはいくつかの共通点が見られる。まず、語りは怪異現象に出会った当事者側からのもので、当事者が見たこと・聞いたこと・感じたことや当事者自身の行動をそのまま村人に伝えているのである。その話に登場する天狗や河童・狐が主人公として何かを語ることはない。

次に怪異現象に遭遇した村人、すなわち語りの当事者の名や説明、遭遇した場所や時期が語られる。実話であることの強調ともいえる。当事者から第三者に語り継がれる際にこうした点が加えられていくのであろう。

さらに、怪異現象の起こりやすい場所や時刻については多くの場合村人の間で共通認識があって、その場所や時刻に立ち入らないよう無言の戒めを確認することになる。

最後に、天狗なら天狗に対して、河童なら河童に対して対抗策が語られる。対抗策によって災いにあわずに済んだ、妖怪を退散させたという経験譚であり、それらが村人の生活の知恵となるのである。

村落にあって実際に語り継がれてきたものを中心に論じる怪異伝承の研究と、村落や時代を大きく超えて、古今の書籍と口頭伝承を同次元で扱い、史跡や伝説に対する随筆や文芸化された創作物を一律に捉えた怪異文化の研究とは明らかに異なる。妖怪研究に例をとれば、妖怪伝承そのものを究明する研究と妖怪を巡る文化現象を追究する妖怪文化研究との相違ともいえる。妖怪文化研究では往々にして人々の生活という視点が欠落する。本書ではこうした考えに基づいて、怪異伝承を見つめていく。

俗信について

著者は俗信とは、「自然環境や社会環境に順応し活路を開くための知恵と方法」であると考えている。極論すれば「生存環境に順応するための知恵と方法」ということになる。「生活の知恵」そのものである。後の時代から見れば非科学的な理不尽な考えや行為ではあっても、その時代における俗信は「生活の知恵」として大きな役割を果たしていた。それだけに俗信は何よりも生活に密着したものであり、村落社会のしつけや規範などとして大事に伝承されてきたのである。

逆に言えば、生活に密着したものだからこそ生業のあり方や生活様式の変化に影響されやすい。したがって俗信は人々の生活とともにあるものであるから古くから存在しているが、個々の俗信の生起・消滅の周期はそれほど長いものではない。

産育に関する習俗は、つつがなく子を生み、一人前に育て上げるという実際的な目的と、そうしたことを何事もなく成し遂げるために願い祈る儀礼とによって形成されている。葬送習俗についても同様で、遺体の処理という目的と、それを滞りなく成し遂げるべく儀礼が営まれる。婚姻習俗についても、男女の結びつきという目的と、その承認や子孫繁栄を意味する儀礼によって形成されている。

年中行事については多少趣は異なるが、儀礼の核となるのは大晦日や節分・小正月・二月朔日といった年の境と信じられている期日に、人に幸いをもたらす神霊や人に災厄をもたらす厄神が来訪するという伝統的な観念に対する対処法である。

こうした儀礼の大きな割合が俗信によって構築されているのである。ただ、儀礼の根本を成す「願い祈る」という祈願の心持ちが信仰と共通するために、古くから俗信と信仰という課題が俗信研究の前に立ちはだかっていたのである。

郷土研究の初期には、俗信は信仰の一部分が卑俗化したものという捉え方がなされていた。「主として古代の信仰および呪術が、宗教にまで高められることなく民間に退化つつ残存したもの」――これは俗信に対する初期の理解としてよく引用される『民俗学辞典』一九五一年（昭和二六）初版（東京堂出版）の一節である。

今日では信仰と俗信とは別物で、併行して共存し得るとするのが大方の認識ではないかと思う。著者は俗信を「生活の知恵」と置換して、信仰と生活の知恵との共存と捉えればより理解しやすいと考えている。

ではなぜ俗信が信仰の卑俗化したものと考えられたのか。人はしばしば信仰的な心意にとらわれることがある。朝日が昇ると同時におのれを庇護する力を感じて思わず手を合わせる。荘厳な自然の光景を眼にしたとたん神聖な気持ちで満たされる。そうした経験は多くの人にあると思うが、そうしたことは一時的な信仰的心意ではあっても信仰ではない。日本人には路傍の石像や小祠を見かけると、それが何であれ手を合わせたり拝したりする人が少なくない。こうした所作もその時々の信仰的心持ちによるもので、宗教活動に伴う心の働きとは異なる。

その反対に、ある信者が信仰による気持ちで行動しても、している内容は俗信と捉えた方が適切な場合もある。

また、俗信の対象を祀り上げて、村や当該地域の信仰を創り上げていこうとする意欲が昂揚することも珍しいことではない。特に霊験あらたかとされる路傍の神仏をはじめ、疱瘡神、鬼や妖怪に至るまで実に雑多なものがある。著者は俗信の祀り上げにはおよそ三つのパターンがあると考えている。一つ目は祀るものの名称や儀式化をはかる神格化である。その結果、末社としての扱いを受けることもある。流行神《はやりがみ》もこの中に入れてもよいと思われる。二つ目は既成の寺社の祭祀への組み入れである。神事・仏事として編入することである。小正月の年占や雨乞い・虫送りなどの編入は多くの寺社に見られる。三つ目は聖地寄せともいうべきものである。路傍の神仏や厄神の小祠、安産祈願の底抜け柄杓《ひしゃく》の置き場や、食い初めの膳に添える小石の設置場などを、寺社に寄せて権威付けをするもので、いずれも在来の俗信を信仰に高めることになり、多くの場合寺社側でも受け入れる。むしろ寺社側が積極的に俗信的要素を取り入れることも多く見られる。水子供養や厄年などの厄払い、河童の像に託した子育て祈願などはその典型である。そして、その祭祀には神官や僧侶が立ち合ったり主催したりするようになるのである。

こうした事情の記憶は時の経過とともに薄れ、流行神や疱瘡神など多くのものは元の意味が不明となり、表面の突起のはなはだしい石や赤い幣束を供えるといった俗信的祀り方だけが残る。安産祈願の底抜け柄杓や、産飯・食い初めの小石は、寺社からお借りしてくるものということになる。ややもすると、俗信は信仰の一部が卑俗化したものと解釈されてしまう。しかし、占いはもとより、前触れや夢の意味付け、神霊と人の対等な立場としての交渉、人の霊魂にかかわる伝承、神霊の来訪伝承に伴う送りや迎え、稲作に対する稲作儀礼のような儀礼の多くは俗信から成り立っていると考えられる。

また、霊魂信仰や田の神信仰、言霊《ことだま》信仰など、民俗事象に「信仰」という語を付加して名詞化すると、実在するもののように捉えがちになる。しかし、多くの場合、「信仰」は「観念」という語に置き換えられる。「霊魂に関する観念」「田の神の観念」「言霊という観念」がそれで、この観念に対する人々の対処法が俗信によって形成されているのである。

生活俗信と記号俗信

俗信資料には断片が多い。「炉辺叢書」や「全国民俗誌叢書」など戦中までの叢書と戦後の民俗誌、ことに都道府県の民俗誌とを並置するとその相違が際立つ。前者の多くは民俗事象記述の中で俗信に触れる。つまり、生活上の俗信という印象を受ける。それに対して、戦後の民俗誌では、「俗信」という項目が立てられて断片化した、諺化した、一行詩のような俗信の文言が並んでいることが多い。

俗信といってもその対象は広く、「寒中雷が鳴れば大雪である」という気象の予知や、「火事の夢を見ると金持ちになる」という夢知らせ、「歯痛の時は人の知らぬ間に万年草の根に釘を刺すと癒る」という民間療法まである。これらはそれぞれ気象・夢・療法といった範囲で完結している。このように、一部の俗信にはもともと断片化しやすい性格をもつものがあると考えられる。

生活と密接に結び付いた俗信であっても、家族や村内であれば生活背景は共有されている。したがって、さし迫った時などは理由など説明することなく口に出すであろうし、覚えやすくするには端的でリズムをもつ諺のような文言が便利なはずである。こうして俗信が生活から遊離していく場合もある。

断片化した俗信とは、俗信の生活背景や内容説明、さらに理由が欠落したものをいう。しかし、ことさらに俗信と断らなくても民俗事象の中に存在しているものも多数ある。問題は、私たちがそうしたことに気付かなかったことである。

断片化した俗信、言い換えれば生活と切り離された俗信を記号化と見なして記号俗信と呼び、生活の中にある俗信を生活俗信として二分すると、これまでの研究法も見えてくる。つまり、民俗事象の位置付けの一貫として俗信と生活の結び付きを研究するといった井之口章次(『日本の俗信』一九七五)に代表される研究法と、生活から距離を取り、論理的で形式的な帰結を得ようとする板橋作美(『俗信の論理』[4]一九九八)に代表される研究法である。

本書のテーマは、日本の伝統社会、すなわち明治から昭和の初期に至る日本人の俗信生活のありようを探知することにある。つまり、生活に溶け込んだ俗信、すなわち「生活の知恵」を発掘し意義付けるもので、俗信に関する基礎研究である。

「生活の知恵」から切り離されてしまった、いわゆる記号俗信を、生活のなかに生きる「俗信」として取り戻し、新たな意味を持たせるという試みではない。あくまでも、伝統社会に生きてきた「俗信」の実体を認識するための試みである。

註

（1）柳田　國男　一九六七『郷土生活の研究』筑摩書房

（2）井之口章次　一九七五『日本の俗信』弘文堂

（3）柳田　國男　一九七一『故郷七十年』『定本柳田國男集』別巻三　筑摩書房

（4）板橋　作美　一九九八『俗信の論理』東京堂出版

第一章　ヒトに関する俗信

子授け神「ヒジル石」（沖縄県伊江島）
この石を持ち上げ、軽いと感じれば女の子、重いと感じたら男の子が授かると言い伝えられている。

ヘソの緒《お》と風邪

妊婦はアオシマ様や子持ち観音様に詣って、安産を祈る。子持ち観音様にあげてある帯を貰って帰って腹帯にし、願ほどきに新しいのを持ってお礼詣りをする。

妊婦はタナゴ（うみたなご）を食うものではない。タナゴのように口の小さい子を産む。鶏卵を食うのもよくない。水鳥を食うと水かきのある子を産むともいう。妊婦が俵や叺《かます》の上に腰をかけると、盗みをする子を産むという。臼にも腰をかけるものでない。牛が放れるという。妊婦が火事を見ると生児に赤ボヤケが出来、死人を見れば黒ボヤケが出来るという。蜜柑の種子を囲炉裡に入れると、尻の穴のつまった子を産むと云われる。出生前にその子の衣類を作ると子供が育たぬという。子供の着物は夜屋外に干すのを忌む。

子供が生まれる時にあらゆる神々が（厠《かわや》の神、箒《ほうき》の神などという）集まって来られるという。又箒の神だけは、女が平素足で蹴ったり跨いだりするから、お出でにならぬとも云っている。赤児は初声に一生の運勢を語るもので、集まった神々様だけがこれを聞かれるのだという。二月の社日に生れた者は何か（神か仏か）の日と云って万事幸運、ヒラクチ（引用者註―蛇）にも食われる事がないと云われている。

ホソの緒は自然に落ちるのを待ち、紙に包んで保存しておく。水引をかけて箪笥にしまっておくともいう。郷ノ浦ではホソノオが寒いと当人が風邪をひくと云って、綿に包んで水引をかけてしまっておく。

後産は雌雄の鮑貝にて包み、寝所の下の土を掘って埋める。渡良村では鮑貝に入れて大黒柱の根方東方二尺に埋めると聞いた。牛屋のシタキの中に埋める者もある。穢《けが》れものの洗い水も日の直射するところに捨ててはよくないという。

子供が生まれるとウブチの飯といって、別に一碗だけ押しつけて飯を盛っておく。生児の首がぐらつかずにしゃんとなるようにするためだという。又この飯の上をちょっと指で圧しておくと、生児に笑クボが出来るという。これをエクボ飯とも云っている。

生児の尻にある青い斑紋は、お荒神様にたたかれた手形だとか、お荒神様が蹴《け》って蹴出されたあとだともいう。生れてすぐ死する子は風の子という。

昔はよく産児を自分の手で処分してこれをハザヒクとかコッパカキにやるとか云った。

子供がその年の内に死んだのをミズコと云って、仏の数に入れぬ。仏の取り扱いをするとかえって良くない。そうしておけばやがて生まれ替わって来るものだと云われている。

産で死んだ女の墓には、普通の水コボシの外に小甕に水を入れ柄杓をそえてあげる。水が無いとからだが穢れて、仏の仲間入りが出来ないとの事である。

（『壱岐島民俗誌(1)』昭和九　山口麻太郎）※

懐妊や安産の祈願には多彩な手立てがあるが、この事例は腹帯と結び付いたものである。願いが叶って願ほどきのお礼に倍返しをする方法は広く普及している。

「筑前大島の民俗(2)」（昭和六）によれば、産が延びるといって腹帯は五尺三寸以上の長さにはしないという。そして白木綿の帯の端に口紅をつけ、酒・生臭《なまぐさ》を添え床の間に供えてから産婆に着けてもらう。この帯をする前に夫が褌《ふんどし》に当てると産が軽いとか、角力《すもう》の土俵に建てた四本柱の布を帯に用いると母子ともに健全であると縁起を担ぐものもある。妊婦の忌むものは墓参り・神詣でのほか葬儀を見ると生児に黒ぼやけ、火事を見れば赤ぼやけと壱岐島の伝承と共通するものもある。その他、そうだ（タワシの類）の太いのを作れば後産《あとざん》が大きく、その端を切れば後産が切れる。食べ物では鮹《たこ》を食べると生児にあばたができるといって食べない。

いずれの地の妊婦に対する禁忌も連想からくるものが多く、信仰によるものは見当たらない。

鹿児島県の十島村は大隅半島から奄美大島に至る海上の大小十の島嶼《とうしょ》であるが、そのうちの一つ宝島の民俗を調査した「鹿児島県十島村の民俗」[3]（昭和六）によれば、孫でももつような年配の女性はみな一人前のお産ばあさんの役をしており、報告の時点でも産婆というものがいなかったという。

生児の取り上げの時の臍帯の切断には絶対に刃物は使わず、よく切れるように削った竹を使った。また、生まれた生児を洗うのに、往時はお湯ではなく生児をなめたというが、しだいに盥《たらい》を用いて洗うようになる。

昔は産屋《うぶや》を建てて子を生んだが、その後は住居内でお産をするようになった。しかし、お産があれば村外れの野原に三尺四方ぐらいの模型のような産屋を建てる。往時の産屋の名残を留めたもので、必ず三人で建てることになっており、そこにイナ（後産《あとざん》）を入れて祀る。その晩は出産の祝いがあるが、その祝いを「産屋造りの祝い」と称して祝う。「筑前大島の民俗」によればヨナ（胞衣《えな》）は産をした床の下か墓地に埋めたが現在は屋敷内には埋めない。汚物は女性二人が夜中に鎌を持ってひそかに海岸へ行き、竜宮様からこの汚物を棄てる所だけお借りしますと言って、空を切った上で棄てる。産湯をビンに詰めて紙で覆い、それに針穴をつくってヨナといっしょに埋めると乳がよく出るとか、これで手を洗えば霜焼けにならないとか、子に恵まれたい女性は汚物の上に尻をつけて産飯《うぶめし》をもらって食べるとよいなどともいった。その産飯は産気づいて床を敷いた時に、荒神様に白米一升を高く盛って上げ、出産後に炊いて供える。

なお、産婦が二五歳で女児を、夫が二五歳の時に男児を出産すれば、この年に生まれた子は位が高いといって、その子を箕《み》の中に入れて、河か海に流しほかの人にそれを拾ってもらう。

「南西諸島の伝説」(4)（昭和三）によれば、奄美大島では生後間もない生児の額に鍋墨《なべすみ》を付ける。これは運命の神に幸不幸の因縁を付けられてしまうと信じているからで、その前に鍋墨を付けてこの子には幸運の因縁があると知らせるためであるという。

出産を巡る人の行動はおおよそ二つに大別できる。一つは何事もなく出産する。あるいは出産させるという産育の実際である。産婆やそれに代わる助産者の有無やその方法、生児や産婦の扱い、後産の処理や産後のケアなどである。二つ目はつつがない出産を願う産婦や周囲の人々の願い、具体的には産育儀礼である。

ここで取り上げたものの大半は二つ目の産育にかかわる儀礼であるが、葬送を例にとっても同様の理解ができる。一つは遺体の処理という目的を果たすための実際的な行為であり、二つ目はその目的を何事もなく遂行するための行為、すなわち葬送儀礼である。そして、重要なことはこの儀礼の多くは俗信によって構築されているという点である。

冒頭の事例に戻ろう。

出産時には多くの神々が訪れるという伝承であるが、箒神は日頃女性に蹴られたり跨《また》がれたりしているから、お出にならぬという。「箒を跨ぐな」という禁忌は広く分布している。

ヘソの緒の保存の仕方によっては生児が風邪をひくというのは、ヘソの緒が爪や髪の毛と同様、切り離しても身体とのつながりをもつとされているからである。幼児の体調の思わしくない時にヘソの緒を煎《せん》じて飲ませるという民間療法は、こうした考え方を背景にしているといえる。後産《あとざん》も生児とのつながりをもとにその処理を捉えるべきであろう。

鹿児島県の十島村では往時、産屋で産を成し、その後は実際的でない模型のような産屋を造り、後産を入れるようになったという。産屋が象徴化したのである。村外れの野原に必ず三人の手によって造るという手続きや方法は往時の産小屋造りと同じではあっても、そこで産を成すという機能は喪失している。後産を入れるという新たな役割をもつとはいえ、本来の産屋が出産の象徴となったのである。

象徴化は実際上の事柄から儀礼上の事柄への変質ともいえる。出産に産屋を必要としなくなった事態に対して、形だけでも小さな産屋を造るべきだろうと、不測の事態を招かないための俗信が新たに生じることになる。汚物処理の際の鎌で空を切る魔除けや、汚物にちなむ受胎祈願の行為など俗信に寄せる村落社会の人々の信頼は厚い。間引きの事実に対して、水子の処理には早く生まれ替わって欲しいという願いが込められている。また、産死した女性の墓には穢れを防ぐために柄杓をそえるという呪的な方法がとられる。いわゆる流れ灌頂《かんじょう》に先行する葬送形態と思われる。

胞衣《えな》笑いと命名

イヤワレーとは、「胎衣《えな》笑い」の義であろう。子供が生まれた時に行う儀式で、ただ国頭村与那において見ることが出来るのみである。子が産まれたら産児に命名をする。その日、祖母か又は親族の婦人が産児を抱き産着（白衣）を着せ、戸口において祈願をなし「某々」と命名した事を告げる。同時にその子の父親は台所の火ノ神を祭った裏の軒下に胎衣を埋め、祈願の終わるや否や大きな声を張り上げて、「上《うい》ん、下《ひちゃ》ん、笑《わら》いんそうり、ようい」（即ち上座に居る人も下座の人も皆笑いなさいの意）と叫ぶと、皆が大声を発してどっと笑う、それは子供の生い立ちの良きを祈るものらしい。

とにかく、胎衣を埋める場所は各地とも注意を払っている。埋めた後、虫類が這うような処ではいけない。もし埋めた初めに虫が這うたら、この子は一生虫を怖がる臆病者となると言われている。

（『山原の土俗』(5) 昭和四　島袋源七）

産室から初めて他所へ出る初外出、初めて産着を着る機会、命名、そして胞衣の処理と沖縄本島の大切な儀式の重なる日の記録である。

胞衣は生児の延長と見なされ、切り離されても生児と結び付きを持つものという考え方は広く見られる。髪や爪、小水、唾《つば》などと同じような扱いで、身体から離れたそれらの処理についての禁忌も多い。胞衣は受胎祈願の折にも利用される。

沖縄本島中部地方の『シマの話』(6)（大正一四）においても、胞衣は家の後ろの雨垂れのかからない所に大声をあげて笑いながらこれを埋める。そしてその上に三個の石を置いた。もしこの時に大笑いしなければ赤子は沈鬱になると言われ、また雨垂れの落ちる所に埋めると、生児はショボショボ眼になるとある。こうしたことは禁忌という俗信となって伝承されている。

胞衣の処理後のイヤワレー（胞衣笑い）は、生児のこれからに対する前祝、すなわち予祝を皆で願う合力祈願であろう。俗信というフィルターを通すと、合力系の呪法となる。

なお、産室は奥の部屋で、入り口には注連縄《しめなわ》を張り渡す本部村の一部では、見舞い客が訪れると何の断りもなく塩を振り撒く風習があるので、こうしたことを知らない他村などからの見舞い客は驚くという。これは外から来た人とともに来る魔物を払い除け、清浄に保つという考えによるとされる。

生児の命名についても『山原の土俗』を見ておこう。祖母あるいは親族中の老婦が生児を抱き、上座において祈願をして、縁起のよい名をいくつも唱え出す（たとえば鶴、松、梅、竹、千代、ハナ、亀、牛等と）。それと同時に御膳に盛った米を指でつまんで他に移す。もし生児が女ならば米の数が奇数をつまみ出した時に唱えた名をこの子の名とする（男は偶数をつまみ出した時）。もし米数が奇数にならなければ幾度もやりかえるという。

『シマの話』には、生まれてから名前をつける時までは、生児の性を逆さにして、男児が生まれると大女と称し、女児が生まれると大男と称したという記述がある。命名は地域によって異なっているので、祖父母や親戚中の誰かの名と同じ名を付けるという所もある。

名前をつけるには、名付け婆（祖母、又は親戚の婆）が庭に箕《み》と鋤《すき》とシブ草を飾り、頭にナナヒイジャカカン（芭蕉にて作る、七重襞《ひだ》の袴《はかま》とも称す、古琉球婦人の用いたものであろう）か、新しい婦人袴（腰巻の用をなす）を戴き祈りをあげ、桑の枝で作った弓と矢で箕を射った。それから家の中に入り、生児を仰向きにねかし、その上を蟹《かに》かバッタを這わせた。

命名に際して身を清めて健やかな成長を祈るとともに、弓矢で災厄を払うという産育儀礼となっている。

参考までに沖縄本島の北西に位置する「伊平屋列島の話」(7)（昭和二）から引用する。

命名の式はヌール（祝女）が来て、これを掌《つかさど》った。家の二番座（中の間）に在る仏壇に燈明を上げ、庭上には台を置いて天を祭り、それから鍬《くわ》をもって草を起こして、鍬のままそこに置き、弓と矢とウジム（銛《もり》）とを持って唱えごとをする。それから更に火の神を拝むのである。火の神はトゥングヮ（竈屋《かまや》）に祀ってあった。この時火の神の後ろの煤《すす》を取って生まれ児の額に塗るのが習わしであった。

父が家に居ればすぐに名を付ける。男は祖父の名、女には祖母の名を付けることに定まっている。父が旅行中であれば、仮の名を付けておく。仮の名は必ずカマトゥであった。竈のことであるという。

命名の前に祝女によって祈禱が営まれる。仏壇に燈明を上げ火の神を拝するといった先祖につながる祈禱をし、弓や矢、銛といったもので祓い唱え言をする。そして、火の神の後ろの煤を生児の額につける。煤は広く魔除けとして用いられる。煤払いで出た煤も粗末に扱うことはない。煤の背後に竈神あるいは火の神の存在を認めているからであろう。

つまり、清浄な場において先祖につながる生児を守るといった趣旨の祈禱である。その後、一定の決まりにしたがって父親が命名するのである。

出産に伴う俗信を列挙する。「↓」にはその理由やエピソードを示す。
・男の子が生まれた時には、大女と人に言わねばならぬ。また女が生まれた時には、大男と言わねばならぬ。
↓「そう言わねば早く死す」と。
・胞衣をかたづける女は子宝を多く得る。
・子供が生まれたら七日間は夜伽《ゆーとぅじ》をなすものだ。
↓昔ある所に漁夫があった。漁をしに海に来たら浜に三人の怪物（キジムナー）が、その村の出産児の生命を奪いに行く相談をしていたのである。一人の「キムジナー」曰く「毎日あんなに人が多くてはかなわない」「そうだこれでは命が貰えない」と。この話を聞いた漁夫は大いに驚き、走ってその家に行き今の話をした。それで七日間は終夜寝ずの番をするようになったということである。

・子供の生まれた時、着物を被い、蟹やバッタを這わす。

↓強い子供ができるから。

・子供出産の時、「カーウリー」とて俗称タームジの葉茎でお汁を作り、多くの人にふるまう。

↓子供が多くできるようにとの意。

ととの子かかの子

お産の際にはヨナ荒神に安産を祈願して、産婦の枕元に燈明が供えられる。もっとも、平生、ヨナ荒神という神が、村や家のどこにも祀ってあるわけではない。ただお産にはこの神が介在し、この神によって安産がもたらされるとの信仰からである。

「生むまで働くが安産の薬」だといわれている。ヨナは、ハンド（土壺）を産室の床下に埋めておいて、その中に納め、ハンドの上に板と重石をおいてしぶき（かたくふたをする）鼠などにあらされないようにする。つぎつぎに子が生まれても、みなこのハンドにヨナを入れる。ヨナが荒らされるとヨナ荒神のとがしめ（罰）で、その子が夜泣きをしたり病弱になったりするという。近ごろはこの風習がなくなり、ヨナは墓地へ埋める。

妊娠中かたくまもられる禁忌に二つある。妊娠すると五か月までは、その家のカマドをいっさいいらわない—修理などをしてはいけない。くろび（死火）にあたることも忌まれている。葬式のとき仕講組（引用者註—隣保組織）うちでは家内じゅうで手伝いに行くことになっているが、妊婦はもちろん、その夫も手伝いにはゆかない。もし自分の家で不祝儀が起こった場合には、妊婦とその夫は他家へ退避して、葬儀には全然関係しない。

七日は産婦の床あげて、名付けである。特別に名付け飯をたいて、神棚や仏壇に供える。近所の人や親戚は、小切れなどをもってヨロコビに行く。嫁の里からは産着がくる。この産着は、宮まいりの晴れ着に着せられる。

産後三十三夜でイミアケとなり、宮まいりにはオシロ餅十二重を、藁でスポ(つと)にしたのをもっていく。まいりが終わると、誰かれなくみてもらうのがめでたいのである。

宮まいりまでの子をミズコという。ミズコが死ぬると葬式はもちろん年忌もしない。

ヘソの緒は大事にしまわれ、その子供が大病するとこれをせんじてのませるとよくきくとのことである。

弱い子供は捨て子をする。まえもってたのんでおいた家の表に捨てて、拾ってもらい、それを貰ってかえると達者に育つと信じられている。


（『柚野民俗誌』(8)　昭和二九　松岡利夫）※

山口県佐波郡の山間奥深い柚野村の産育儀礼をベースにして、徳島県三好郡のこれまた山深い東祖谷村西祖谷村の二村の産育儀礼を加えつつ、産育儀礼の俗信を見ていくことにする。祖谷山関係の報告書は『祖谷山民俗誌』(9)（昭和三〇）と「祖谷山村の民俗」(10)（昭和一〇）である。

お産に立ち会うのは柚野ではヨナ荒神、祖谷ではウブガミとするが、どちらも実態はなくそうした名称の記憶だけのようである。ただ、祖谷では生児が笑うゆえや、尻などの青痣《あざ》をこの神がひねったところなどという。

出産直前まで働くことは共通しており、産婆も器用な年寄りが行く。取り上げるといっても、子どもが生まれるまで産婦の腰をさすり、生まれればヘソの緒を切るだけである。

子護地蔵尊（福島県会津地方）
よだれ掛けとともにマユダマが供えられている。

生まれると祖谷では皆で粥《かゆ》を食べる。子を生んだ火の穢れは、女児の時は三三日、男児の時は七夜で、産婦は七日の間は火を別にして食事をした。後産は陶器の容器に入れて、踏まれてかたくなるようにと戸口の所に埋める。八日日を火合せといい、名付けもこの時にする。

竈の禁忌も別火《べっか》の禁忌もともに、火の穢れにかかわるものである。

山仕事や漁労など危険を伴う率の高い生業に従事する村や人々は、とりわけ血や産の穢れを遠ざけることは知られている。「備中小田郡の島々」[11]（昭和五）によれば、岡山県の笠岡町の南に連なる島々のうち、真鍋島には山上がりの習わしがある。婦人が毎月のやくに入ると、山中の他屋に赴き家族と火を別にした。漁師は殊に月水を忌み、これにあうと怪我があるとか、不漁にあうとか信じられ、山に追い上げたのだという。三日から長い人だと二〇日もいた。お産の時は三三日までいたという。

他屋生活の途中でやむを得ない用事で下りなければならない場合には、上から「おりるぞー」と大声で叫ぶと、下では船を沖に出して避けていたという。この習慣は調査時の二〇年前になくなったが、筆者の島村知章は知人から、山形県の飛島では最近まで他屋入りをしていたと聞いたという。

ヨナすなわち胞衣はヘソの緒とともに生児の身体と一連のものと意識されており、その扱いによって生児の身体に影響を与えるという感染系の呪術となる。

祖谷では、昔は生児が生まれるとすぐに「ととの子かかの子」と、傍《そば》にいた人が叫ぶ。そうでなければ、何か悪い妖怪のようなモノに名を付けられて寿命を失うことがあるという。この叫びは浮遊する魔ものや悪霊から逸早く生児を守るための呪術的行為と見なすことができる。今風にいえば、子どもの所有権の宣言ということになろう。通常、名付けがそれに当たる。

柚野では七日目が産婦の床上げであると同時に生児の名付けをする日となる。近隣の人や親族が招かれ、招かれた人々はヨロコビに行くと称して小切れなどを持ち寄る。これは明らかに生児の披露、すなわち村落共同体の一員として認めてもらう承認儀礼である。持ち寄る布切れは多くの人々の力によって子育てという困難を乗りきろうとする合力系の呪法であり、厄年の時の餅撒きや戦時下の出征兵士の無事を願う千人針などにも見られた。

柚野の忌明けの宮参りを祖谷ではウブミセという。生児を抱いて産土様《うぶすなさま》に行くが、子が眠ってはいけないので揺り起こしたりする。土佐岩原ではこの時、神官の上衣を子に打ち掛けるとか、阿波の美馬郡岩倉村では子をわざと泣かせて小水をさせるとかするという。氏子として承認を求める儀礼である。

また、子が初めて外へ出る時には、連れ出す人がカブリガサを被ったり、蓮の葉を頭の上に載せたりする。

生まれた子が続けて死ぬと、祖谷ではクルマゴと呼んで、死んだ子の額に墨を付けて葬《ほうむ》ると、後にできる子は丈夫に育つといわれている。村の人々は額に墨を付けるのはマジンにつけられないためと説明し、実際に厄神の来訪伝承が伝わる節分の晩には大人も子どもも鍋墨を額に付けておく。

なお、幕藩時代には柚野村にも間引きが多く、死産の子と同じようにこっそりと夜間に墓に埋けたという。

女の髪と夫の褌《ふんどし》

妊娠第四か月になれば「びき有つ人《も》」即ち妊婦は、夫の褌をもて己が腹に巻く、安産を祈るなり。褐色に垢じみたるものほど効験ありと。現時は白布に限れど昔は多く紅布を用いたり。長さは五尺七寸と覚ゆ。あらず七尺五寸を買うもの、八尺買うものでなしと言われしを覚ゆと、又安産を願うもの熊腸《くまのはらわた》を布に包みて腹にまくものあり。

（『津軽口碑集』[12] 昭和四　内田邦彦）※

赤ん坊が生まれると男女を調べ、臍縄《へそなわ》を切断し微温湯で洗ってやるが、この時は女の長髪をまるめたもので赤ん坊を洗うのである。この産湯用の女髪のために、この村の婦人たちは平常から脱けた頭髪を棄てずに貯めておく。この髪で洗う時、洗い方が下手だと赤ん坊の皮膚にブツブツ吹き出物が出るという。

（『檜枝岐民俗誌』[13] 昭和二六　今野圓輔）

腹帯は古い歴史をもつお産習俗の一つであるが、現在も盛んに行われている。東京日本橋にある水天宮の腹帯の売り上げは年々増えているという。

しかし、腹帯の着用については江戸時代からその是非を巡る様々な議論が展開されてきた。ここでは簡略に腹帯の意義と変遷についてまとめておきたい。

古くは懐妊の祝いや胎児の安定を願う鎮魂、そして時代や社会の推移とともに、夫の承認を中心とする着帯の儀、親族や近隣の人々に対する披露や承認を中心とする帯祝い、さらに安産祈願を象徴する呪物へという経過をたどってきた。

夫の褌《ふんどし》の使用は夫の承認という考え方に連なるものと考えられるが、一方で安産祈願の呪具、呪物として、熊の安産にあやかる内臓のお守りと同列に扱われている。

二つ目の事例は「赤ん坊に産湯をつかわす」際に、「母親の頭髪を使うとよい」という呪術である。なぜ母親の頭髪を使うのであろうか。

毛髪は、たとえ抜け落ちたものでも当人の身体の部位と信じられていた。爪、さらには血液や唾、小水など体液なども同様である。『津軽口碑集』には、「髪一筋焼けば命を焼く」、「髪が鳥の巣に入れば、その人は高処より落つる夢見る」などという言い伝えがある。また爪については「爪を火に焚《く》べると黄疸になる」、「夜爪を剪《き》ればよづめ（夜詰め）される」というものがある。

身体から抜け落ちたり切り離したりしたものでも、身体の延長として扱われるのは、胞衣の処理においても見られ、生児を守る大切な部位と考えられていた。出産直後の産湯においても、母親の毛髪という身体の部位によって生児を保護するという意味が込められていたのであろう。そのために抜け毛を大切に保存していたのである。

母親の髪に限らず村の女性のものであっても、その女性たちの力によって生児を保護するという意義が変わるものではない。この場合は合力系の呪術となる。

「奥の民俗ノート」(14)（昭和一五）によれば、青森県の野辺地では葬送に袖を被る。遠い親類は単に白いきれを紋付羽織に挟むだけだが、近い親類には袖なりのものを渡されて、それに首を通す。その上、近親の女性は頭髪を白布で包むという。この報告には直接的な記述はないが、おそらく白布に包んだ頭髪は棺に納めるのであろう。近親の婦人が自分の爪を切って棺に納める習俗は少なくない。ここでは近親の女性が自分の頭髪によって死者に寄り添うという親愛の情を表す習俗であると思われる。

女性にとって頭髪がいかに大切なものであるかということを表す事例がある。福島県の『檜枝岐民俗誌』によれば、第二次世界大戦に出征している夫の妻たちが一人残らず元結から二寸ほど残して髪を切り、鎮守に供えて夫の無事の帰宅を祈願したという。彼女たちは夫が帰還するまでは髪を伸ばすことなく、謹慎の生活を続けた。

女性にとって、もっとも大切な、自らを象徴する頭髪を村の鎮守に供え、自らは物忌み生活をして祈願するというものである。願いを叶えるために好きな茶を絶つなどという願掛けとは比べようもないが、願掛けという呪的方法という意味では同じ系統といえる。つまり、鎮守に対する信仰的手段ではなく、俗信による神信仰への働きかけととるべき習俗である。

産飯と枕飯

分娩はもと蒲団など高くつんだのによりかかるようにして、アオむけになってしたという。安産のまじないには動物の足で撫でるか、苧《お》で産婦の親指をしばるということがもと行われていたようである。

エナを捨てる場所、エナ埋め場、は各部落にきまった場所がある。非持山のはまわりは松林のある赤土の禿山である。ここへ男の児なら筆と硯を、女の児なら針を一緒に埋める。いけるとき、しっかりいけ、うんと踏んでおくと、児が大きくなった時、その人をこわがり注意などをよくきくという。

取り上げるとすぐウブヤメシをたいて、産《うぶ》神様にあげ、集まった人々でたべる。産神様というのは産屋たるへヤの隅に藁《わら》の小束一把《いっぱ》と箒（あるいは草箒一本きりともいう）とをたてたものである。産神様はこれに腰かけていられるという。

産まれて三日目をボコミとて、オヤや世話人（仲人）などが豆一重位もって見舞いにくる。非持山で橋参りとて家のお婆さんなどが木戸先の小川の橋を児を抱いて渡るのもこのころのようである。ここではこの三日目に産神様をおたて申すとて、御飯をたいて産神様にあげ、こんどここの家で産むからお願いしますなどと頼むそうである。

産まれてから七日目を一《ひと》シチヤといい、この時家によっては児を抱いて大便所へつれてゆく。産婦がツキヤで火を別にしたのもはっきり覚えられているのは一シチヤまでであった。指を糸でしばっておくと一般の炊事道具などへちょっとまちがって手をかけても許されるといわれたのもまたこのころまでのことのようである。

産まれて百日目をクイゾメといって児のため小さい茶椀をととのえ、膳をこしらえる。初めての誕生日には産婦のオヤ（カネオヤ）や里の親などをよび、餅をついて一升桝の型にきって児に背負わし、一斗箕の中に入れ、アテイシ（藁を打つ石）の所で三度あおるまねをする。初児の時これをするのは里の親の役である。

（『黒河内民俗誌』(15) 昭和二六　最上孝敬）※

ここでは長野県上伊那郡の美和村を中心とする産育・婚姻・葬送といった人の一生における儀礼を見ていくことにする。こうした人の一生を通じて営まれる行事には、出産・結婚・葬式といった現実的な目的を果たすための行為行動と、その目的を何事もなく遂行するための儀礼とがある。そして、目的を果たすための願いや祈りを中心にした儀礼は、多くの場合俗信によって構築されているのである。

この地ではもとは産婆というものはなく、多くは姑やオヤが助産をした。オヤとは婚礼の折にできる親子関係でカネツケ親という。事実昔はオヤが子に鉄漿《かね》、すなわちおはぐろを付けさせる儀式があった。

安産祈願として動物の足でなでるというのは、犬などの産にちなんだ呪法であり、麻糸で指をしばるのは魔除けの意味からである。筆や硯、針などは通常初誕生の際に子に選ばせる物として用いられるが、ここでは胞衣とともに埋めている。

産神は出産直後の産屋飯で迎え、三日目のボコミに御飯を炊いて送る。一把藁は産神と見立てたものであろう。また、三日目の橋参りと七日目の便所参りは、他の地方で見られる井戸参りとともに生児の初外出として危険な場所への戒めと考えられる。産の忌についてはひと七夜までの別火以外の記述は見当たらない。それほど厳格なものではなかったと考えていいのかもしれない。

初誕生には一升桝型の餅の背負わせや、一斗箕の中に入れてあおる真似といったことが行われるが、これらは生児の霊魂の安定を願うウブ入れの趣旨をもつ呪法である。

婚姻にあたっては世話人(仲人)のほかに必ずオヤを決める。嫁をもらう母の生家の女の人をオヤとする。聟(養子)に対するオヤを筆親という。

正式の祝言に先だってトマリゾメが行われる。トマリゾメというのは嫁がオヤと世話人とだけで婚家へ行って簡単に酒をくむことで、その後は婚家と実家で半々くらいにいる状態でおよそ一年くらい過ごす。古い時代ほどトマリゾメは多かったといわれている。

もとは若者連が祝儀一切の運行を斡旋し、非常な力をもっていたという。嫁が婚家に到着すると大戸口の雨落ちの所へカネツケ親が出てきて嫁と門盃をする。この間、謡《うたい》がうたわれる。そして、紙緒の草履《ぞうり》にはきかえて、燃えている松明を三度またぎ、草履の緒を切って屋根の上に投げる。そうして大戸口を通り上へ上がるが、もとは若連中が抱いて上げたという。

いわゆる入家式である。カネツケ親との門盃は縁の取り交わしである。草履の緒を切るのは葬送の際に送り手が墓前でする行為と同じ趣旨のもので、それまでの縁を絶つことを意味する。実家から出立する時にはそれまで使用していた茶碗を割る習俗と同じ行為である。松明またぎは入家のための清めあるいは婚家の火になじむ意。若連中による抱き上げは嫁、あるいは結婚の承認を象徴する行為と考えられる。このように入家式は俗信によって形成されていることが理解できる。

葬送儀礼は魂呼《たまよ》びからである。

もとは若い惜しい人の死ぬ場合、その寝ている前屋根を向いて屋根棟へのぼって「〇〇やーい」とその名を呼ぶ。その折に蓑をさかさまに着たともいう。屋根の棟に上がって名を呼ぶのは本人に対する所作ではない。肉体から遊離しつつある霊魂に対するものと考えられる。蓑をさかさに着るのは、外出する装いではないことの強調であろう。いずれにせよ、伝統的な霊魂観に基づく行為といえる。

枕飯は葬式の時に炊くので炊く人は決まっていないが、飯を盛るのは必ず喪家の嫁とされている。枕飯は死者を埋けたあとの山(盛り土)へ置いておく。このほか死ぬとすぐ生団子を作って枕元へ置く。生団子は米の粉を水でこねて作ったもので三つほど供えて墓まで持っていく。出棺の時にともに立つ身内の人々がオカサ(棺のふた)に盛った飯を一本箸で食べる。これをカサメシという。不祝儀なので日常とは異なる棺のふたに盛られた飯を、これまた日常とは異なる一本箸で食す。著者はこのカサメシは死者との最後の共食という意味をもつのではないかと推測している。

死者の大切な着物を膳にのせたものをノガケという。ノガケは送った後に寺に納めるが、これを葬列で持つ人は前日に作った藁の草鞋《わらじ》をカラアシ(裸足)につけ、帰りには緒を切って埋葬地へ捨てて裸足で帰る。そして戸口で水に湯を入れた逆さ水で足を洗うが、その際手は使わず足で足をこすって洗う。草鞋の緒を切って縁を絶ち、逆さ水で穢れを祓う。その時の足で洗う所作を日常で忌むのである。

綿帽子は嫁入りの特別な装いである。その後角隠しに変わったが、綿帽子は真綿で、顔が見えないくらい大きく作るものであった。また三々九度の盃をする時だけ被ったという。この綿帽子は女が一生に三度被るものといって、婚礼のほかに生まれた翌日と、死んで入棺した時にちょっと被せるという。僧侶がそれを取って髪を剃る手真似をする。綿帽子は女性の節目に付随する呪物と考えられていたようである。

このように綿帽子を僧侶が引導を渡す前に被せたものだが、盆の時に死んだものについては男女に限らずヒキバチ(生地のひぃた容器)を被らせる。盆には仏たちが行くのになぜ来るのかと新仏の頭を叩くからだといわれている。盆の風説の対応策としての呪法である。

死者を埋めた山には魔物除けとして火を点《とも》してくる。死んだ直後にも枕元に灯火や刃物とともに糸枠《いとわく》を置く。この枠は出棺の折に蹴《け》って出す習いで、平生は枠を蹴ることを忌み、蹴るとできものができるなどといわれる。

妊婦が葬式に出る時は鏡を内に向けて腹に当てておくものだという。これは全国各地で聞かれる風習で、鏡を帯などに入れておかねば葬式では黒いあざ、火事の場合には赤いあざが胎児についてしまうなどと語られる。

産死の場合には、梵字などを書いた布を川などに渡し、側に竹柄杓を置いて通りすがりの人に三杯ずつ水を掛けてもらう風習もあった。これはいわゆる流れ灌頂である。

また、一家で一年の内に二度続いて葬式があった時には、木の槌《つち》を作って墓地まで引いていって埋める。二度あることは三度あるからそれを防ぐために、三つ目の山を作ってしまうということである。木で槌の模型を作ってそれを埋める呪法で、この槌が呪物として大きな役目をもつ。
　一般に故人に対する法事は一周忌、三回忌をつとめ、三三年忌を最後とするが、この時にはホエツキ塔婆といって三階松の幹を削って仏の名と行年、それに死亡日を書いて立てる。これは最終年忌に立てる枝付き塔婆のことで、これを立てる地域では死者がこの枝を伝って天にのぼるなどと伝えている。

子どもの領分

　「パタパタ」は正月十四日の晩であったかはっきりと覚えていないが自分（引用者註―宮本勢助）も従兄に連れられてパタパタに出かけた経験がある。確か鋤鍬などを付け木で作ってこれを盆に載せて持って行ったかと思う、夜分他家に忍んで行きそれをそっと縁に置いて戸を叩いて隠れてしまう、家の中から付け木の鋤鍬をとり納めて餅などを載せてくれる、うっかりとりに出ると、戸を開けて水をぶっかけられる、だから知れぬようにいつの間にかそれをそっと取って逃げるのである。従兄について行った自分は遥かのあとに隠れて待っていた。
　ある年鋤鍬の代わりに、従兄から頼まれて、付け木へ鉛筆でモグラモチと亀などの画を描いたことがあった。それは村の悪人開五郎、亀などの名を当て込んだものであった。

（「幸谷ききがき」[16] 昭和二　宮本勢助）

　正月十四日「たびたび」とて児童ら付け木、大根などにて大判、小判、俵など作り各家に米銭を乞いありく、その折の歌、
　た、た、たっぷりしょ、鍬、鎌おいてくぞ、銭でも金でもたっぷり、たっぷり

そうして新婦のある家に往きては拈《ひね》り銭《せん》を請いその数五個未満なる時はそれに達するまで請う。もし一個を与えんか、一本脚では歩かれねといい、二個を与うれば二本脚で歩くは苦《こ》えといい、三個を与うれば年よりは二本杖がいるといい、四個与うれば匐って歩くには五本いるという。かく五個を与うれば去るなり。こは三十年も前のはなしなり。

昔は大人もこのたびたびに蓑笠きて加わりたりという。竹と接骨木《くさづき》とよりなる粟穂《あわぼ》もて戸を叩きたるなり。この日又木わたを作る。

（『南総の俚俗』(17) 大正四　内田邦彦）

冒頭最初の事例は下総国東葛飾郡馬橋村字幸谷の話である。いずれも小正月の子ども行事である。ここでは子どもにまつわるものを関東を中心に取り上げていくことにする。

二つの事例はいわゆる小正月の訪問者と総称される行事の一種である。大晦日や節分、小正月など年の境と意識される日の晩方に、新たな年を祝福する神霊や人に災いをもたらす厄神、さらにはそのどちらにも属するともいえぬ、小正月の訪問者がやって来る。

「パタパタ」の場合、来訪者と化した子どもらは鋤《すき》や鍬《くわ》という大切な農具を模したものを忍んで訪れた家の縁などに置いて隠れるということから、その年の豊穣を前もって祝う神霊の役を担っていたと考えられる。

パタパタは子どもらの隠れる際の足音か、目的を果して逃げ去る足音か。この事例は筆者宮本勢助の直接体験だけに、その息遣いが聞こえてくるようである。

もう一方の「たびたび」も同じ系統の行事であろうが、こちらは訪れた家、それも新婦のある家に対して米銭を要求することに重点が移ってしまっている。拈《ひね》り銭《せん》は金銭を白紙に包んでひねったもの。昔は蓑笠を身に着けた大人も加わっていたという点が興味深い。大人から若者へ、若者から子どもへという伝承の変遷がこうした行事にも当てはまるのかという疑問が生じるからである。

生児の行事から見ていこう。『栃木県安蘇郡野上村語彙』(18)（昭和一一）によれば、オヘヤガミ参りといって生後七日目の子を雪隠の入り口に連れていき、三尺ほどの麻がらで糞をつまんで食べる真似をさせる。そして、わずかな米を白紙に包んでオヘヤガミにといってその天井にはさむ。この米は子を望む人が数か所分をひそかに取って粥《かゆ》にして食すと孕《はら》むという。

オヘヤガミ参りをすませると、次に橋参りといって三つの橋に連れて渡らせる。この時にオサゴ、すなわち白米を持参し、橋の左右へまく。渡りきると村の子どもにお菓子を配る。

いずれも便所参りと称して、便所や橋、井戸など幼子にとって危険な場所に行くもので、生児にとって初外出となることが多く、地域によっては魔除けとして生児の額に鍋墨を付けることもある。

三宅島の坪田村にはお七夜はないが、生児出産後の数日中に子普請という祝儀があったという。「三宅島見聞記」(19)（昭和九）によると、当日招待された人々の家の婦人たちは当家の農事をいっせいに手伝い、男たちは海に出て魚を求めた。婦人の手伝いは午前中に終了し、当家の庭に筵《むしろ》を敷いてうどんなど供応され、男たちは夕刻に集まり酒宴となるのである。

『南総の俚俗』に戻るが、この地では「茶浴び」といって二月八日に、初めて二月八日を迎える生児の疱瘡《ほうそう》が軽くすむことを祈る式がある。まず箕の中に生児を座らせる。そして頭上に通し笊《ざる》を被せ、疱瘡神に供えた茶と焼き米とを笊の目から振り掛ける。種痘法が行われている現今も稀に見るという。

当時の人々にとって疱瘡はもっとも恐ろしい流行病であった。強大な霊威をもつゆえに、疱瘡神として祀り上げてその難を逃れようとする。生後一年までの生児に対して「茶浴び」行事を営むのもその一環であった。こうした行事は広範囲に行われた。たとえば『口丹波口碑集』[20]（大正一〇）によれば、大阪府豊能郡の東能勢村では「子蒸し」と称する疱瘡、麻疹《はしか》除けの行事がある。

毎年一回当家《とうや》を定め、その家の座敷に疱瘡神の神座を設けると、付近の母親や子どもが参る。そして、その勝手元の竈の大釜で湯をわかして甑《こしき》をのせ、疱瘡麻疹を蒸し殺すという趣旨で、当日集まった幼児を一人ずつ抱き上げて甑の上で蒸す真似をするのである。模擬系の呪法による疱瘡麻疹除けである。

この項目のまとめとして、子ども同士の約束の方法を見ることにする。今でも小指をからませて「指切りげんまん、うそついたら針千本飲ーます」という仕草と唱え言はよく耳にする。『南総の俚俗』から三つほど取り上げる。

一つ目は唾を吐くもので、互いに約束した後で双方が二回ずつ地面に唾する。もし約束に背いたらこれらの唾をことごとく拾えというものである。

二つ目は井戸落としという。一人が人差し指と親指で円形を作り、他の者がこれに小枝片、小石、銭、あるいは唾を投入しながら「深い井戸、浅い井戸」と言う。約束を破ったら投げ入れたものを井戸の底から拾ってこいと責められる。

三つ目は指かまかまかまで、指かみかみともいう。両人が互いに小指を引っかけ上下に振りつつ一緒に下の句を唱え、終われば小指を吹く。

指かみ、かみ、かみ、うそをつくと親の腹から蛇が三匹でるぞ

この約束を破棄しようということになれば、互いに頭髪を吹き戻すという。

二　婚姻儀礼

石地蔵と酒樽と

嫁入りはだいたい午後の三時ごろ婚家に着くようにする。遠い他村からの嫁入りには、婚家の近くに決められた中宿《なかやど》にいったん落ちつく。嫁には仲人夫婦・両親などのほか、ありつけ女房がつく。ありつけ女房には、嫁の身うちでもよいが普通は他人の女がなる。

祝言がすんだころをみはからって、若者たちの代表が石地蔵か酒樽をかついで、祝詞をのべにくる。石地蔵や酒樽は、嫁がどっしりと婚家に落ち着くようにとの縁起からである。酒樽は空の四斗樽でいろいろ飾りをつけ、これの先に笹葉のついた青竹を通して、うたをうたいながらかついでくる。この笹葉のほうを先にして座敷にかつぎこみ、座敷を通して出しておくのが習わしである。

これと一緒に、鶴亀・松竹梅などの飾り物をお膳にのせて持ってくる。この酒樽と飾り物は一対のものである。これらがお祝いにゆくことはまえもって若者からひきうけにいってあるので、その晩にすぐ、若者の集まっている場所（たいてい民家）へ、若者に相応するだけの酒と肴がとどけられる。そして若者たちは夜の明けるまで飲んで祝う。

さてこの酒樽はいいとして、石地蔵を元のところへ返すのは大変なことである。それかといって、祝いに持ってくるのを、ことわることはできないのである。

（『柚野民俗誌』[21] 昭和二九 松岡利夫）※

婚姻における聟いじめ、嫁いじめと分類される習俗である。

この事例の場合は節度をもって行っているようである。石地蔵や酒樽を持ち込むタイミングを見計り、祝詞を述べ、手のこんだ飾り物を作り、酒樽の置き方など先輩たちの格式をしっかり受け継いでいると思われる。

静かに佇む石地蔵に事寄せた嫁への「落ち着く」願いはともかく、「空」の酒樽は酒の要求そのものである。そう考えれば石地蔵の持ち込みは、それを元に戻さなくてはならない新夫婦への試練という意味が込められていたのであろう。酒を強要され一定の試練を課されるとはいっても、節度ある行事として成立しているのは、結婚に対する仲間の承認、村の承認という大きな役割を担っていたからだと考えられる。

『土佐風俗と伝説』[22]（大正一四）には同種のものが三例ほど挙げられている。「水掛け」と「墨塗り」と「酒釣り」である。

まず、「水掛け」であるが、これはいわゆる花嫁行列の時に行う。聟入りあるいは嫁入りの時に柄杓に水を汲みおいて、道を通る行列に振りかけるものである。

次に「墨塗り」。婚礼当日の夜、花嫁はじめ来客の区別なく鍋墨をその顔に塗る。塗られたものは真っ黒になり困惑するばかりであるという。筆者寺石正路によれば、旧藩時代が盛んでその後次第に減少し、鍋墨の代わりに白粉《おしろい》を塗り合うこともあったが、そうした風習もほとんどなくなったという。

三つ目の「酒釣り」であるが、形式は冒頭に示した柚野の事例と類似している。酒の強要などは婚姻に若者組が大きな役割を果たしていたころの名残りと思われるが、高岡郡など郡部では婚姻当日に一〇人ほどの若者が空樽を携えて婚家に押しかけ、酒を強請することがある。婚家によって四、五升から一、二斗の酒を入れて渡す。もし少量か空《から》の時は「大いに怒り、畑を荒らし果樹を損し、はなはだしきは墓石を担ぎ込む悪戯をなすことあり」と記す。新夫婦の承認のための模擬系の呪法をなすにあたって、「社会の承認」という役割を忘れ、悪戯《いたずら》に走ってしまったのである。

娘は村のもの、若者組のものという感覚が強いために他村へ嫁入りする際にも限度を超える行為もあったようだ。『越前石徹白民俗誌』[23]（昭和二四）には、嫁の行列は聟の家近くになると、見に出ている人にオミヤゲと称する菓子を撒く。昔は見物人が仲人に水をかけたり雪玉を投げつけた。これは通常の風景で、呪術的な祝福といえる。ところが下穴鳥村辺りでは他村へ嫁に行く時は、村境まで仲人に対して水をかけ泥をかけ石まで投げ、捕まえて着物を裂くことさえあった。若者たちが娘の出ていくのを惜しんでのことであるという。

美保神社の婚姻（島根県）
巫女による舞が行われている。

若者たちが持ち込んだ石地蔵は重く後始末が大変で、聟と嫁による最初の共同作業になりかねない。東北地方の「磐城民俗資料」[24]の場合には、正月一四日の夜、花嫁花聟のある家の庭に若者たちが集まる。そして、デイロデイロと言いながら、節木切りの日にとっておいた木を積む。その木は村のどの山からでも一日に採れるだけとってきて、自分の家の印を付け、各自の庭に積んでおいたものである。これを花嫁花聟が出てくるまで積み続けたという。昭和十四年の調査時の六〇年ほど前までの「もじうじ」という風習の記述が見える。嫁と聟が出てくると、その日の未明から行われた水祝儀にもらった墨祝いを渡すのだが、あとで庭に積まれた柴木は印に従って各家に届けねばならない。大変な試練となるのである。

次に取り上げるものは「浮島地方」(25)(昭和八)という題の報告であるが、その冒頭で、「島といったところで、ちょっとわかりかねるが、潮来出島の西二里、霞ケ浦の中の孤島といえば、たいてい想像がつく」と紹介している。ここでの入家式と、「舟上げ」行事を見ておきたい。

まず、入家式では花聟宅の敷居を跨ぐ五、六歩前で、一銭銅貨ぐらいに束ねた藁を×形に組み合わせ、これに火を付けて燃やす。燃え終えていくらか火の気が残っているところを花嫁に跨がせるのである。これは「灰になるまで共に暮らす」という意味からであるという。

入家式を前にして、花嫁一行より一足先に箪笥や長持などが花聟宅に運ばれるが、長持だけは土間に置かれる。そして、その長持の上に「居つかせる」といって小さな石臼をのせるのである。

嫁入り道具の一部を座敷に並べずに土間に置いて石臼を置き、「嫁入り先に居つかせる」、入家時に聟の家の火を跨がせて、ともに灰になるまで「居つかせる」、という願いを込めた行事である、その上、祝言の夜から数えて一〇日目の夜に「舟上げ」ということをする。

これは島で使う全長三間くらいのサッパ舟を、部落の若者たちが湖岸から担ぎ上げ、ワッショ、ワッショの掛け声とともに祝言のあった家の庭に持ち込むのである。持ち込まれた家では「ご苦労でございやした」と礼を言い酒を振る舞う。若者たちは「嫁様はいついておめでとうござりやす」と言って、再び舟を肩に担ぎ上げて帰るのである。

他の地方で行われた若者組による石地蔵や酒樽の持ち込みと同系統の行事であると思われる。石地蔵の持ち込みには花嫁が落ち着くようにという思いがあるが、舟上げの場合には祝言から一〇日を経るという時間の経過や、嫁入り道具の長持ちの扱い、入家式の灰跨ぎなど一貫して嫁入り先にいつくことを願う行事が重なっている。若者たちによる婚姻の承認からさらに、花嫁の安定を願う行事へと変化したものといえるであろう。

聟逃がしと鼻つき飯

嫁女が我が家の門口を出る時、威勢よく茶碗を割り、同時に畳を掃くが、これは葬儀の時にもやる。嫁女にもやはり嫁まぎらかしが一人随いて行くことになっている。昔では近隣七軒から鉄漿《かね》を少しずつ貰ってつけて行ったそうだが今は七軒鉄漿と謂ってただ形式だけにしているとか。

嫁入りの道中は若者たちが昼でも、その部落の若者組の提灯を点じ、茜の鉢巻きを横ちょに捩《ねじ》り込み、締め太鼓を打ち鳴らしつつやあやあ嫁女じゃ嫁女じゃと連呼しながら徐々に護衛する。もし方位の悪い時には、金神除けの守り札を先達に捧持してゆく。

嫁女が聟方に到着すると、手引き嬶《かか》さんと言って、既婚の女の手に引かれつつ、台所から上がるそうである。

本膳が出ると聟殿は飯を残したまま、聟まぎらかしに目配せしてひそかにその座を外し急いで逃げなければならない。これが聟逃がしというので、この時ぐずぐずして若者たちに見つけられようものなら、追い駈けられて水を浴びせられるとの事で、素裸になり毛布を被って逃げたそうである。もっと意地の悪いのになると、灰汁をあびせたものもあるとか。

一方嫁女には鼻つき飯と云って、高々と盛りたてた飯を喰わせるが、これには仲立人の妻がそっと助太刀をしてやるらしい。次に落ち付き雑煮を出すが、これまた、大きな餅でとても箸がつけられぬとか。あまりのことに吸い物なりと思って蓋をとれば、ここにはまた男根の模型が入っている。この吸い物の名称も製法もよく分らぬ

> が、里芋か大根で器用に細工したものだと思う。がこれらはみな昔の事で、今はこんな事をやりはしない。
> 酒宴がすむと客はみな帰宅する。その後で部屋祝いとて若者たちが振る舞われるのである。この時新郎新婦がお揃いで酌に出る。
>
> （「筑前大島の民俗」[26]　昭和六　安川弘堂）※

この島は玄界灘の真ん中にあって、周囲三里二四丁、戸数三百、人口千八百の孤島だという。純農はわずか数軒で、他は小舟で磯廻りの魚介をとる副業をもつ。

宗像神社、中津宮の奥の院がある、御岳から湧き出る天の川を挟んで星の宮というのが二社ある。昔から配偶者を求める者が、男は織女《たなばた》の宮に、女は牽星《ひこぼし》の宮に、七月朔日から七日間参籠し、七夕の宵に川床に棚を設けて供物を供える。そして、自分の名と思う人の名とを別々に書いた短冊を天の川に流す。その短冊が並んで流れていれば、夫婦となることを認める神のお告げだとする由来がある。

昔は嫁が他所から来るのはよいが、島のじょうもん（娘）が他方へ嫁入りするとお宮様が好かっしゃれんからといって、ほとんど他との縁組はしなかったという。また、若者組《わいもんぐみ》には縄張り的な意識があって、祝儀の当日に尻洗い酒として三升か五升、魚代として五〇銭ぐらいを嫁女《よめじょ》方の若者に遣ることになっている。この報告時点でも尻洗い酒は実行されている。その酒が届かないような時には、嫁女送りの際に空樽を担いでいって当てこすることもある。

『日向馬関田の伝承』[27]（昭和一二）によれば、この時点でもヨメジョオットイという、いわゆる嫁盗みは全くなかったわけではない。どちらかの親が不賛成の場合か、女が同意しない場合に行われる。村の中老あるいは青年団の上役に頼んで女を連れてくる。そして翌朝仲立ちとともに女を伴って交渉に行くが、たいてい成立するという。

筑前大島では嫁入りよりも聟入りのほうが先で、仲立人夫婦が聟と同年輩の未婚者を聟まぎらかしとして一緒に連れていく。その後の展開が事例で取り上げたものである。

嫁女の門出は茶碗割りにしても掃き出しにしても、二度と戻らないという葬儀の呪的行為と共通したものである。七軒鉄漿は七日節供の七軒雑煮と同様、人生の試練を前にして多くの家や人から力をもらうという趣旨をもつ。合力系の呪法である。

方位が悪いと金神《こんじん》除けの守り札を掲げ、様々な試練を乗り越えねばならない。先に引用した日向の馬関田では、行列の新婦に対して道中の男の子どもたちは土塊を投げつけたという。手荒い祝福行為だが、水を掛ける呪術的祝福行為は広い地域で見られた。

客ではないということで、新婦は手引き嬶さんに導かれて台所から上がり本膳に着く。本膳に着いた新郎は落ちつかない。どんな趣向が待ちかまえているか、早々に聟まぎらかしとともにその場から逃げだすことになる。逃げ遅れると水を浴びせられてしまう。文字通りの水祝いである。花嫁行列への泥投げも花聟への水掛けも、結婚を通して一人前となる通過儀礼としての試練系の呪術という側面をもつものであるが、田植えなどの際の泥掛け行事と重なって見えてくる。

婚礼における聟いじめや嫁いじめは通過儀礼的な意味をもつ試練、子孫繁栄を願う予祝、部屋祝いに代表される仲間による承認といった要素をもつ呪的な行為と考えられる。どの要素が強調されるかということによって、地域の特色が形成したのであろう。

いずれの地でも若者組が中心となる行事であることは共通しており、時代を遡れば婚姻には若者組や若衆仲間のもつ役割が大きかったのではないかという推測もできる。

行事そのものに焦点を当てれば、血気盛んな若者の集団だけに過激な行動になりがちだったようだ。悪戯が過ぎた遊戯系の呪術となり、自然消滅してしまったものも多い。

木馬の聟いじめ

島の上流家庭の男女は親同志の相談によって結合したが、大多数は野遊びで恋に陥ちそれが結婚にまで導いた。男女同歳又は一、二歳位の差を通常とした。

結婚の翌日は新夫が女の家に行った。この日「新婿迎え」に云って島の青年たちは杵《きね》を馬に擬し彼をこれに乗せて戯れた。

新郎が女家に到着するや、彼は女家の火神（竈神）を祭らねばならなかった。親族関係を結ぶ意であろう。この時島の青年男女は盛んに彼をいじめた。火神を祭る間わざわざ青い松葉をもやして燻《いぶ》らせ、又油を混じた鍋墨を彼の顔に塗った。

彼が火神を祭り座席に着くや、悪戯《いたずら》の歓待が始まった。他客に普通の馳走が出る時、彼の前には非常に美しい珍奇の膳が出た。染めなした木片や芭蕉の根などがその上にのせられた。直径四、五分もある青竹の箸を美しく山盛りにもった御飯にでもつきたてようものなら、たちまち中から蛙が飛び出すと云う有様。吸い物椀の蓋《ふた》をとれば中には蚯蚓《みみず》やぼうふりが動いていると云う具合であった。

（『シマの話』(28) 大正一四　佐喜真興英）※

いわゆる「聟いじめ」である。新婚の男女に対しては、子孫繁栄を願う嫁への尻叩き、健康を願って山盛飯を聟に強いる強飯式など、小正月の祝い事として営まれる。その一方で、結婚式当日などに若者による聟や夫婦に対する承認とも試練とも悪戯ともいえる行為が認められる。

この事例では、結婚式の翌日聟が嫁方の家に行く時に、「島」すなわち部落の青年たちによって、杵の馬に乗せられたり、火の神参りをした後の宴の席で悪戯をされる。

「杵を馬に擬し彼をこれに乗せて戯れた」とあるが、『山原の土俗』[29]（昭和四）によってその詳細を見てみよう。山原では結婚式の時の杵の馬による聟いじめをドウドウというが、これは同時に子孫繁栄の呪《まじな》いであるという。調査時には見受けることはなかったが、昔は随分盛んであったようである。

結婚式の当日聟入りといって、聟が嫁の家に行く。嫁方の親類は彼に火の神を拝ませて饗応するが、聟が帰る時に親類縁者あるいは青年たちが門で待ち受けて、ドウドウ馬に乗せて井戸や御獄《ウタキ》を拝ませて様々な戯れをするのである。昔は聟を死に至らしめることがあったという。

ドウドウ馬は各部落によって形を異にしているようで、「杵に大きな綱（手綱）をつけ、二箇の石をつるして馬の睾丸となし、杵に乗せて、ドウドウと唱えつつ進むのである。又松の節のある枝へ、アダンの幹のトゲのついたのを差して馬の頭とし、これを松の枝に載せ二箇の石をつりさげ睾丸として、その石を前後に振れば婿の足を、うんとたたくように造ったものもある。なお竹に石を吊るしたもの、又は大きな綱等もある」という記述がなされている。

こうなると、いじめに重点があるのか子孫繁栄を願ったものなのかわからなくなる。ただ聟の呻吟する姿が浮かび、周りを取り囲む青年たちの笑い声が響いてくる。子孫繁栄を名目にした遊戯的要素が突出した呪術的祝福とでもしておこう。

同書に出てくる大宜味村のキリシタ祭りは、聟をドウドウ馬に乗せる局面はあるものの、子孫繁栄という趣旨を前面に出した祭りである。

大宜味村のキリシタ祭りは、現今ではわずかに久志・金武の一部において、毎年挙行するのみである。毎年旧十一月十日に行う。前年のキリシタの翌日から、この年の十一月十日までに生まれた子供の家では御膳に馳走を盛り字事務所へ送る。当日の晩は戸主青年男女全部事務所へ集まって、生まれた子供の前途を祝し、なお出産の多からん事を祈りつつ祝宴を張る。

十数年前までは、結婚者にしてまだ子供を得ないものを、木馬(又はドウドウ)に乗せて、各御獄を拝させていたようである。

ここでは、子どもの誕生祝いと兼ねた行事となっている。またこの場に青年男女が全員集まるというところをみると、若者に対する子孫繁栄の前祝い、すなわち予祝行事でもあった。

三　葬送儀礼

魂《たま》呼ばいと枕飯

最後という時にはコエヲカケルと云って大声にその人を呼ぶ。声をかけると呼び返す事が出来ると考えられている。

息を引き取ると、マクラナオシと云って北枕に直し、顔には手拭いをかぶせて、夜具の上にカセを置く。猫が屍を越えるとよくないと考えられていて、そのための呪いらしい。猫もすぐにかこう。

座敷の神様の上にはすぐに半紙一枚を貼り下げ、畳は四角合せにしきかえる。

（『壱岐島民俗誌』[30]　昭和九　山口麻太郎）※

門戸口に石か瓦で簡単な竈を作り下炊《げだち》の飯《まま》を蒸し、仏前に供す。この時薪はぬきの藁を取って焚き付けとなし葬儀使用の木片を焚く。米は三人搗《つ》き米《まい》と言って、玄米を三人で搗き出すので、臼の中から出す時もとうしで通さず、箕でやり、箕の向こうから受け取って空釜の中へ米から先に入れ水を後から入れる。なお、米を量る時も桝で量らずに手で握り出すとの事。釜は小土鍋で飯は椀に高く盛り上げる。箸は竹と木を用い、生塩、生味噌、沢庵漬け三切れを付す。これを枕飯とも謂う。

（「筑前大島の民俗」[31]　昭和六　安川弘堂）

人の一生は多くの場合、産育・婚姻・葬送を経て閉じる。こうした人生の大きな節目を通過儀礼として捉える立場もある。

これらに共通するのは、その目的を果たすための実際的な行為行動と、何事もなく目的を遂行できるように祈り願う作法や仕来りがあることである。産育分野では子を生み育てるという実際的な行為に対して、生児の霊魂を迎え母子の無事を願う産育儀礼が営まれる。婚姻分野においては男女、あるいは家同士の結び付きという結婚に対して、産育のような霊魂儀礼は見られない。しかし、男女のより強い結び付きや子孫繁栄を予祝する婚姻儀礼が形成されている。葬送分野についても遺体の処理という実際的なことに対して、それを滞りのないように、そして死者の魂を送るための葬送儀礼がしめやかに執り行われる。

この項目では葬送儀礼を取り上げたが、産育・婚姻・葬送いずれの場合の儀礼もその多くは俗信によって構築されているのである。以下、壱岐島と筑前大島の儀礼を中心に検証する。

冒頭一つ目は壱岐島の「コエヲカケル」事例である。臨終に際して大声で名を呼ぶ、いわゆる「魂呼ばい」はかつては広く見られた習俗である。その方法は各地様々であるが、身体から抜け出ようとする魂を呼び戻す呪術的方法である。

猫が飛び越えるとその屍は起き上がるなどと言い伝えがあり、屍と猫の結び付きは嫌悪されている。また、常に清浄な場であるべき神棚に死の穢れが及ばないように紙で覆う。これらはいずれも俗信であって信仰ではない。

二つ目は、筑前大島の枕飯作りの事例である。別火はもちろんのこと、出来上がるまでの手順が日常とはことごとく異なる方法で行われていることに注目したい。こうした方法が日常における禁忌となっているのである。

次に筑前大島の湯灌・納棺の様子を見ておこう。

湯灌の準備が調うと最も血縁の近い男二人に女一人が荒縄の結び手を襷《たすき》にかけ剃髪の後湯を浴びせる。剃髪した鬚髯及び髪は紙に包んで棺に納める。湯は便所か陽を避けて棄てる。

納棺の時は帷子《かたびら》を着せ山莫蓙《やまばくござ》（戻り莫蓙とも云う）を敷き、経帷子《きょうかたびら》（紙に梵字で経句書いてある）、手挟み、毛抜き、六道銭、近親者の切り爪、米少量、女であれば糸巻き、鏡、櫛、笄、簪、一本針（わざわざ一本だけ買う由）、男であれば妻の切り髪、その他本人の平素愛好していたものなどを頭陀袋《ずだ》（又はさんや袋と云う）の中に入れて首に掛けさせ、脚絆を着け足袋と草履を穿かせ、合掌した手に数珠を掛けさす。

湯灌に当たる人は縄帯縄襷になるが、平素はこの姿を忌む。また、その際の湯は水に足して温度を調節し、床下や便所など日の当たらない場所に棄てる。

納棺で注目したいのは近親者の切り爪を納めることである。これは『日向馬関田の伝承』(32)（昭和一二）にも「近親者（ミノキレ＝身の切れ）の爪をみな切って入れる」という記述が見られる。夫の死には妻の切り髪を納めるというのも同じで、爪や髪は身体から切り離したものであっても、その人自身を表すと信じられていたのである。あの世に旅立つ人に寄り添うという呪術行為である。

出棺に際して筑前大島では、荒藁で庭箒と中居箒を作って掃き、棺が門口を出る時に茶碗を割る。棺担ぎは近親の男子二人で卍字を書いた三角の紙帽子をかぶり、荒藁で作った足半《あしなか》を履いて畳の上から降りる。

湯灌の逆さ水、夜の切り爪、出棺直後の掃除、座敷での履物下ろしなど、不祝儀の作法は日常の禁忌となる。

壱岐では死者の着衣や汚物はすぐに墓地や海辺、河原などで焼き捨てる。その際、焼く場所には銭を一枚投げ、これだけをもらいますといってその範囲を鎌で描くという。墓穴の場所についても同じようにしてもらい受ける。この時は古草履を片一方掲げておく。

死者の身に付けた衣類や汚物を破棄する場を前にして鎌を振る所作は、出産時の汚物を処理する際にも行われた。ぶら提げた古草履とともに魔除けとしての意味をもつ。

一年に二人死人を出す時は藁人形を作り出棺の時、家の挟間《さま》から出し棺に乗せいっしょに埋葬する。子供の葬儀は極めて簡単である。普通三歳ぐらいまでは近親の女が懐に抱いて墓場で納棺する。母親は当日は墓に行かない。

これは「筑前大島の民俗」の事例である。前半部は二度あることは三度あるという言い伝え、凶事の続くことを防ぐ藁人形の埋葬である。埋葬するものは様々であるが、全国的に広く行われた。不吉なことが続いて起こるという事態に対する呪術的対応策である。

後半部も全国的な習俗である。通常胎児から一歳くらいの幼な児を水子《みずこ》というが、水子の葬儀はどこでも質素なものである。そこに底流するのは、早く生れかわって欲しいという心意による。そのため一人前の葬儀は避けられたのである。

ノダンゴと出船の盃

マツゴの水をやると、帷子《かたびら》を裏返してかけて、「重いものを被せるな」という。死人の上に筬《はり》を上げる。マドウ―クシヤという百年以上の猫―がとりに来るので、目の多いものを上げるのである。産室にも網を張って、やはり目の多いものを、という。

ソーシキビキと云って、畳をまっすぐにしいて、タチビ―三十五日の忌み明け―まで直さぬ、というのはそうして喪屋にしたてるのであろうか。今日目をネムラレルと、支度が間に合わぬから、当日は病人として置き、御飯におかずをつけて、病人として上げる。

お経を上げると仏にする。死衣はハイトで縫う。畳をめくって三方に立て、左縄・右縄を襷《たすき》にした人が、三人中に入り、跡取が先に水をかける。湯は蓋をせずに沸かす。死者の使用した茶碗に水、枠―糸巻き―に、有り明け油で火をとぼす。だから、「から枠立てるな」と云う。枕上に四本の線香、だから、常は、四本の線香を仏にも焚かぬ。

棺には、血脈・念仏の本・六文銭・マイ袋（銭と糠を入れる）草履一足に笠を添える。桃の木の杖をつくって九か所しばる。死人の着物は、裏を北向きにして、竹のウラから袖を通してかけ、三日ばかりして又洗う。ノダンゴは、米をかしあげにして臼で搗いた粉で団子をつくって、石を並べた石クドで、棺の木っぱを燃してうでる。マクラ団子とも云い、お墓でくってしまう。烏が早くくってくれるとよい、手がつかんと死人が早い、という。オクリゼンというのは枕飯の事で、高盛りに箸一、二本。

一コウサカズキを出船の盃とも云って、出棺前、身うちの者が、年下の者から、一杯ずつ飲む。酒宴の時に「一コウ盃はいけん、まあ一杯」などというのは、そのためである。お通夜の時には、一晩とまるので、ヒトヤドマリはせん、という。

出棺の前に、十五様のモリをする人がデガネを叩いてまわる。同じ人が、重箱を焼香する所に持って行き、地蔵様に供える。出棺の時「水よ」と一声するので、ふだんは、一声ヨバリをせん、と云う。

神棚に白紙を張る時には、ソーソの御ぜんで張る。四十九エンまで貼っておく。シッポウをヨホウとも云ってソーレンの送りでは、男女ともみな三角の紙を、麻で結い、額にあてて送り、男は、被ったまま、一度家に帰り、灰寄せに行った時にとる。ノゾーリはオエから履いて出て、寺に脱ぎすてて跣足《はだし》で帰る。

娘や嫁は、ネリという葬式用の着物の左の袂を破って、裏を出して来て送る。嫁入りの時には、ヒナツキの上にこのネリを被り、出居から入って、神仏を拝んでからとる。

盥《たらい》に、水を汲んでおいて、葬式から帰った人たちが、揉み足で足を洗い、手を洗ってふかずに振る。フリカケ水をするな、というはそのためである。

（『日間賀島民俗誌』(33) 昭和二六　瀬川清子）※

愛知県南部の日間賀島の葬送とそれに伴う禁忌に注目したものである。

著者は産育・婚姻・葬送という人の一生において営まれる行事には、その内容から目的を遂行するものと、速やかな遂行を助けるものとに大別できると考えている。葬送を例にとれば、遺体の処理という現実的な目的を遂行する行為と、それを何事もなく実現するための伝統的な方策や祈りの行為に分けられ、後者が葬送儀礼ということになる。多くの場合、そうした儀礼は禁欲的な行動をとる禁忌という消極的な行為と、超自然との交流を求める呪術という積極的な行為という二つの要素によって構築されている。

葬送儀礼を例にとったが、儀礼は人の一生を通して捉えた通過儀礼と、生業に伴う生産儀礼、そして日常の暮らしに伴う生活儀礼とに大別できる。いずれの場合も、自然環境や社会環境に順応するために伝承的な行為様式に準じて営まれる。

事例に戻ろう。末期の水の後はマドウと呼ぶ年老いた猫が死体を取りにくるというので、目の多い目籠を遺体の上に置くというものである。目籠は年の境に来訪するという鬼などの厄除けとして、全国各地で用意されることが多い。この地では、産室にも目が多いということで、網などを張り巡らすという。

死者が出ると、シニブレという二人の告げ人が寺をはじめ、親類・知己を回る。葬式の準備の関係上、当人は病人として扱い、御飯を供え枕元には色花を置く。お経が上がって仏にするというのは、近畿地方などでも行われていた。

畳を上げて囲み、三人の男によって湯灌をするが、まず跡取りが先に水をかける。

「から枠《わく》立てるな」「四本線香はするな」は、葬送などの凶事の時の作法を日常に行うことを忌むことが多い。ノダンゴについては早く処分することをよしとする。そのため烏に期待したりするが、いつまでも残っていると、死人が続くと解釈されるのである。「一コウ盃はいけん」「ヒトヤドマリ」「一声ヨバリをせん」「フリカケ水をするな」なども凶事の作法からの禁忌である。

七月一三日に死んだ人にはホーロクを被せる。この日迎えられて来る仏さんは、行き合った時に死者の頭を叩いていくからと説明するが、そうした話に基づいた呪法である。産婦が死ぬと、寺の門先に戒名を書いた布を張って通る人に水をかけてもらう。いわゆる流れ灌頂である。

忌みの行事は以下のように厳しく守られている。

七日の間は一日一食の人、または一食はヒモノダチの人もある。三五日が済むと、畳をあげずに天井の煤を払い、畳をしきなおし、何か一つこわす。この日お寺で塩茶をもらって飲み、香典返しもしてしまう。

四十九エンまでは日に三度ずつ水を持ってお墓に参り、その後百か日までは日に一度参る。また、四十九エンまでは粉は臼でついたものばかり食し、挽き臼は使わない。あとを引くといって家の中では仕事をせず、裁縫なども他家へ持っていってする。月代《さかやき》も鬚《ひげ》も剃らない。

四十九日の餅を搗いて、膝と肱《ひじ》の四つの餅を取り、四十九の餅と一つ余分の餅を作って寺に持っていく。この時後ろ向きに家の方に餅を放り込み桝をひっくり返して切って分けて食う。また、親が死んでも子が死んでも、四十九日のうちにひとつかみの塩でも菩提に物乞いせにゃならんという。穢れ祓い、忌明けの塩茶を寺で飲むという意味であろう。

死人があった時には、他家と取り替えてもらって異なった麦を播く。死人は今年穫った麦を食べずに死ぬと帰ってくるからだという。

この地では、死人のあった家に立ち寄った穢れをトウニチノケガレといい、死後半年くらいの間の重いものをイミ、後の半年でやや軽いことをケガレという。一年がすめばイミもケガレもあく。

逆さ箒《ほうき》と枝付き塔婆

この土地がイミに関する感覚と慣習の著しく強い土地柄であることは、出産および葬礼などの穢れを強く避けようとした事実に端的に現れている。

九死一生の病人のある場合は、直ちに海中の適宜の場所に青竹を立ててこれに〆縄を張り、数人の者が水垢離をとり、役行者・不動明王・八大竜王等の名を唱え病気の平癒を祈る。その時に用いた念珠が切れた場合とか、その他何か変わった事があると、病人の吉凶を判断する。この行事をオカワという。狐つきや祟などがあると判れば、それをよける御祈禱をする。これをシノキと呼ぶ。

僧侶が来て枕経をよむと仏ということになる。西枕に寝かし、仏の傍らに箒をさかさに立てる。故に常は箒をさかさに立てることを忌む。水と線香を立て、守り刀と称してトモノ（刃物）を枕許におく。

同年者が死ぬと、ミミフサギをする。藁で作ったナベツカミ（ナベトリとも）で両耳を覆って、「よそごとよそごと」と三べん言う。ミミフサギの餅といって餅で耳をおさえることもきかないではなかった。

棺（デイに安置）が出た直ぐ後から掃き出す。竹を葉のついたまま束ねてつくった仮門（モンといっている）をくぐらし、くぐると直ぐこわして海に流す。又ガンバラシといってハナジネを紙に包んで屋根棟に投上げる。これは忌みのかからぬ者が誰でもよいからする。又茶碗を外に投げて打ちこわすのも例である。

埋葬を了って帰ると、アシアライ水を汲んでおき、門の敷居に腰かけて足を洗うが、手で洗うものではないといい、足をもみ合わせて洗う。そうして藁三把で拭く。平常、門の敷居に腰かけていると叱られるのはそのためである。続いてシアゲということをする。

産婦が死んだり、溺死者のあった時は、葬式後一、二週間後に流れ灌頂をする。前者は川で、難船の場合は海岸で、縄の先に石を結び付け、途中に塔婆をくくり付け、僧侶の読経中に皆が集まって少しずつ引き寄せてやる。誰々の流れ灌頂だから引いてやれといって集まって来る。

五十日目のイミアケにサンバクという藁の帯をして島山神社に行き、前の浜で遙拝して、サンバクをほどいて海に投げ捨てて帰る。これがすまぬと新年も飾らぬのである。一年間をユミといって神事に出ぬ。

年回は五十年忌までする。五十年がすむと神様の座へお直りになるので、もう仏式で祭ってはならぬという。この時に限り、ハツキノ塔婆といってタモの生葉や小枝のついたのを立てる。

（「若狭大島民俗記」[34]　昭和一九　鈴木棠三）※

「ニソの杜」で有名な福井県大飯郡大島村の葬送儀礼である。この地はまた忌みの地であることも知られている。一年間の父母の忌みの間は神社への参拝や神事への参与はもとより、鳥居をくぐることや神前を横行することさえ遠慮する。日常生活においても忌中の者と同じ火によって煮炊きした同じ物を食す合火《あいび》や食い合わせを避ける。これら合火や食い合わせ、そして忌みに服している家に行き合わせた者の穢れを意味するという踏み合わせを犯した者は、寺に行って茶を一服もらって飲めば清浄になるともいっているようであるが、穢れに触れるということに敏感な土地柄である。

穢れは信仰心すなわち宗教的心意によって生じたものと考えられる。日本の神信仰ではもっとも厭悪されるものである。それを除くための方法として清めや祓え、祈禱などが行われる。しかし、民間で行われる場合には俗信的な手段、呪術的方法によることが多い。

この地の場合でも寺のお茶を飲むことによって穢れが去るとされる。寺という非日常の場で茶のもつ呪力によって清められるという呪的方法が用いられるのである。元日の朝、身を清めた年男が汲む若水のお茶を家族そろって飲む。若水のお茶もまた年神を迎えるために身を清める役割をもつと考えれば納得がいく。

葬儀の事例を見ていこう。

重い病人に対して水垢離をとったり、祈禱をしたりするが、そうした行為をする過程で何らかの異常や異変によって吉凶の判断をしたりもする。

病人が息を引き取っても、僧侶の枕経までは病人ということで、線香などを点《とも》すことはしない。枕経によって仏になると、そのかたわらに逆さにした箒や刃物を置く。掃き散らす道具でもある箒や武器ともなる刃物によって、死体に忍び寄る邪悪や悪霊から守る防塞系の呪術である。

耳塞《みみふた》ぎ餅は同年齢者の死という災厄が自分に及ばないようにするための防塞系の呪法である。

湯灌に使用する湯や葬儀の飯、棺の飾りなどに使う糊《のり》は、「ニワをしてもらう」といってすべて庭で別竈にして炊く。また、出棺の際に近親者や僧侶が食すタチワノメシは残すものではないといって、一献《いっこん》盃《さかずき》、一杯飯(一杓子の飯)で食べる。その時に使った箸は炉の四方からくべて燃やすものなので、日頃は箸を燃したり、炉の薪を四方からくべることは忌むという。

出棺直後に部屋を掃き出すので、旅立つ者の直ぐ後は掃き出すものではないという禁忌もある。葉の付いた竹の仮門は参会者の穢れを祓う装置と考えられる。

ガンバラシは死者がかけたかもしれない願いを解くための願ほどきである。多少の米を紙に包んだ花稲《はなじね》をお札として屋根棟に投げ上げ、平生使用していた茶碗を叩き割って、死者に代わってこの世との別れを告げる呪術的行為である。

この地域は両墓制地帯である。墓地はハカバとサンマイに分かれる。埋葬地をサンマイと呼び普段立ち入ることはない。立ち入った者は三日間潔斎しなければ神事にかかわることはできない。

葬儀三日目には死者の衣類を娘や嫁が洗濯する。村内の人は、今日はどこそこの婆のセンタクビだからといって洗濯をしない。

両墓制のサンマイ「埋め墓」（滋賀県）

忌明けは初七日にする。一七日ごとに立てる塔婆を一度に七本作り、七本塔婆といって墓場に立てる。最終年忌は五〇年忌で、この時に仏は神になるといって葉付き塔婆を供えるのである。死者は長い期間の供養を経て次第に清まり、昇天して神になる。「甲州山村聞き書き」(35)によれば、三十三回忌をトイアゲといい墓に生木《なまき》を立てる。家によっては位牌を寺に納める家もある。忍草ではトイアゲトウバといって唐松の枝付きの下を削って字を書く。これで魂が天へ昇るという。そうした社会的観念の媒介となるのが枝付き塔婆である。枝付き塔婆は死者が神になる象徴ともいえる。

魂別《まぶいわか》しと村別れ

死者のある家では死霊と人間とを別にしてこれを追い払わねばならぬ。又今までの交縁を絶って別々にせねばならぬという習慣がある。今帰仁村では葬式のあった晩は「龕担《がんかつ》ぎ」の四人が、死霊及び悪魂を追うことを行い、「魂別し」はそれから三日目の晩に行う。

葬いの出た晩、龕担ぎの男が、初め小石を器に入れ置き、家の裏から小石をばらばらと撒き、壁板や戸板を叩く。それと同時に「フイ、フイ」と呼ばわりつつ燧火を振り翳《かざ》して道々悪霊を追うて里と野との境、即ち葬式の時死者と「村別れ」をした処まで追うて行き、そこで燧火を捨てて帰るのである。「村別れ」というのは葬式の時一度龕をおろして会葬者と告別の祈願をするのを言う。

三日目に「魂別《まぶいわか》し」を行う。晩になると家族の者だけ集まり、軒に竹の葉のあるものを差して戸口に垂れ（死霊が宿るという）、その前に御前に御花米を盛り、椀に冷水を盛って飾る。そして主婦か、老人か、あるいは親族の老婦が来て「極楽へ迷わず行かれよ」という意味の事を述べて祈願をする。それが済むと家族の人々の頭上に御米をつまんで置き、冷水をもって額に三度うるおす。これで死霊と生霊との交わりを絶って御別れをした事になる。

（『山原の土俗』[36]　昭和四　島袋源七）

ここで取り上げた沖縄本島の今帰仁村の事例は、遺体の処理後に営まれる儀礼である。その内容から龕担ぎと呼ぶ、穴掘りと棺かつぎ役の男性四人によって喪家の死霊を追い払うものと、死者の家族によって死霊との別れをする「魂別し」という二つの儀礼からなっている。

一つ目の死霊祓いは喪家に留まっている死霊を祓い、葬式の時の「村別れ」の場所まで追い祓うという趣旨の儀礼である。鎮送系の呪法である。

葬式が済むと、会葬者は各自で川や海に出たり、自宅の門口で塩を振り掛けたりして、死の穢れを祓うという行為は全国的に見られる。しかし、事例と同じ沖縄本島の大宜味村では龕担ぎが一定の役割を果たしている。

葬式後に小屋に納めて帰る時に一本ずつ尾花を切ってきてその先端を結び付けて、一対の潜り門のようなものを浜の砂上に作る。会葬者の男性はこの一方の潜り門を通って海辺に行き、手足顔を洗ってもう一方の門を通り抜けて帰っていく。女性は男性と反対の潜り門を抜けて帰る。この潜り門を通り抜けるのは、死霊を除けて身を清めるものだという。尾花は葬儀の際に呪物として用いられたものの一つである。潜り門は六月晦日の夏越の祓いの際に目にする茅の輪くぐりと同じような意味をもつのであろう。身を清める潔斎系の呪術である。喪家の死霊祓いも会葬者の潜り門も死霊を追い払ったり死霊を除けたりするとされるが、一般的には死の穢れと表現されているものである。

事例二つ目の「魂別し」は、穢れ祓い後の死霊との別れである。その趣旨からすれば家族内の儀礼と思えるが、国頭村の事例では龕担ぎが参加する。

葬いの晩龕担ぎの四名と家族が集まって行う。その時サト芋の葉に水を容れ、これを包んで茶碗に三包みずつ盛る。そして部屋はすべて閉じて暗くしておく。ただ水包みを各人に配る時だけ燧火を点じて明るくするので、それを済めば全部消してしまう。

しばらく祈願して戸を開き部屋の隅々から軒下まで塩水を撒き、それが済むと同時に各人に配られた水の包みを開《あ》けて調べる。もしその水に濁《にご》りが生じていたり、砂気があったりすると、なお死霊が屋内に居るものとして塩水を撒き代えるのである。

なお臨終の際居合わせた人々は各自の年齢の数だけ糸を結び、これを一週間ほど首に懸ける。死霊との交渉であるから明かりを消し、別れに際して祈り、戸口を開けて塩水を撒いて死霊を祓う。その後、死霊が屋内から去ったかどうかを確かめるという儀礼である。

今帰仁村の事例とは異なり、葬式後に行われることから、「別れ」というより「祓え」に重点が置かれているように感じる。鎮送系の呪法と考えるべきものといえる。

素麵《そうめん》の空箱

僧は普通は一人。富家は三人招いて読経してもらった。島人は寺とは結びついていなかった。檀那《だんな》寺と云うものはもとよりない。ただ死人がある時に、招きに応じて喪家で経を読み葬列に列なり、彼と関係なく出来た野辺の墓処で経を読んで、給金を得て帰る位が、その重要な接触点であった。

男は七歳女は八歳以上の大人でなければウマ（赤馬龕《がん》ともいう）を使用しなかった。子供の葬式は普通の葬式といろいろ異なっていた。念仏者も雇わなければ僧も頼まなかった。

死体を仏間におかず離れ小屋に置き、ここで女などは哭いた。又特に棺箱を作ることはなく、素麵の空箱等に死体を入れた。普通の葬式は昼間行ったのだが、この場合には夜昼の区別なく、死後数時間のうちに葬ってしまった。葬列は門からは出さないで、垣をこわして出した。又死体は普通の墓に葬らず、畑の間の畦《あぜ》に掘った小さい横穴に埋めた。

たとえウマを使用する大人の葬式でも、変死したもの例えばハブに咬《か》まれて死んだものや、岩石に圧し潰されて斃《たお》れた者などは、普通の葬式とはちがった。死体は離れの小屋に入れられ仏間には安置されなかった。家の聖をけがさないがためである。又普通の墓には葬らないで、畑の畔《くろ》に掘った横穴に葬った。

お産に死んだ婦人等もこれと同様に、普通の墓には葬らなかった。癩病《らいびょう》患者等もまた特別の葬式をした。この場合は葬式後墓庭への入り口を塞いで悪霊の出入りを防ぎ又炒った五穀を撒いて「これが生えなければ出で来れよかし」といって永遠にこの世に出て来ないようにした。彼に対しては供養も一日で済ました。

（『シマの話』(37) 大正一四　佐喜真興英）※

近世の檀家制度の範囲外にあったのか、それ以降の宗教政策によるものなのか、沖縄本島中部の新城には一九二五年（大正一四）の段階で檀那寺は存在しなかったようである。葬儀には首里か那覇の念仏者を呼び、その時限りの僧侶に連絡をとる。

ここに提示した事例は普通の葬式とは異なる趣をもつものである。すなわち子ども、横死者、産死者の場合である。子どもの場合、龕《ウマ》の使用不可、遺体を母屋に入れず、棺代わりの空き箱、葬るまでの時間の短かさ、垣根からの出棺、畑の畦への埋葬と、ほとんど葬送の体をなしていない。昼夜の区別なく短時間で、しかも正式な葬法をあえて犯すような行為をとっている。これは葬送ではないと主張するがごとくである。

横死者の場合はウマを使用することができるものの、家の仏間や墓への安置、埋葬は許されず、家との関係は断ち切られる。

産死者や特定の病死者の場合は悪霊のしわざと考えられたのであろう。沖縄の亀甲墓特有の墓庭を塞ぎ呪文を唱えながら五穀を撒き、二度と出現しないように封印する。

少ない資料なので結論は今後に委ねるが、子どもの葬法は再生を願う祈願系の呪法、後二例は家を災厄から守るための防塞系の呪法といった趣きをもつということができるように思う。

七月の十四日盆中に死ぬ者はあの世の人々の不在をねらって物を盗みに来たというので、あの世の者から酷められ頭を打たるると信ぜられた。それで島人は護身用として死人の頭に土器の擂鉢《すりばち》をかぶせた。これは盆中の死者の埋葬時の呪法である。

湯灌後に床下の土をひとつまみ棺に入れる呪術的行為と似た事例もある。さらに、

一年内に一家に二人以上死亡した時は二度目の葬式の時に鶏一羽埋めた。ヌクヨーヌクヨーと云って哭きながら埋めたので、これをヌクと称した。三人目の死者を出さないがためであった。

こうした事例は二度あることは三度あるといった心理から生じたもので、防塞系の呪法と分類できる。

葬儀に関する俗信を『山原の土俗』[38]（昭和四）を中心に列挙する。

・他に死人ある時、門に庭箒又は灰をまいておくもの。
・死者の着物は糸の先を結ばずに縫うべきもの。
・湯灌する水は流れを背にして汲むべきもの、又柄杓は逆さに使用して汲み入れねばならぬ。
↓産水《うぶみじ》は普通の汲み方をする、死者は元に帰るという意味で反対に汲むらしい。
・湯灌する時死者の頭から洗い、初め湯をかけるのは夕顔の葉又は果皮の枯れたものでするもの。
・臨終の際寝ていた床下の土を少し包んで棺に入れるべきもの。
・湯灌する湯は藁で沸かすべきもの。

・同一家から年内に二人死者あった時、必ず鳥を殺して箱に入れ、墓を作って葬らねばならない。
↓二度ある事は三度あると。
・葬式の時龕に指をさしてはいけない。
↓手が切れてしまう。それでもし思わずさした時には、指をくわえて七遍廻ればよい。
・死者は三日目から後生の水を飲む。
↓三日までは水を上げているが四日目より御茶を上げる。
・幼児の死者は乳《ちー》の親《おや》を頼まねばならぬ。
↓後生で育てるのは乳の親だからという。
・水死せる者又惨死せる者は、家から葬式を出さぬもの。
・水死などで手や足の曲がらぬものは箒で打って曲げるもの。
↓故に箒で人を打ってはいかぬ。
・伝染病流行の際はすべての墓に墓詰のお願をなし、死者は別に墓を造って葬る。
・変死人は別に墓を造って逆にして葬る。
↓幽霊となって出て来ないため。
・墓の入り口に穴が出来たり小石が落ちたりしたら不吉。
↓生霊《いちまぶい》(生きた人の霊魂)が墓を往復している。
・墓の前で驚くものではない。又は怖いと駈けてはいけない。
↓自分の精(魂の一部)がとられてしまう。

・死者があって、墓参する三日間は墓の門の遠くから女は泣いて行くべきもの、又は門で小石を投げるもの。
↓死者に対する知らせである。
・新しい墓には女の老人から這入るを吉とし、男の方から這入るのは凶とせられる。

四　衣食住・厄年・夢

衣食とサン

島人《シマ》の被服は恐ろしく質素であった。島人は平民であったから、その衣類は芭蕉《ばしょう》布と綿布に限られ、絹布を使用することはできなかった。しかのみならず衣類の縞のごときも制限をうけ、あら縞物は禁止された。この禁令を破って酷い目にあわされた話もよく島で聞いた。足袋《たび》のごときもまた島人にとっては贅沢品《ぜいたくひん》とされ、功労ある老人で特に許しを得たものでなければ穿くことはできなかった。

（『シマの話』(39) 大正一四　佐喜真興英）

今でこそ沖縄の農村にも、いろいろの食料品や料理法がはいって来ているが、旧時代の農民の食物というものは、至って単純なものでむしろみじめなものであった。

節句の時の食物は別として、普通の食事は一般に云えば芋と味噌汁で、薤《らっきょう》や菜の漬け物を添えるくらいなもの。だから翁長の村《しま》などで、首里・那覇や与那原の市場へ行っての帰りに女たちが、家への土産に買って来る、沖揚げ（又、小判揚げとも云う。麦粉を種子油で揚げたもの）、カン豆腐（焼き豆腐の一種）、天ぷら（麦粉を衣に魚肉を心にして油で揚げたもの）や、はちや米（おこし）、飴や白砂糖・氷砂糖等が、農村民の舌には無類の珍味として待たれたものである。

（「翁長旧事談」(40) 昭和九　比嘉春潮）

ここでは被服と食物について取り上げた。被服に関する忌みがある。たとえば、着物を裁つ前にはまず二人して布の両端を持って引きあうが、どうかして一方の者の手から布が放れてしまった時は、これを不吉としてこの布で着物を作ることを止めて、他へ売ってしまうという。

また、着物の丈が長すぎて不都合な場合でも、裾を短くするために切断することを避ける。こうした着物を着るとその人は他人の配偶者を奪ってしまうような人間になるからだという。

着物の布の扱い方に悪いことの前触れ、すなわち予兆を感じるものとは異なるが、『シマの話』には、次のような事例もある。

子供に新衣を着せる時には、チノーハダハダ、又シーナガナガと云って着せた。着物ははだもちにより又身体の大きくなるにつれて着がえる一時的のものであるが、汝の寿命は永久にながながあれよかし、という意味であった。

『山原の土俗』(41)（昭和四）には、強い子ができるからという理由で、子供の生まれた時に着物を被せ蟹やバッタを這わすという俗信が出ている。新しい衣服を初めて身に着ける時には、呪文を唱えたり、昆虫を這わせたりという呪術行為が行われた。

被服に関する俗信を列挙する。「↓」以下はその理由である。通常は口に出さない。

・着物の背縫いのほころんだものを着てはいかない。
↓霊がここから抜け出してしまう。
・着物は二人で縫うてはいかない。
↓死人の着物は二人で縫うから。
・新しい着物を着る時は衿を柱に当てて、「着物《ちんや》ははだはだ身は強く」又は、「着物は弱く身は強カーノーシ」というて着るべきもの。
・着物を裏返して着るものではない。
↓死人がそうするから。
・着物の片袖を抜いて着てはいかない。
↓両親のうち一人が亡くなる。
・夜道を着物を頭から被って歩いてはいかぬ。又着物だけ持って歩いてはいかない。
↓「ヒチ」に連れられてしまう。
・幼児の着物の背に「マブヤー緒《おー》」をつける。
↓魂が抜け出るから。
・古着の裾から切ってつくろうてはいけない。

→子孫が絶えてしまう。
・新しい着物を着ける時、食塩をなめる。

島人は薩摩芋を常食としており、日々芋を掘って煮て食べた。芋の種類は十数種あって、中には甘美な種類もあったが、多くは短期間に大きくなるとか、長持ちするとかいうようなもので、まずいものであったという。祝祭日あるいは薬用として口に入る肉類はほとんど汁として食べ、特別の料理法はなかった。蝸牛《かたつむり》や田螺《たにし》は好んで盛んに食べた。「翁長旧事談」には、沖縄の人が食物を熱くして食べる事情についての記述がある。それによると、湯気の立つうちに食べないと栄養分が飛んでしまうというように思っているからだという。汁が冷たくなったのはとくに嫌う。しかし、熱くするために繰り返し煮返すと、それだけ滋養分が低くなると考えるので、「熱《あち》らし返《けーさー》し」は好まれない。宵越しの食物も同様に好まれない。また、初ものは栄養分が豊富なので、一口でも他の人より先に食べるべきものだと考える。したがって、女性が男性よりも長命なのは、毎日食物を調理しつつ味見をするので、自然にもっとも精のある初のものを口にするからだともいう。

食物を畑など他所へ運んだり、翌日まで置いておく場合などには、食物の上や容器にサンを付けて、悪霊が食物の精を盗むのを防いだ。防塞系の呪法である。

サンとは藁や草の葉、尾花などを結んだ一種の魔除けである。死者に対する供物でも日常の食物であっても区別なく、サンを置いたり付けたりせずに運ぶことはない。もしそれを忘れたりすると、悪霊が食物の精を奪ってしまう。こうした食物を死者に供えると不足を告げ、生者に食べさせれば腹痛を起こすといわれている。

『山原の土俗』には、サンを結ぶ由来譚がある。

昔、羽地村屋我地島と奥武島との間にジャーナマという小島があって、ジャーナマ老翁《ぶっぷー》という人が居た。彼は毎日漁業をしてこの小島にただ一人住んでいた。ところが毎晩化け物が大勢打ち連れて老翁の住居を襲い、馳走を強請って帰るのが常であった。

ある日、老翁は魚や色々の馳走を作って、その上に草の葉を結んで入れて置いた。ところが化け物は誰一人としてこれを食う者が居ない。老翁は初めてそれが魔除けになる事を知って、人々にも広く教えたという事である。毎度、彼ら化け物が帰った後の食事をとると、下痢を催すので、困って遂にこんな発明をしたものだと伝えられている。

こうして見てくると、サンはまさに魔除けという防塞系の呪物であるのだが、大宜味城のウンガミという旧七月二十日後の亥の日の祭礼では別の役割も担っている。

神アシアゲの庭での行事が済むと、人々は尾花に石を込めて結んだサンを二つずつ神に捧げる。そしてこれを家に持ち帰り、火の神に供える。家族の健康と繁昌を祈願するもので、このサンをもしも他人が跨いだ時にはその効果はなくなるという。

サンは魔除けの役割をもつと同時に、他の一方で家族繁栄の祈願の呪物ともなるという両義性をもつものと信じられていた。藁や草などをちょっと結んだだけのものであるが、絶大な信頼をもつ呪物である。

裁ち物と蚊帳縫い

裁ちものを忌む日は、さる・とら・八日。部落内に葬式のある日はモンピと云って忌む。かのえさるは良すぎると云って忌んだ。つちのえ、つちのと、みずのえ、みずのとには子供の衣類を裁たぬ。船乗りは時にみずのえ、みずのとを嫌う。

裁ち物に良き日は、かのえ。かのと。きのえ。きのと。う。とり。

急を要するものは左の方法で日忌みをする。

柳の板を台にして裁つ。柳の葉をのせて裁ってもよい。

「あられえびすの木に裁つ時は月も日も嫌わざりけり」と三遍唱えればよい。

日見ず尺竹と云って、柳の木から作ったものさしを用うればいつでも良いという。

アイギョー様（著者註―亥の子節供に祀る麦を好む神様で、柳で太く長い箸を作って供え、不幸がない限り継続して使用する）の柳箸を持ち出して裁ってもよい。

裁ち物をする時は一升桝に米を入れて、道具と一緒にかざり、襟あけの所にその米を三粒ずつ三ヵ所に置く。これをエリ米をあげるという。

最初は鋏を入れずに、俎板の上で薄刃包丁から襟あけをする。着物を着ながら尺をあてるのはよくない。綻びでも着ながら縫うを忌む。やむを得ない急ぎの場合は「庄屋のかかの死なした。急ぎ急ぎ」と唱えてする。

衣類のつぎあては横切れを忌む。

羽織のチボ（乳）は、男ものは伏せ女物は仰向ける。

衣類を作りかえる時は袖を身にしてはならない。

（『壱岐島民俗誌』(42) 昭和九　山口麻太郎）

裁ち物をする時の注意事項といってもよいのだろうが、その大半が「忌む」という禁忌によって成立している。禁忌であってもそれが日々の暮らしの妨げとなるようでは困る。そこには禁忌を免れる方法が用意されている。そしてその方法の主役となるのはなぜか柳の木である。

また、奈良地方の『ふるさと』[43]（昭和六）には三つの禁忌が出てくる。まず片袖のまま縫い物をしまっておくと幽霊の片袖といって悪い。次に卯の日に着物の襟方をわけると、着物がまた重なってできてくる。三つ目は、シツケ糸をつけたなりで歩くと狐につままれるというものである。

こうした裁ち物に対する禁忌は壱岐に限られたものではない。たとえば『紀州有田民俗誌』[44]（昭和二）にも、着物を仕立ててちょっとゆき丈を見るために着てみる時には、まず大黒柱に掛けて「海に千年、月に千枚、日に千枚」と唱えてから袖に手をさすという。

このような裁ち物に関する禁忌は、着物そのものにあるというよりも、人が身に着けるもの、すなわち霊魂を包むものであることに必然性があった。

再び『壱岐島民俗誌』に沿って見ていこう。

一年の縫い初めは正月二日で、ゆずり葉を二枚合わせて糸で縫い神様に供える。

洗濯についての言い伝えを見てみよう。

洗濯についても正月二日からで、その前には決してしない。師走のみは悪日といって洗濯はしない。また、師走の二〇日は山姥の洗濯日で必ず雨が降るとされている。この日も一般に洗濯は避ける。師走の二五日はお地蔵様の洗濯日といって雨は降らない。この日は洗濯をする。

干し物についても禁忌がある。

干し物は竿のうれ（先端）から取るものではない。必ずもとからぬいて取る。洗濯ものは北に向けて干すものではない。死者の水掛け着物は北向きに干すからだ。子どもの着物だけ一枚竿にかけて干すのを忌む。また、子どもの着物を干したら必ず日のあるうちに取り入れる。子どものものに限らず衣類に夜露がかかるのを忌む。七夕笹はしまいには物干しにするが、この竿で干せば干し物についての物忌みをする必要がないという。

次は着る時季と古着についてである。

五月の節供から夏羽織を着る。この日から帷子《かたびら》を着るともいう。

古着を買って着る時は襟を足で踏んで着る。そうすると悪病も移らぬという。

その他、履物や足袋など身に着ける物について注意してみる。

履物をひっくり返して置くのを忌む。亭主の腹を干すという。履物は夕方おろさず必ず朝おろす。日が暮れてからおろす時はちょっと火をつける。また、おろした直後の履物で便所にいくものではない。井戸に履いていくのもよくないとされる。足袋を履いて寝ると親の死に目にあえない。出世をしないともいう。

敷き布団を着て寝ると出世が出来ぬという。

蚊帳は一日で縫い上げねば凶事があるといわれていた。今はもう廃れたが昔は自分の家々で縫ったもので、縫い上がると、先ず座敷に吊ってその中で酒盛りをしたという。

近畿地方の事例であるが、「近江野洲郡の民俗」(45)（昭和六）によれば、一八八七年（明治二〇）ごろまでは親戚や近隣の主婦数名が集まって蚊帳を縫い、縫い終われば御酒を出して祝う。昔から婦人の蚊帳縫いは男の蔵建てに比せられて大いに祝ったという。

また、同書には別の地域の事例もある。それによれば、ここでは申の日を撰んで近隣の主婦や親族の女が集まって蚊帳を縫う。縫い終わると同様に酒肴を出すのだが、祝いの式として蚊帳の中で男女の子どもに鶏の鳴き真似をさせる。男の子は両手に団子を持って雄鶏となって「コケコッコ」と鳴き、女の子は雌鶏となる。こちらも明治二〇年ごろのことだそうである。

竈神の戒め

春竈と云って春季に竈を塗るは忌むべき事の一つとされる。竈の上の煤は神聖なもので平素はこれを取るのを忌む。竈にはから釜(鍋でも)をかけるのを忌む。水を少しでも入れてかけねばならぬ。

鬼の夜(旧正月六日)のホゲンキョ(どんど)を焼くまでは屋外では火を焚いてはいけないという。それまえに焚くと火があばれると云う。ソージヤキ(ゴミタメ)には師走の十三日(?)に竹の端を藁で結んで立て、この日までは芥を焼かぬ。又この日まで竹を焚くものではないという。

大歳の夜(節分の晩)には囲炉裡に椿油の〆粕をくすべた。元日の朝の火は大豆がらで焚きつける。火を起こすに二人で吹くものではない。女がまたを引っぱって焚くと火がよく燃えるという。それは竈神が女神(?)様で喜ばれるのだなどという。

火吹き竹を屋外に持って出ると火があばれると云って忌む。火吹き竹を外に捨てる時は松葉を詰めて捨てる。

午の年は火があばれるという。丑の日にかいた灰は一週間火を保つと云って、この日には灰をかかない。灰をかいて取ったらその灰には石蕗の葉をかぶせておく。火気があっても石蕗の葉が赤くなって分かるようにだという。

程近い火事には屋根に上って箕で煽ぐと飛び火が来ぬ。又女の腰のものをひっぱっておけば、火が移らぬようにもいう。

竈の上に刃物を置いたり、竈の前から刃を突き出して向こう側の人に渡したりするを忌む。

（『壱岐島民俗誌』[46] 昭和九　山口麻太郎）※

火や竈神にかかわる禁忌である。竈や囲炉裏といった火を使う場所は危険であると同時に、食とかかわる重要な生活の要として存在する。したがって、火の穢れについては特に気をつかう。「死者のあった家の火は穢れるらしい。血縁者以外は炊事の火を別にするともいう」とか、「葬式の日の消し炭は金が溶けるといって鍛冶が嫌う。葬式用の豆腐を作った豆腐屋の炭でもよくない」とかいう。

竈におられる神を竈神と呼ぶが、多くの場合荒神と同一視している。こうした火の神信仰は薩南諸島から沖縄地方にかけて著しい。ことに沖縄地方では各戸に祀るだけではなく、部落ごとの拝所の御神体ともなっている。

竈の煤は生児の初外出といって、初めて産屋から出る時に額などに付けて魔除けとする地方は広く見られる。この地域では、「子供が夜間や遠方につれ出す時には、お荒神様をいただかせると云って釜蓋を上からおおうてやる。大人でも旅立ちをする時、さびしい処に行く時などはいただいて出る」という。いずれも火の神の庇護を求めたものである。

師走の十三日に行う煤取りのコズスサゲという煤取り具も、藁一握りの中には笹二本と栗の枝二本とを束ねたもので翌年まで荒神様に上げておく。

オカマ祭りは旧十一月二十八日で、渡良村ではこの日竈を新たに塗り、味噌漉《こ》しを被り擂粉木《すりこぎ》を持って踊るという。

鬼火が済むまで屋外での煮炊きを禁じるのは、鬼を追い払うために爆竹を仕掛けているのでその効果がなくなることを恐れているためと考えられる。燃えさしを鬼や悪魔除けとして門口に挿すことも多い。

火を焚く際に二人で吹くことを禁じているが、一つの行為を二人ですることを忌むことは様々な場面で見られる。腰巻きは女性であることの強調で、女性の腰巻きと火の関係は火所の管理を一手に引き受ける女性と火の神のかかわりを意味するのであろう。

火の神とは異なるが、生活上欠くことのできない厠と井戸について見てみよう。いずれも壱岐の事例である。まず厠の神についてである。

・厠へ行く時は咳払いしてはいる。だまって這入ると雪隠の神に行き当たる事がある。この神に行き当たって病気になり死んだ者がたくさんあるという。

・雪隠の神様に行き当たって倒れた時は、南天につかまって起き上がるとよい。それで便所の側には南天を植えておくものだという。

・トキシラズ（全身に出来る小さなカサ）は雪隠の神のとがめだと云って、小さい土の団子を年の数作って上げる。

「厠に行く時は咳払いしてはいる」ということは、「咳払いをしなくてはいけない」という意味をもつ。「……しなくてはいけない」という言い伝えは、「……してはいけない」という禁忌の裏返しである。このような禁忌伝承を著者は裏返し禁忌と呼ぶ。また、「死んだ者がたくさんある」というのは、高血圧の人が厠で倒れるという時代背景を反映しているのかもしれない。「南天」については、「難を転ずる」といった民間解説が流布している。「土団子」などは通常好ましくない対象に供えるものである。

いずれにしても、雪隠の神に行き当たってしまった場合、とがめを受けた場合の対応の仕方が伝授されている。南天につかまる、土団子を供えるのは、困った折の呪術的な方法、すなわち呪法である。

次に井戸の神について見てみよう。

・井戸に金物、女の髪の具などを落ち込ませるを忌み、もし誤ったらすぐに浚《さら》えて上げねばならぬ。

・井戸を浚えた後は塩と米とで清め、酒と生豆腐とをあげる。

・井戸に水汲みに行っている者を呼ぶものではない。水汲みに行ってカラタゴを担《にな》っては帰るものではないともいう。

井戸に関しては三つの禁忌がある。井戸に金物や女性の頭髪の具を落とすな、水汲みの者に声掛けするな、水汲みをせずに空担桶《たご》のまま帰るなというものである。ここでは一つ目の井戸に落とした場合の対応策が伝えられている。俗信は、戦後の民俗誌の場合には、断片化し諺化した生活事情と切り離された記号化した俗信の形式をとっているものが多く報告されている。ことに禁忌という項目に記載されているものは、「……するな」という文末に統一されている感があり、その理由や対処法に言及しているものは皆無と言ってもよい。これに対して戦前の民俗誌では人々の営みの中に存在する俗信が多く記載されている。こうした違いについて、著者は前者を「記号俗信」、後者を「生活俗信」と名付け、区別して捉えている。

迷い鳥と仏間

部屋内に目白や梟《ふくろう》や蜥蜴《とかげ》等が這入ったり、小鳥等が異常を示した時は、不幸の前兆又は神の祟りだといって浜降りをする。これは一種の災厄払いの意味である。大正六年著者が中頭郡のある部落において直面した事実を述べる事にする。

　ある日、夕飯の膳に向っていると、どこから来たのか、一匹の蜥蜴が部屋に迷い込んで来た。宿の祖母は吃驚《びっくり》し、手を合わせてお使いせられた処へ「御帰り」と唱えつつ合掌礼拝していた。著者は一種の好奇心に駆られて真面目に見物していた。ところが、この蜥蜴（俗称アカター）は黙ったまま、ちょっとも動かない。著者はとうとう噴き出してしまって床を叩いて追っ払った。

　それから二、三日すると小鳥（目白）が部屋じゅうを飛び廻っていたが、遂に小鳥は御霊前の位牌に止まった。宿の祖母はますます驚いて、巫女に占わせたところが、浜降りすべきを命ぜられたらしい。

　三日間はその家の屋根の見えない処へ行って厄を払わなければならない。牛や馬も引き出して浜へ降りた。ところがあいにく雨が降ったので製糖小屋に宿る事にした。その間親類は炊き出しをして彼らの家族に与え、夜になると三味線を弾《ひ》いて盛り踊り狂うのである。

　そして三日目の晩には、槍や棒を持った人が先頭になり、次に三味線弾きが続き、踊りつつ行列して帰る。門に来ると、槍持ちと、棒持ちとが闘う。そして門を開いて又庭で一回闘うて部屋に這入るのである。そしてそこでまた更けるまで踊り狂うのである。その三日間は誰でもその屋敷内に這入る事を嫌っている。そこには悪魔が来ていると信じられているからである。


（『山原の土俗』(47)　昭和四　島袋源七）

日常ではごく稀にしか経験することのない異常な出来事を、何か悪いことが起こる前兆だと考える傾向は現代人でももっている。ましてや自然環境に取り囲まれて生きている人々にとっては、決して見過ごしにはできないことである。

人の住む部屋に迷い込む小鳥や小動物などを不吉なことが起こる前触れとする例は全国各地で報告されている。一匹のトカゲ侵入に驚愕した宿の女性の場合、そうした伝承的な知識が脳裏をかすめた。その結果、大事に至らぬようにという気持ちから、「御帰り」と言って手を合わせる行為になったのであろう。

二、三日後の迷い込み鳥の時は、トカゲ侵入に続く出来事。その上先祖の位牌に止まってしまう。不吉なことが続いたというだけではなく、御先祖様の知らせかという心持ちになったとしても不思議ではない。職業的巫女であるユタの占いを頼ることになる。

三日間にわたる浜降り。浜降りという名称から、海水で身を清め厄を祓うという趣旨の呪法なのであろう。厄がいつのまにか悪魔の来訪伝承と重なり、三日目の晩の槍持ちと棒持ちによる闘いによる祓えが形式化したと考えられる。浜降りしている間に悪魔が来たか否かを確かめる方法も伝えられる。前掲書はさらに続く。

浜降りの前に台所の竈《かまど》の中に灰を盛り、凹凸や手跡の無いようにして、これを鍋を伏せて被うて置く。もし悪魔が来たものとすれば、その灰の上に手や足の跡が残されるものだと言われている。故に三日目の晩、主婦は早速これを調べるのである。そして異状の無いのを認めて初めて安心する。

又留守中盗人が這入って来たら、その盗人がすべての災厄の犠牲となって、死ぬるといわれている。

小鳥などが家内に迷い込むと不吉なことが起こるという予兆に対して、不吉なことを回避するために、浜降りといった呪術的な方法、すなわち呪法を行う。ひと晩中踊り狂うという踊りも「厄祓い」の役割をなすのか。槍持ちは浜降りの留守中に入り込んだ悪魔を追い払う模倣系の呪術と考えるべきなのかもしれない。

『シマの話』(48)(大正一四)でも、以下の記述が見られる。

家屋敷内にある凶兆が現れると、浜下りの祓いが行なわれた。凶兆は色々あったが、浜下りをせねばならぬ程のものは、多くは野生鳥の家内ことに仏間侵入であった。浜降りの当日には、家族全部親類の者と共に浜に下り、愉快に海辺で遊び、翌朝帰宅した。家族の不在中、島の人々は棒で家屋敷を隅なくたたき、叫び狂うて邪悪を追いはらい、家族の帰るを待った。家族は清められた家屋敷に清められた身を運んだ。

家族と親類の人々が浜に下り、身を清めるために一日中海辺で過ごして翌朝帰宅する。その留守にシマの人々の手によって家屋内が清められている。浜降りは身と家屋の二重の清めによって凶事を回避しようとする呪法、すなわち俗信である。

小動物の動作などを前触れとする俗信を『山原の土俗』から抜粋する。

・雌鳥が暁を告げる時は不幸がある。故にこれは銭六厘を添えて海へ流さねばならぬ。
・夜鳥が鳴き過ぎて行く方向に死者の葬いが出る。
・犬の長泣きは死霊を見た時にする。
↓長泣きとは普通の吠えようとは違い、いかにも悲しい哀音を立てて泣く。これが留まっても泣く前方の家から死者が出る。
・馬や牛が台所又は家に入ったら尾を切らねばならない。
・夜、バッタや虻、蜻蛉が飛んできたら一昨日来いといって火にあぶって投げ出すもの。又は使いした主の元へ帰れといって投げ出すもの。
↓後生からの使いだという。

厄年と年預け

厄年の前年を前厄、後年を後厄という。前厄に病気にでもなり治ると「前厄で厄払うたから来年はよい」という。後厄に悪い事があると「後厄にまけた」という。大厄として重要視するのは、男の二十五歳、四十二歳、女の三十三歳である。それについでは、女の十九歳、男の六十一歳である。その他男女共六十一歳・七十七歳・八十八歳等ともいうが何もせぬのが多い。多くは、神主・山伏・僧侶を請じて、祈禱をしてもらい、その後で振舞といって酒宴をする。お正月中が多い。

厄年の者は、早朝、親神さんへお参りに行き、一厘銭と小さい餅を、年齢の数程、両袂から四辻へ行くと落とす。朝宮参りの時、厄年の数の小さい餅を三つに分け、三つめの街道ごとに三所で落とす。これをお供が拾う。これを奪い合うので、今はお供に手渡しをし、祝儀を出す。元旦のお宮参りに、平素自分の持っていた手拭いに、厄年だけ一厘銭を包んで落とす。供をつけ宮参りに行く途中、厄年の数の豆と銭と、身につけていた手拭いを落とす。自分の年数だけ、豆を川へ流す。後をむいてはならぬ。

福着といって、男は必ず羽織袴に着物をつくる。厄落とし年賀といい、親類は島台あるいはすずりぶたに酒肴等を持ち来たり、郷内の者をよぶ。郷内の者は御樽肴を持ち入れて祝う。厄年祝いをし、納めの盃の時、誰塗るとなく、鍋炭を本人や細君の顔に塗り、「厄をつけて落とす」という。

同齢の者は「相どしは行かず来ず」とか「相厄はやらずとらず」とか「相年は負け勝ちがある」と言って、祝いによばない。ところが反対に、同齢の者もよばれて行って共に祝う所がある。高千村石花部落ではアイヤクといって必ずよばねばならぬとしている。

節分の夜厄払いが来る。厄年の者はよぶ。体を手拭いで拭き、この手拭いと包み銭とをやり、厄を払ってもらう。銭一貫文に麻糸と扇子をそえてやる。

（『佐渡年中行事』(49) 昭和一三　中山徳太郎・青木重孝）※

正月や節分といった、年の境に営まれる厄年行事をみていこう。厄年はもともと大陸からの外来思想といわれるが、人が生きていく中で災厄がその身にふりかかってくる年齢として信じられ、国内に広く展開している行事である。古くは『源氏物語』の若菜の巻に、紫の上が三七歳の厄年を迎える描写がある。また、中世の『拾芥抄』には一三・二五・三七・六一・八五・九九歳を厄年とする記事がある。これらの年齢は現在広い地域で伝承されている年齢と一致するわけではない。しかし、現在伝えられている年齢そのものにも多様性が見られる。

ここでは、厄年を迎えるにあたって人々はどのような行動をとるのかということに重点を置いて事例に当たっていきたいと思う。

厄払いの獅子頭（島根県出雲大社）

厄年年齢の多様性についてはすでに述べた。この地で重視される男の二五歳・四二歳、女の三三歳は働き盛りで一家の中心となる年齢である。『柚野民俗誌』(50)（昭和一九）によれば女三三歳、男四二歳の厄年に酒宴をはって祝う。もうこのころには家の世帯をゆずられている夫婦が多く、一家の主権は新しい主人の手におさめられる。また主人の妻も同様にシャクシクビをゆずられる。シャクシクビを握るというのは飯時の杓子を握るというだけではなく、家庭経済全般を案配する主婦権をもつことである。つまり、一家の柱である壮年の厄年である。

伝統的な厄払いや厄落としには共通性が見られる。厄年の数の豆や餅、銭、そして身に着けた手拭いなどを道辻などに落とすということである。必ず人に拾ってもらわねばならないので、同行の者を付けるようにする。

厄年は人が生きていく間に蓄積してしまう塵や穢れといったものを祓い落す年齢というのが基本的な考え方であるから、厄年年齢を象徴する豆や、平素身に着けている手拭いを形代として道辻や川へ捨てたり流したりする。しかし、とても一人では負いかねるとすれば多くの人々に協力してもらって、難を逃れることになる。豆や餅に、蜜柑や包み銭まで置く。そして、必ず拾ってもらうためにトモと称する者を同行する地域がある。多くの人の力を借りて厄年という難局を突破しようとする合力系の呪術である。

男に限って福着を作るという事例に対して、『柚野民俗誌』には、女はウロコ模様のものを身に着けると厄のがれをするという記事がある。いずれも蛇などの脱皮からくる発想のように思える。

厄年の者が厄として道辻などに捨てたものを多くの人に拾ってもらう呪法が失礼だと考えるようになって生じたのが、厄年祝いと称して人に振る舞う酒宴である。普通、親類や郷内の人、他郷の親しい人を客呼びの対象とするが、この時、同齢の者は勝ち負けが生ずるといって招かない。一家に二人以上の妊婦がいることや、人と家畜が同時に孕むことを勝ち負けが生ずると忌む相孕みの禁忌に通じるものがある。

『柚野民俗誌』によれば、この地は二月一日を二の正月あるいは二の入りといって大切日とするが、この日男四二、女一九、三三歳の厄年の人は元旦と同じ支度でもう一度お祝いをしてしまう。かさねて年取りをして厄年を去年のことにしてしまうのである。いわゆる年重ねの祝いである。

こうした呪法とは反対の意味をもつかと思われる事例がある。『口丹波口碑集』[51]（大正一〇）によれば、節分の入り豆を年の数よりも一つ多く食べるのだが、厄年に当たっている人は年豆を食べずに氏神にお願いしてその豆を預かってもらうのだという。年預けと名付けておこう。

節分の夜の厄祓いについては『牟婁口碑集』[52]（昭和二）という和歌山県の田辺を中心とする報告書に見える。大正二、三年ごろまでのことであるが、節分の夜に厄祓いと称してある部落の住民が田辺の家々の門に立つ。そして、「厄を払いましょう厄を払いましょう、芽出度いことで払おうなら、ここの裏の金銭積んで…」などとめでたいことを述べて銭を請うものだったという。節分にまつわる言い伝えを三つほど付け加える。

節分の豆を履めば足まめ（腫れ物）出づるという。

節分の豆と十二文銭を四つ辻に棄てると悪病を除くという。

節分の豆を保存しておき、その年の初雷の鳴った時食べると病気にかからぬという。

節分の夜に全国各地でささやかれた俗信である。

夢占と恋占

本戸村小松原の林田議三郎という人の祖母は、ある晩こんな夢を見た。何でも小松原の新田が一面茄子畑になっている。そこに自分は一人笊をもって入り込み、人が見て居ないかとあたりを見い見い怖ず怖ずして、ちぎっては容れちぎっては容れしているとふと何かで眼がさめた。さてもとんだ夢を見た、たとい夢の中にせよ、人の物に手を触れたとは情けないとそれを非常に苦にしていた。

ところが不思議にもちょうどそのころ本渡町の大酒屋であったふき屋というのがなぐれ（零落）かかって土地財

産を人手に渡す程になっていた。その地所を少し買ってくれないかと相談しかけられて、それを少し買い取ったのが最初で、その後目に見えてだんだん身上がよくなり、田畑も買い込み今では好い暮らしをしているという。茄子の夢ならどんな夢でも好いそうだ。

（『天草島民俗誌』(53) 昭和七　浜田隆一）

五十年程昔の話である。本戸村本泉の旧庄屋倉田という家におかねといういかずおば（嫁に行けない女）があった。そのころはもうあまり暮らしむきもよくなかった。けれども御領からであったか吉次という養子が来てからだんだん又よくなった。それは次のような事柄からであった。

おかねさんはある晩実に良い夢を見た。で翌日は早速、こんな好い夢はない、今日は大きな鯛でも買って夢披露をしようと言うことになった。そしていよいよその席で披露された夢は、大きな黒船が一艘自分の家にはいり込んで来たが、何しろ高い帆柱で家の中に入りえない。どうしようと思っていると吉次さんが、つかつかと鋸を持ち出して縁側の軒先を躊躇なく切り落としたので船は無事に家の中に入ることが出来た。が次に困ったのは言葉の通ぜぬことである。吉次さんも困るだろうと思っていると、どうしたことか吉次さんは不思議にもスラスラと話が出来た様子、そして談判は無事調った。その時夢がさめた、というのであった。ところが果たしてその後めきめきと稼ぎ出して好い暮らしになった。

（『天草島民俗誌』(54) 昭和七　浜田隆一）

いずれも天草島の本戸村の話である。一つ目は悪い内容の夢だったけれども茄子の夢だったからか、その後身上がよくなったというもの。二つ目は夢がよい暮らしの前兆であった。よい夢がよい暮らしをもたらしてくれたという内容である。「肥前平島と出水の長島」(55)(昭和九)によれば、肥前平島では正月二日に初夢を見た時には三日過ぎまで誰にも語るなというそうだが、天草島の事例は初夢だったのであろうか。

新年になって初めて見る夢によってその年の吉凶を占う夢占は広く行われていた。「一富士二鷹三茄子」はよく口端に上る文言であるが、地方ごとに様々な内容となる。一つ目の事例のキーワードが伝統的な「茄子」であるのに対して、二つ目のそれは日本近代の端緒を開いた「黒船」である。暮らし向きがよくなったからよい夢だったというのではなく、「茄子の夢ならどんな夢でもよい」というところをみると、この地域にも茄子の夢を吉兆とする考え方があったのであろう。

黒船については明治大正期の日本の発展とともによい夢という価値観が生じたのかと推測する。あるいはおかねさんの心中で働き者で申し分のない養子の吉次さんと黒船の来航とが重なった夢だったのかもしれない。

『天草島民俗誌』には次のような記述もある。

本村の下河内に留さんという大工がいる。この大工の子供で二十七、八の男があるが生まれつき少しうすぬっか(うすのろ)方である。いつか祝儀(婚礼祝い)の時、お祝いを持って行くのに何と書いてよいかわからぬので友達に尋ねたら、友達は面白半分に御仏前と書けと教えて、それを実際やってのけたという逸話の所有者である。元来家が貧窮なので、本泉の向こうの稲荷社(赤い鳥居が一本立って、その上の崖に洞窟があり今でも狐がいるという)に一週間鶏の卵を上げて、好い運が来るようにと祈願した。するとある晩、今の稲荷様の鳥居の隣にある馬頭観世音堂の境内から仏像を掘り出した夢を見た。不思議に思っているとまた翌晩も同じ夢を見た。そこでその場所に行って掘って見たら果たして三寸程の大きさの坐仏像を掘り出した。喜んで家へ連れて帰って大切にまつった。

その話がすぐに近所に広がって非常に霊験のある仏だそうだから遂には実際霊験があるようになって参詣人が続々と押しかけ詰めかけ、殊に按摩でもないのにこの若者に按摩をとってもらうと病気がころりとよくなるといって大金を投ずる者もあるそうだ。

今はこの仏像を延命地蔵と呼んでいるそうである。これを掘り出したのがつい昨年の昭和四年旧三月二十一日の御大師祭りの日だったそうである。

冒頭の二話はよい夢を見ることによって家運がよくなったというものである。同じ天草島の話でもこの話は好運を望んだ結果、夢知らせがあったというものである。つまり夢によって馬頭観世音堂の境内から掘り出した仏像を大切に祀ったことから、この仏像の御利益を授けられたというものである。

著者は仏像の評判が広がって多くの参詣人が押し寄せることとなり、遂に延命地蔵と名付けて祀ったという過程に関心をいだく。仏像とされていた像は、馬頭観音が堂の中に祀られる以前の道端あたりに置かれていた古い像がたまたま土中に埋まっていたとも考えられる。だとすれば、堂として整備される前のそれとともに並べられていた像だったのかもしれない。ともかく延命地蔵として再生したのである。三月二一日を祭日として、こうした過程は神格化とも信仰的な形式化とも捉えることができる。

これまで俗信を信仰あるいは宗教の零落したものと位置付ける論調のものが多く見られたが、俗信の神格化という側面も決して小さなものではなかったと考えている。

再び『天草島民俗誌』を見てみたい。

楠浦村の城ヶ坂という峠に三本の大きな松が立っていて、その下に石が神様として祀ってある。もとこの石は二、三人腰を下ろすにはちょうど好い恰好であり、又峠を越す人の休息のためには好い場所でもあるので、誰でも一度は腰を下ろして行ったものである。

ある晩楠浦の漁師が夢を見た。それは例の石が、自分を神として祀ってくれというのであった。そこで漁師は翌日早速そこに行きその石を立て注連縄を張り神とあがめ祀った。それから以後、ここを通る橋浦の魚売りたちは、その神に魚を投げて行くと、その日は必ず高く売れるといって、今でもそれが行なわれている。

ここでは夢のお告げを受け、峠の休み石が漁師の守り神として神格化したことによって新たな俗信が生まれたという話である。俗信と信仰のかかわり合いは極めて多様である。

『天草島民俗誌』には次のような資料もある。

御領村黒崎の岩窟の中に小祠がある。そこに自分と自分の思う相手の木の葉を二枚重ねて置き一週間してまた行って見て、もしそれが飛んでいたり、ひっくり返っていたりせず、もとのままであったら恋が成就するということである。

前述の夢占や神のお告げ、夢知らせに対し、この事例は恋占というべきものだが、どちらも夢のある話である。

大火と初夢

秋葉様の森は非持にあるもので、ここの木を伐ってはならぬとされているのを、三本伐ったことがあった。村で鳥居一基をたててあげたが効き目なく、明治十九年三月二十二日非持の大火となった。一山講の行者佐治兵さんという人にこの日の朝神様がおりて、今日やくとお報せがあったという。発火の経路については白鳥が屋根にとまっているのをある猟師がねらってうったところ、弾止めの紙だまに火がついて大火となったという。

溝口上城の大火についても、同地稲荷様にその前兆があった。そのころ夜半稲荷様の庭に狐がすわっているのを見た人があった。不思議なことがあると思っていると、翌朝稲荷様の注連をとって縁の下にひきこんであった。大火が起こって上城が全焼の厄にあったのは、それから幾程もたたない時のことであった。狐のいたずらと思ったのは実は火事の知らせであったというのである。

物の兆をみて将来を占うことは正月などの行事としても行なわれている。小正月に月の出入りぐあいをみてその年の豊凶を占うのはひろく行われたことで、浦などでは十四日の晩月が山の端から出るぐあいをみて占った。仙丈を中心としてそれより北から出れば降り、それより南から出れば照るという。いずれでもはなはだしくへだたっていればいけぬので、もし仙丈からずっと南の丸山の頭辺から出るとその年は八月になっても青いもの一つもないのだといわれた。

非持山などではこれと反対に月の入りぐあいを見て豊凶の占いをする。即ち北へよって入るほど冷え、南へよって入るほど旱《ひでり》が多いという。小正月ばかりでなく毎月三日月の状態からその月の天候を占うこともあって、三日月がたっているとかわく。傾いていると水が出るといわれた。

小正月の晩胡桃の皮を火にくべて、そのおきとなったものを十二ひろい出し、それによって月々の天候を占うこともした。白いのは照り、黒いのは雨というぐあいにしたという。


（『黒河内民俗誌』[56]　昭和二六　最上孝敬）※

予兆、前兆、前触れなどといわれる現象である。一般的には日常めったにあり得ない現象や、不吉だと感じる事象に接して今後何かが起こることを予感することである。あるいは何かが起こったことに対して、そういえばこの前にこういうことがあったと結び付けて思うことである。

秋葉講のお日待ちは毎月三〇日であるが、鳥が水を浴びたとか、火柱が立ったとか、火事の前兆と考えられていることに出会った時にも開かれる。

こうした物事に対する感じ方や受け取り方は文明が進んでもあるようで、現代社会に生きる私たちにも時として起こり得る。そうした心意を一歩進めて将来のことをあらかじめ知ろうとする方法が占いである。将来といってもそれほど遠いことではなく、収穫の多寡にかかわる今年一年の天候などを占う場合が圧倒的である。また漠然と今年の吉凶を占う初夢などがある。

『北安曇郡郷土誌稿』(57)（昭和六）によれば、初夢は多く正月二日の晩のことで、よい夢を見るために紙で舟を折り枕の下に入れて寝る。折った舟には仮名で「ナカキヨノ　トオノネフリミナメザメ　ナミノリフネノオトノ　ヨキカナ」と、逆さ読みでも同じことを書くものだという。よい夢を見ればこの舟を残しておき、悪い夢であった時には「舟に乗せて流す」といって川へ流してしまう。夢の吉凶であるが、吉夢の最上は「一富士二鷹三茄子」で、馬の夢を見るとその年はよい。刃物が身体に付く夢、橋を渡った夢、山に登った夢、舟に乗った夢もよい。牛が千両箱を背負い込んでつぶれた夢は大吉だが、田植えの夢や歯の欠けた夢は凶である。

初夢ではないが、『日間賀島民俗誌』(58)（昭和二六）に登場する宮地イチ女によれば、歯がポロンと抜けたり下ろしたての下駄の鼻緒が切れたという夢を見ると、「ここは縁起をとりますだい」と、麻の苧に文久一文か天保銭を通して弘法大師の母御様を祀っているお堂の扉に吊し、「悪い夢を見ましたが、その日の災難をのがして下さい」という。

年上や目上の人の夢、高山に登りつめた夢はよくない。秋馬の夢は、秋馬が驚くといって必ず悪い。そういう夢を見た時には、朝顔を洗って神様を拝むとすぐに、馬頭観音のバグ神様に餌にしてもらって、「見し夢を、バクのえじきとなすからは、心も晴れしあけぼのの空」と詠ずること。それから、蛇の夢はよい、金物が落ちている、刃物で切られた、血が出たというのもよい。葬式の出る夢もよいが、入るのは悪いと続く。

『黒河内民俗誌』に戻って、日常の生活で忌み嫌われる事例のいくつかを見てみよう。いわゆる禁忌である。苧殻《おんがら》を折ってゾーキを作るのに押し切りにしてはいけない、爪をあてて折るものだという。薪を囲炉裏にくべるのに根元からくべなくてはいけない。梅の実を割っていけない。天神様の御紋があるから。鶺鴒《せきれい》の巣を取ると家の周りが海になれといって啼くので、決して子どもに取らせない。縞のある石を屋根石として使ってはいけない。左廻りを忌む。廻りでする仕事も穴掘り、飯炊きなど葬式関係のものを除いてすべて右へ廻す。

次に種々の災厄をよける方法を見ていくが、その大半は呪術的な方法、すなわち呪法である。

まず厄神除けであるが、病気が流行ってきたという話が広まると部落へ入る道々へ注連縄を張り、大きな草履を吊す。この草履は打っていない生藁で作る長さ一尺、幅五寸ほどのもので、これを三つくらい吊す。草履のほかにも藁製の大蛇をからませたり、揚げ籠《かご》を刺したり、唐がらしやさいかちを刺したりする。揚げ籠は眼が多いぞという意味をもつ。また、道切りといって、道祖神のある部落の入り口などに安倍晴明由来の晴明判を印しておくこともあった。非持山などでは風邪が流行ると鶏の画を書いて道祖神の所に逆さに張る。

大風の折には、鎌を棹の先へつけて庭先に立てて風除けとする。

溝口などでは野山へ草刈りに行く時は、必ず釜や鉄びんなどのふたをしていくものとされている。これは蛇に出会って首を切りでもすると、その首が飛んできて釜や鉄びんの中に入るといけないからだというのである。

註

（1）山口麻太郎　一九三四『壱岐島民俗誌』一誠社　大系第二巻所収
（2）安川　弘堂　一九三一「筑前大島の民俗」（『旅と伝説』六―一・七）大系第一〇巻所収
（3）敷根　利明　一九三一「鹿児島県十島村の民俗」（『旅と伝説』六―一・七）
（4）茂野　幽考　一九二八「南西諸島の伝説」（『旅と伝説』一―七・八）
（5）島袋　源七　一九二九『山原の土俗』郷土研究社　大系第一巻所収
（6）佐喜真興英　一九二五『シマの話』郷土研究社　大系第一巻所収
（7）銘苅正太郎　一九二七「伊平屋列島の話」（『民族』二―四）大系第一〇巻所収
（8）松岡　利夫　一九五四『柚野民俗誌』柳原書院　大系第三巻所収
（9）武田　明　一九五五『祖谷山民俗誌』古今書院
（10）高谷　重夫　一九三五「祖谷山村の民俗」（『ひだびと』八―一一・一二、九―一）
（11）島村　知章　一九三〇「備中小田郡の島々」（『民俗学』二―四）
（12）内田　邦彦　一九二九『津軽口碑集』郷土研究社　大系第九巻所収
（13）今野　圓輔　一九五一『檜枝岐民俗誌』刀江書院　大系第九巻所収
（14）中市　謙三　一九四〇「奥の民俗ノート」（『旅と伝説』一三―二・三・四・六・九）
（15）最上　孝敬　一九五一『黒河内民俗誌』刀江書院　大系第六巻所収
（16）宮本　勢助　一九二七「幸谷ききがき」（『民族』二―五）大系第一二巻所収
（17）内田　邦彦　一九一五『南総の俚俗』桜雪書店　大系第八巻所収

(18)　倉田　一郎　一九三六　『栃木県安蘇郡野上村語彙』　寧楽書院
(19)　向山　雅重　一九三四　「三宅島見聞記」(『島』昭和九年版)
(20)　垣田五百次・坪井忠彦　一九二二　『口丹波口碑集』　郷土研究社
(21)　松岡　前掲書(8)
(22)　寺石　正路　一九二五　『土佐風俗と伝説』　郷土研究社
(23)　宮本　常一　一九四九　『越前石徹白民俗誌』　三省堂出版
(24)　磐城民俗研究会　一九三九　「磐城民俗資料」　(『旅と伝説』一二―七・一一)　大系第一二巻所収
(25)　大島居金一郎　一九三三　「浮島地方」(『旅と伝説』六―一・七、七―七)
(26)　安川　前掲書(2)
(27)　楢木　範行　一九三七　『日向馬関田の伝承』　鹿児島民俗研究会
(28)　佐喜真　前掲書(6)
(29)　島袋　前掲書(5)
(30)　山口　前掲書(1)
(31)　安川　前掲書(2)
(32)　楢木　前掲書(27)
(33)　瀬川　清子　一九五一　『日間賀島民俗誌』　刀江書院　大系第五巻所収
(34)　鈴木　棠三　一九四四　「若狭大島民俗記」(『ひだびと』一二―三・五、『日本民俗学』二―二)　大系第一一巻所収
(35)　笹村草家人　「甲州山村聞き書き」(未刊資料)　大系第一一巻所収

(36) 島袋　前掲書(5)
(37) 佐喜真　前掲書(6)
(38) 島袋　前掲書(5)
(39) 佐喜真　前掲書(6)
(40) 比嘉　春潮　一九三四「翁長旧事談」(『島』一―二・三、九年版) 大系第一〇巻所収
(41) 島袋　前掲書(5)
(42) 山口　前掲書(1)
(43) 沢田四郎作　一九三一『ふるさと』
(44) 笠松　彬緒　一九二七『紀州有田民俗誌』郷土研究社
(45) 小牧　実繁　一九三一「近江野洲郡の民俗」(『郷土研究』五―六)
(46) 山口　前掲書(1)
(47) 島袋　前掲書(5)
(48) 佐喜真　前掲書(6)
(49) 中山徳太郎・青木重孝　一九三八『佐渡年中行事』民間伝承の会　大系第七巻所収
(50) 松岡　前掲書(8)
(51) 垣田・坪井　前掲書(20)
(52) 雑賀貞次郎　一九二七『牟婁口碑集』郷土研究社
(53) 浜田　隆一　一九三二『天草島民俗誌』郷土研究社　大系第二巻所収

(54) 浜田　前掲書(53)
(55) 桜田　勝徳　一九三四　「肥前平島と出水の長島」(『島』九年版前期)
(56) 最上　前掲書(15)
(57) 信濃教育会北安曇部会編　一九三一　『北安曇郡郷土誌稿』　郷土研究社
(58) 瀬川　前掲書(33)

第二章　生業に伴う俗信

節分の目籠(千葉県佐倉市)
目籠の中に、柊の葉と鰯の頭が入っている。

小正月の年占

正月をもって、一年の吉凶を占う作法は、大正月のヤスノゴキ・初夢、あるいは小正月の賽ノ神等、相当ある。ここでは先ず木浦の日吉神社で行われる、クド祭りの方法をのべる。正月十四日の晩、火打ち石で新しい火を作り、五寸位の葦《よし》を三本入れて、粥を煮る。粥のつまった葦を上げて、神前に供えておき、十五日の早朝割って見る。三本の葦は、予め稲の早生・中生・晩生に割り当てられているので、粥の詰まり具合で、参拝の各人が何分作かを判断するのである。

上早川の民家でもやはり十四日の晩、小豆粥の中へ三本の葦を入れて煮る。この方の葦は晩生が十五糎《センチ》、中生が十一糎、早生が八糎位で、各々長さが違っていて、この中に入った小豆の粒の多寡で稲作の豊凶を占うのである。

下早川・名立谷は、この方法をオ筒粥とよんでいる。下早川の方は、三寸程の三本の葦を、ナソギに切って、オ筒粥の中で煮、祝詞をあげる。ナソギは切り口を斜めに削ぐ事である。米・小豆・豆の粥とみえて、米が多く詰まっていれば米作豊作、豆が少なければ豆作不作と言う風に、占うと言う。

アズキヤキは正月十四日の夜、若木を焚き、十五日の粥を煮ながら、十二粒の小豆を、地炉《じろ》の火の周におき、小豆の焼け方で、一年十二か月の天気を占うのである。

下早川の奥、高谷根で箸焼キと言う、一年の天気を占う作法は、次のごときものであった。先ず若木の胡桃《くるみ》の木で、箸を十二膳作り、正月十四日の晩小豆粥の中に入れて煮る。この箸には、手に持つ方に、削り掛ケが少々残してある。これを粥から上げて、屑屋《くずや》の大《おお》タカといって三階になっているいちばん高い所の、サスにぶら下げて、一年間おくのである。これを十四日の晩炉にくべて、一膳の二本で、一か月の前半後半の天気を見る。赤ければ風、赤いオキに灰の衣がかかれば晴れ、黒ければ雨、煙風が吹けば風荒れ、水が出れば大雨、煙が出れば曇りと言う具合で、なかなかよく当たったそうである。西海では、天気の他に、箸の倒れる事によって、作物の豊作を見るという。

能生谷・濁沢でも、十二本の箸を、翌年の十四日に焼いて、天候を占うのであるが、濁沢ではこれを天気ダメシと言っており、能生谷では、焼けるような音で占うのが、他と異なっている点である。即ちブツブツは雨、ブウブウは風、ボウボウは晴れという具合であった。

名立谷と青海の奥とでは、寒ダメシと言い、寒三十日を一年十二か月に割りあてて二日半を一か月とし、順次に天気を占うた。

（『西頸城年中行事』(1) 昭和一六　西頸城郡郷土研究会）※

新潟県の西頸城郡にみる小正月の特徴は、農耕を中心とする年占、庭田植えによる予祝、農作物に害をもたらす鳥獣や鬼などの厄神除けの三つに大別できると考えている。

ここでは、一つ目の年占行事を見ていくのであるが、占いはどのように神格化したとしても、その結果神事や仏事として寺社の行事に取り込まれたにしても、信仰あるいは宗教ではない。占いはあくまでも俗信である。

正月の一四、五日のいわゆる小正月に小豆粥やお汁粉といった小豆の入ったものを食すという風習は広く見られる。それが祝いの膳であることは、一一日の若木迎えとか初山、山入りという伐り初めの日に、明の方の山で伐ってきた木で作った花箸を使用することからも理解できる。

そうした小豆や箸を使って一年の豊凶や天候を占うのが年占である。多くは家族の中で行われるが、村共同の行事や氏神社の神事として営まれる場合もある。

最初に取り上げた木浦のクド祭りは、神事となった年占の典型である。上早川の行事内容とほぼ同じものである。豊凶を見るのに葦《あし》が使われている点も共通している。次の筒粥《つつがゆ》と呼ぶものも葦の中に詰まった状態によって豊凶の判断をするが、筒粥という名は粥の中に葦を入れることに由来するものであろう。

小豆焼きは文字通り小豆が主役である。粥を煮ているかたわらで、囲炉裏の周りに置いた小豆の焼け方によって、月ごとの天候を占う。大和川では、煮えたばかりの小豆を焼き、ふくれると風、焦げると照りなどと見る。下早川では、小豆の飛ぶ方向によって、聟や嫁を迎える方向を占うともいう。

また、能生谷の東谷内では、正月一五日の小豆粥を二〇日まで残しておいて、硬くなっていると晴天年、水が溜まっていると雨天年と考えたという。

同じ能生谷では、若木のカツノ木で花箸を作り、一四日の晩から神にも供え、家人も使う。この箸は上方に削り屑を残したもので、神に供えたものは翌年の箸焼きに用いる。

上路でも一五日の小豆粥を食す箸は若木のカツノ木だが、一尺五寸もの長さで、この箸が短いと、ハナトリザワが短くていかんという。ハナトリザワというのは、田の代掻きに馬の口につける取り棹の意味だという。

この箸を使って一年の天候を占う様子は、高谷根の事例の通りである。この事例では「これ(十二膳の箸)を粥から上げて、屑屋の大タカといっている三階になっているいちばん高い所の、サスにぶら下げて、一年間おくのである」とある。大タカという家で一番高い場所のサス、すなわち棟木を支える材に下げておくことに意味があるのかという点に注目したい。

前掲書の「タカノカミ」の項目説明として次のような報告がある。

能生谷・根知では、薪も暮れの中に下しておいて、三が日はタカへ上ってはならぬと言う。タカとは薪などを蓄えておく二階の事で、能生谷では、正月二日の日だけは、一家の主婦が、タカノ神様に御馳走を供えて来るという。

タカノカミあるいはタカガミとは何か。高い場所転じて高い位をいうのか、薪など燃料すなわち火と関連があるとされる神なのか。その後の資料を見ても明確な姿は見えない。

西谷勝也「但馬の民俗」(2)(昭和四)の記述には、

上がりゾメ、正月二日まで二階へ上らぬ。アマドモチといい月の形をした餅を紙に包みユズリ葉・榧《かや》の葉を付けて、二階へ吊るしに上がるのが上がりゾメである。又二日までは部屋も掃かず、針も使わぬ。

と記されている。ここでは年中行事の「上がりゾメ」の行事としてのもので、タカガミ・タカノカミといった名称は出てこない。しかし、西頸城郡でいうタカノカミと同系統のものと見てよいであろう。

なお、小正月の行事として広く分布しているものにサイノカミがある。全国的にはドンド焼きとよばれるものである。この地では正月一五日の夜、塞の神といって大火を焚く。塞の神の中心となる大木は誰の山から伐ってもよかった。塞の神に焼く藁や松飾りを集めるのは、どこでも子どもの役目である。海岸の名立町・能生町・大和川・西海では、正月の御松様に藁を添えるくらいですませ、山の中にある上路だけは、御松様笑いといって、毎年山姥《やまんば》の祠の下でお松ばかりを焼くという。御松様と山姥との関連性は不明だが、山姥という妖怪の祭神化に注目したい。

能生谷の男の子のある家では木偶様《でぐさま》という男女二体ずつの人形を、カツノ木で作って塞の神で焼く。人形に背負わせた餅を火の中から拾って食べると疱瘡《ほうそう》が軽くすむと信じられていた。

西頸城郡では塞の神の火によって作柄の豊凶を占うことが盛んだった。この地方に限っていえば、豊凶を占うことが塞の神の目的と言えるほどのものであった。たとえば下早川や能生谷では火の照り具合によって判断する。火ぼこりが東南方向へ向かうと風の吹きがよく作もよいといい、北や南に向かう時は火の散りも悪くて作も悪いと。また、火が真っ直ぐに上るのは作柄がもやもやとして火の腰の弱いのはいけないともいう。橋立ではデカイ火ほどよいといい、大和川ではデカイ火の部落は漁が多いという。そして、南の山の方へ焼けくずれると作が多く、反対の海側なら大漁だともいう。上早川では藁が全部燃えれば豊作、残れば不作だという判断がなされる。

ほぼ全域にわたって塞の神の火の様子をもとに、その年の作柄や漁獲を占っているのである。塞の神という火祭りを小正月の年占という類型に含めた理由はここにある。

マユダマと田植え正月

若木に小正月繭玉をつけて飾る風は全般的である。大判、小判、チョボ賽など、縁起の良い物を下げるのも、やはり一般であるが、若木で作った百姓道具を下げる所もある。

若木に細い餅をつける方を、稲ノ花とよぶ所は、下早川・根知・小滝である。米ノ花と言うのは上路で、餅ではなかった。胡桃《くるみ》の木を二尺位に切って皮をむき、大きな削りかけを三段位垂れさせたもので、稲が穂を垂れたように見える。

若木で正月十四日に、小さな百姓道具を作る所は少なくない。木浦ではこれをナリワイと言い、若木のカツノ木で、米俵・杵・臼・鍬・鎌等を作り神に供える。

根知・今井・西海では、十四日から十五日にかけて、炉をきれいに清め、子供にも足を炉の上にのべさせない。足を炉の上に出すとこの年は苗代へ鳥がはいるとか、鳥が荒らすとか言うのである。糸魚川では、子供が足を火の上にのべると、「ほほ、鳥がはいった」と言って追う。

十四日の夜、翌朝の小豆粥を煮、これを苗代締メと今井では言う。その粥が余り硬いと、本当の苗代も硬くなるし、軟らかだとやはり苗代も軟らかくなると言うのである。

今井の虫川《むしがわ》では正月十四日の晩を苗取りとも言った。苗取りと言っても、苗取りに使う縄を綯《な》って、十文字にしばっておくだけと言う。

根知には、十四日の夜を、肥料《こえ》配りと言う所があった。肥料配りは、代掻キがすんで、田植エに移る前に、堆肥や厩肥《きゅうひ》を田の中に配る事であるが、これにかたどって、蕎麦を打って食ったという。

糸魚川では、十五日の朝、杉の枝をコマザラゲとエブリの百姓道具にかたどり、それでしきりに粥をかきまわして食べた。西海では、この日を代掻キと言う。下早川では、この粥の方を代掻キと言い、濃い粥だと良い代掻キだとほめ、薄いと、代掻キが悪いから、今年は稲の落ち着きが悪いぞと言いながら食う。

糸魚川には、正月十五日の朝、家内を掃くと田の草が生えて困ると言う所もある。又同じ所の水崎《みつさき》では、十六日を田ノ草取りだと言っている。

正月十五日を、田打チという所は多い。名立谷の濁沢ではヌルデで作った鍬柄・槌《つち》・田掻きの道具等を、小豆粥に浮かせておいて食う。木浦ではこの小豆粥は百姓道具を削った屑で焚き、一杯食うごとに、田を一枚打った二枚打ったと、数えると言う。

翌十七日になると、下早川の高谷根、糸魚の水崎では、鳰積《におつ》ミと言っている。

翌十八日を糸魚川では野休みと言う。野は田の事である。

（『西頸城年中行事』(3)昭和一六　西頸城郡郷土研究会）※

小正月行事における庭田植えによる予祝行事について取り上げる。

庭田植えとは小正月の一四日、一五日、一六日の期間に稲作農耕の過程を庭先や家屋内で模倣実施して、その年の豊穣を願う行事である。この地では田植え正月という。

田植え正月と直接関係するものではないが、やはり小正月に多くの家庭でマユダマが作られる。この地方ではマイダマと呼ばれるようであるが、若木などに付けるのは繭玉を模したものばかりではない。粟穂というものも作る。上路では黄色い肌のキワダの木を切って栗の枝などに挿し、粟穂がみのって垂れ下がったようにする。

マユダマは一五日かその前夜に立てるが、倒すのは一八日の所も二〇日の所もある。糸魚川では二〇日の日まで繭掻きというが、濁沢では一八日に下ろすことを繭もぎという。根知や小滝では、稲の花を下ろすことを稲刈りといい、高谷根では一八日に粟穂も稲の花も下ろすがこれを稲扱《いねこ》きというのである。これらが立てられてから下ろされるまでを、繭掻きや稲刈りの過程と見立て、豊作をあらかじめ祝うためのものであることがわかる。

田植え正月を前にした一四日には、若木のカツノ木で小さな百姓道具を作るのは一般的であるが、下早川の上出ではこれらのほかに一〇センチくらいのショウダメとタチオドとを作る。ショウダメは早乙女、タチオドは田男の意味であるという。そして、炉を苗代に見立て、そこに足を伸ばす子を鳥に見立てて鳥追いをするのは、前の項目でも見てきた。

一五日の朝は小豆粥を食べるが、上路では小豆粥が薄いと代掻きが遅くなるという。またこの日、厩《うまや》から庭まで馬を引き出して代掻きの真似をした。

下早川では一五日がお田植えで、一六日はオエダといって田植えじまいになる。

以上、マユダマと田植え正月を見てきた。マユダマはモノツクリという意味での模擬作業であり。田植え正月は稲作農耕の過程を模倣実演することでそれぞれ豊穣を願い祈る。いずれも模擬系の呪法とみるべきものである。なお、模擬系は豊作を願う予祝を伴ったものをいうが、模倣系の場合は単なる真似を行うこととして区別して考えたい。

厄神と鳥追い

小滝では、若木迎エに、榧《かや》ノ木も迎えて来て、神様に上げる所もあると言うが、名立谷の濁沢では、正月十五日に窓々へ立てる。そこでは鬼がはいろうと覗くと、目を突くためだと説明している。二十日にお粥を煮る時下ろしてくべて、足や顔や手をあぶる。トンピートンピーとえらい音がするものだが、こうすると蚊に食われないと信じ、これを蚊ノ口焼キと言っている。

下早川の上出《かみいで》では、胡桃の若ウズを五寸程に切り、二つに割って、榧の葉をはさみ閏年には十二月、平年には十三月と書いた紙をつるし、新しい藁で結えて、大戸先や神棚に供える。異国の神鬼を寄せぬための厄除ケで、やはりそばへ寄ると、鬼の目を突くのだと言った。同じ所の高谷根では、刺《とげ》だらけの楤《たら》ノ木に、同じく十二月・

十三月と書き、榧の木をはさんで窓へばかり出すという。

　鳥追イは大部分の所では、正月十五日の未明に行われるが、能生谷の一部分、名立谷・磯部では、十四日の夕方から夜にかけて行われている。能生谷の字鷲尾《わしお》では、鳥追イをする者は若者連中であるが、他ではみな子供の領分になっている。鷲尾では、お宮から出て、村じゅうを鳥を追って廻り、お宮へ帰って終わるが、村の家々からは、餅・菓子・蜜柑などが贈られるという。

　能生谷には、子供が十四日の夜から、氏神様に籠り、翌早朝村じゅうを練り廻って、鳥を追う所もある。又村境まで追う所もある。名立谷では、一軒一軒を廻って歩き、根知・今井・糸魚川などでは、苗代田に行って追う者もある。能生谷では、この日天から、三石九升も穀物を食う、大喰いの鳥が降りて来るのだが、地につけずに追い返すためだと言っている。


（『西頸城年中行事』(4) 昭和一六　西頸城郡郷土研究会）※

　小正月の年占・予祝・厄神除けという三つの特徴のひとつである厄神除けの要素について取り上げる。厄神除けといっても節分と同様の鬼だけが対象ではない。厄神は農耕や健康を害するものの総称と捉えればわかりやすい。したがって、鳥追いやモグラ追いなどもその範疇の行事と位置付けることができる。しかも、厄神除け行事はそのほとんどが俗信によって構成されている。

　日本には古い時代から年の境に神霊が来訪するという伝承がある。著者はこの神霊来訪伝承を伝統的な社会観念と捉えている。年神に代表される人々に幸いをもたらす神霊や、鬼に代表される災厄をもたらす厄神、そして、ナマハゲに代表される善悪未分化の小正月の訪問者である。

人々に幸いをもたらす神霊は次第に神格化されて、神信仰的な迎え・饗応・送りといった待遇を受ける。祭祀系の呪術を施されるのである。一方、災厄をもたらす厄神に対しては臭気を持つ焦がした魚の頭や、細く鋭い葉先を持つ木の枝などで戸窓を塞ぎ、侵入を拒む。いわば防塞系の呪術によって来訪を防ぐのである。善悪の未分化な小正月の訪問者は村人の演技という模倣系の呪術によって、その存在を表現するというものである。

厄神は大晦日の晩や節分の夜、小正月など年の境に、人々の暮らす村へ訪れると信じられている。したがって、この夜、衣類や履物を外に出しておくとその持ち主は病気になる、すなわち衣類や履物などは外に出すなという形代禁忌が全国に流布している。

小滝の夏中《なつなか》地区では、榧の木を稲の木と呼び、その根本を割って旧暦で一三月ある時は「十三月」、一二月の時は「十二月」と書いた札を挟んで窓口に出す。鬼が来て不思議に思って近くに寄ると目を突くからであるという。

榧の木を稲の木と呼ぶのは、この行事と併行して行われている田植え正月行事での呼び名である。その榧の木で作るジュウニガツは鬼をだますための札、災厄を避ける呪力をもつとされる呪符の役割を果たす。厄神の来訪を拒むための防塞系の呪術である。

なお、能生谷でも昔は付け木に「十三月」と書き、榧の枝を付けて入り口に貼ったという。その理由を、借金取りが来ても、十三月とあるのを見て、一二月の間違いだろうと確かめようとそばに寄り、目を突かれて逃げるからだという。厄神という観念が借金取りという現実的な具体像をもってしまったのであろう。

鳥追いには多く大声の歌が伴う。西頸城郡には三つの型があるようだが、筒石では他人の家の入り口をトントンと叩いて、次の歌を歌い、逃げてくるという。

××うはあい(××にはその家の屋号)　団子三つに粒粥三杯《ばえ》　粥の箸やねぶっても　鳥が　起きて追《ぼ》えまい　ほ

うやほうや

根知では正月の若木のミズクサで作った小さな槌を鳥追いといい、これを板で叩く。

高谷根ではモグラ追いをする。藁を叩き、縄でしばった槌《つち》を引っぱりながら、

ムクロ殿《どん》そこにか　横槌ヘンまいらそ

と言って、時々畑にぶつける。

鳥追いもモグラ追いも小正月行事で、実際の鳥やモグラを追っているわけではない。農耕の害とならぬようにという模擬系の呪術である。

今井では、一五日の粥を煮る下の火元へ榧の葉を一枚ずつくべながら、「蛇の口、蚊の口、虻《あぶ》の口」と唱えて口焼きをする。

また、高谷根では期日は決まっていないようだが、蛇除け・百足《むかで》除けをする。苗代に播いた種籾のスジの残りを精白して、米の方は味噌に入れ、糠《ぬか》は家の周囲に、

ヘビもムカデもそっちへ行け

と言って撒く。

昆虫の口焼きや蛇除けや百足除けは人体保護のためである。

田誉めの力

―苗代に肥をうって整理をすますっかり蒔き込めるまでにすることを「苗代しめ」と云い吉《よ》い日を選んでやる。―

この夜「しめ餅《もち》」と云って餅を搗いて田の神様に上げる。「苗間を青くする」といって、よもぎ・ちちこなどを入れた草餅にする所も多い。

たいてい八十八夜、北部では五日さがり十日さがりなど吉《よ》い日を選んで朝早く種籾《すじ》を蒔く。「八十八夜に蒔く種にまちがったことがない」。「勝ち負けがつく」といって苗代に種を蒔いた日には他の食物を蒔かない所もある。

爺が岳の雪の消え際に種を蒔く。爺さんの形が現れる。「種蒔き爺さんが出た」ということは何よりたしかな暦であった。蒔いてしまうと柳の枝を多くは三本・五本とって水口《みなくち》や田の真ん中に立てる。これを「たなんべい」、「たなん棒」、「田の神様の腰掛け」などという。たなんべいは苗の着きのいいまじないとも云い、また次のような伝説もある。

昔庚申様が唐《から》の国から稲の種を盗んで持って来られた。追いかけられて隠し場に困って柳の下に匿った。それで今も柳を立てるという。

たなんべいが枯れるとその家で死人があるとか、何か不吉なことがあるとか云って終わりまで枯らさないように水かけその他に注意する。

小正月に柳の一尺位のものの頭を十文字に割って餅を挿み神棚へ供えておいたものを水口のぬるめの仕切り（著者註—水を温めるためのもの）の藁束などに打ち込んでおく。同じく小正月の粥の箸を水口へさす所もある。

余った種籾はやき米にして田の神様に上げる。焼き米にすることを「烏の口を封じるのだ」といい、「三日やこめ」と云って三日のうちに焼き米にするものだと云う。

焼き米をこしらえた時の籾殻・ふるい糠などを長虫の除けといって家や蔵のまわりに撒いて歩く。また、種籾蒔きに使った笊を用いて「蛇もむかでもどけどけ」と云いながら焼き米を撒く。

―（「北安曇郡郷土誌稿」(5) 昭和六　信濃教育会北安曇部会編）―

稲の水田耕作の過程でも種播き・田植え・刈り上げはとくに重要視されて、様々な儀礼が催されている。稲作の目的はより多くの収穫を目指して適切な育成を施すことにある。しかし、自然環境での育成である以上、何が起こるか予測不能の割合が高い。そこで何事もなく多くの収穫をという目的を果たすことができるようにという願いが生じ、一定の様式を整えつつ儀礼が形成されることになる。稲作に対する稲作儀礼である。

稲作農耕を巡っては水田耕作という現実の技術による収穫という目的と、その目的を無事に遂行できるようにと願う稲作儀礼が見られる。そして、儀礼の多くは俗信によって構築されているのである。ここでは種播きと田植え行事における俗信を見ていきたい。

種播きを前にして行う苗代しめが終わると、しめ餅を田の神様に上げるとされるが、田の神様の祭場が不明である。苗代しめを終えた夜のことであるから田に供えることなく神棚の一隅かクド（竈）の一角であるのかもしれない。

同じ長野県の『黒河内民俗誌』(6)（昭和二六）には、田の神についてあまりはっきりしたものを聞かないとある。だが、田植えの終わった時にネーマ（苗代）の神様をおたてもうすといって、田のかげに山吹その他の木の枝や萱の穂を挿したり、苗三把と柏の葉にのせた御飯を上げる。またその時に苗三把を家の中のカマの神様へ供えたりするという。

「羽後浅舞町近傍見聞書」(7)（昭和一四）の「お田ノ神様」の記述を見てみよう。二人の男性による語りと、筆者寺田伝一郎の筆の力によって当地の田の神の様子が浮かび上がる。

　種籾をまいては苗代祭り、蛙《びっき》の供養のてんげ餅、田植えの第一日の植え初めに一の水口に御神酒を注ぎ、まず御田ノ神様に礼拝する。お田ノ神様は山と田とに住み、春二月十六日に山より下りて田の神となり、秋十月十六日は山に還って山の神様となる。春は田圃にお出になるので天気も良いが、秋は山に戻られるには山ノ神荒れとて霰《あられ》を飛ばせることが多い。

と、まず種播きの祝いと蛙の供養から、田植えに際して水口での田の神祭りについて語る。そして、田の神の去来伝承へと移る。

この日は一斗桝か一升桝の上に餅をば供える。高い山々の神は作神様が多く、そのお札は雨風を凌ぐ簡単な鞘堂を造って、虫祭りの柳束などと同じく、一の水口に建てて置く。仕事のはずみに祈念する口癖もお田ノ神さん、木樵《きこり》が木を伐り出す初めにまず枝ぶりの見事なのを見付けて、斧立て祝いとて山ノ神様にお神酒を献げ、木を倒す瞬間に山ノ神様と叫ぶことがあるのと違いはない。

ここでは田の神への供え物に触れ、祈る口調や内容に関して田の神や山の神という作神に対する共通性に言及する。お田ノ神様は明けても暮れても、照っても田圃を廻って歩くので、田植えの余り苗を田堰に捨てて置くのを見付けると、不機嫌になられるし、気を注けねばならぬことがたくさんある。また六月十五日に裃袴のお田ノ神様が姿を現して田圃を廻るから、逢うことを避けるがよい。見た者は死ぬからである。また彼岸や社日には深山へ登らぬがよい。山に栖む神様たちが寄り集まって相談事をされる日で、やはり出逢うとよくない。

最後は田の神の性質や行為などについての語り伝えである。春秋に山と田を去来する田の神に対して、種播きや田植えには水口の祭場で供え物をする。刈り上げあるいは山に戻る秋一〇月に一斗桝の上にのせた餅を供える。その一方、田の神に会わないように禁忌を守るということである。このように見てくると田の神信仰と位置付けられるものではなく、稲をつかさどると信じる田の神という観念に対して豊作を願う人々の行動、すなわち稲作儀礼が営まれていると捉えられるものであろう。養蚕の隆盛とともに蚕神が祀られるようになる過程と重なる。

ところで、種播きが山の残雪の形によって行うという風習は中部地方から東北地方にかけてよく行われている。広い意味の雪知らせの俗信である。

小正月の予祝行事の作り物や薪を保存しておいて種播きや田植えの際に使用することも広く行われるが、この日行われる鳥の口封じや長虫除けも呪術的な方法である。

冒頭の事例に戻り『北安曇郡郷土誌稿』の田植えについても見ておきたい。

田植えの盛りの日に「おたうえ」をする。稲苗を小束に三つにしばり、むすびとともに作男の笠にのせて田の神様に上げるという。昼食のおにぎりと苗三把を笠の上に置いて田の神に供えるということからして、田植えの現場のことと想像されるので、田の神様の祭場は田の一角なのであろう。

田植えが終わると「おおた」を祝う。苗束の中に御飯を包んだものを三把をひと括りに結び合わせて田の神様に上げるが、翌日下げて食べると夏やせをしないという。また、「旦那のおおたを馬が待っているから」といって、主人のお椀に飯を山盛りにして馬に食わせた。馬の慰労であろう。苗葉がひく(しおれる)からと、おたうえに田から帰って来て足を洗う時には湯を使わないという禁忌がある。

『三州横山話』(8)(大正一〇)によって、田植えに関する禁忌をいくつか取り上げておきたい。

・苗代に籾《もみ》を播いた日に、家に帰って剃刀を使うとその籾が全部跳ね出してしまう。
・妻が妊娠中、新しく田の水口を切ると生まれる子どもが三つ口になる。
・苗取りの時、苗を結わえる藁は結い切らぬものといい、また、これを切ることも土の中へ踏み込むことも禁じた。
・苗を一つの田に植えかけて中止することを嫌う。

こうした一定の行動を制限することによって、豊かな実りを達成しようとする禁忌に対して、言霊の力を借りて豊かな実りを達成しようとする田誉めと呼ぶ行為もある。
・田植えを終えた後、皆の者が畔に立って各々が、「見事だ見事だ」といって誉めると豊作になるという。

六月綱引きと豊作

稲の収穫を終わった六月（旧暦）には「綱引き」が行われた。部落によっては三年目、七年目に一回というところもあったが、翁長やその他の西原の各部落では大抵毎年これを催した。日も大体決まっていて、翁長のは六月二十三日と覚えている。

旧時の沖縄農民が神に感謝を表するには第一に「遊び」すなわち仕事を休むことであり、更にまた踊って嬉しさを動作に表すことであった。二月の麦穂祭り、五月の稲穂祭りにはその日一日必ず仕事を休んだ。六月の綱引き、八月の「踊り」もそれであった。

「遊び」の日に畑に出たり、綱引きや踊りの催しを怠ったら、個人としては飯匙蛇《はぶ》に嚙まれたり、部落としては風気《ふうき》（伝染病）が流行って「若者倒れ《わかものだお》」（強壮者が死ぬこと）があったりした。これが感謝の念なく神への持て成し《もてなし》を怠った徒に対する「お知らせ」（みせしめ）であり、「あらび」（怒り、懲罰）であった。

（『翁長旧事談』(9)　昭和八　比嘉春潮）※

日本の年中行事は農耕儀礼と深く関係しているが、気候風土の異なる沖縄では本土以上に年中行事と農耕儀礼が結び付いている。ここでは稲作儀礼と綱引き行事の関係を見ることにするが、沖縄では種播きが一〇月、田植えは二月、

綱引きのカニチ棒(飾り物から)
鳥取県三朝地区の「花湯まつり」の模型。

五月は初穂の祝い、六月が収穫というサイクルになっている。

農村では大豆や稲が花を持ちはじめてから熟するまで、「鳴《な》い物《もの》は法度《はっと》」といって鼓や伐木、石切りなどの激しい音は禁じられていた。これを犯すと神のあらびで実りが悪いとされた。三味線さえ遠慮された。厳重な禁忌である。

稲干し場の夜番の法螺貝の音によってこの禁忌から解放され、シマは道路を境に上《うえ》と下《しも》に分かれる。上は男綱《おーんな》、下は女綱《めーんな》を作り、これを一つに組んで引くのである。三、四日前から「藁《わら》乞い」が始まる。一四、五歳を頭に一一、二歳までの男の子が銅鑼《どら》を叩き、「藁乞《わらく》ら、藁乞ら」と叫んで、それぞれの組を一戸ずつ回って藁を集めるのである。綱引きは「村御願《むらおがん》」だから、どの家でも快く藁を出した。そして、前日に綱を作る「綱打ち」にかかる。

藁乞いが始まると、上と下とは互いに競争相手として意識する。このころから娘たちは毎晩組々で集まって「綱引き舞い」をする。

『シマの話』[10](大正一四)によって、その詳細をたどってみよう。

沖縄本島の中部地方の六月は稲の収穫もすべて済み、それまで神暴れを恐れていた村人も自由になる。子どもたちは鉦を打ち、銅鑼《どら》を叩いて遊ぶことも許される。綱引きはそうした雰囲気の中で行われる。

部落が前方後方に分かれ、ひと晩に二回ずつふた晩続けて綱を引く。綱は二本、前方の綱は雌綱、後方のそれは雄綱である。綱の接続はカニチという大小二つの綱輪を作り、大輪に小輪を入れてそこにカニチ棒を挿す。「綱の接続は男女交会に模したものであって、島人《シマ》は子供までみなこれを意識した」とある。綱引きの晩は男子は酒気を帯びて殺気立ち、女子は正装して踊り狂う。綱の勝敗に年占の意味を持たせている部落もあった。最後の綱の勝負が終わると、前方後方の青年たちが入り乱れて人の輪を作り歓呼する。この時雌雄の綱に応じてカニチと称する藁製の綱頭に乗せた女神、男神を三、四回つき合わせて解散する。

綱引き行事の重点はカニチによる豊作祈願の所作にあったのであろう。『山原の土俗』[11]（昭和四）にはそれを推測させる記述が見られる。本部村の一部に残されていたというムックジャという儀式であるが、今ではただ神人が集まって祈願をするだけになったという。

毎年旧六月二十五日になると、祝女や神人が神アシアゲに集まって祈願をなし、それに引き続いて字内の青年男女各一人（十八歳）を選んで裸体にして、顔だけを被いて舞わすのである。唄に和して舞い、遂には相抱擁して、全く交接の動作を演ずるのである。

昔、若い男女（未婚者）がその真似を極度にしたために、その後は老人を選出して挙行せしめていたらしいが、現今ではもはや見る事が出来ないようになってしまった。

伝統芸能においても、豊作を祈願して男女の所作を演ずるものがある。こうしたものは模擬系の呪術に分類されるが、人によるものではなく藁人形などによるものであれば祭祀系の呪術であるといえるだろう。いずれにしても、豊作を願う呪法である。

米の島の儀礼

与那国島は作付け反別から云うと畑地の面積よりも田地の面積の方が広い。されば又島は「米の島」とも呼ばれている。下等な米ではあるが相当の収穫を得てひところは他島へも移出していたのである。しかし今日ではそうもいかない。

比較的水が豊富であった。従って水田の灌漑にも不自由が少なかった。井戸も小さいながら数多くあった。

米の島の由来については一つの伝説があった。昔、この島に野原大主《のはらおおぬし》という人があった。万一の饑饉《ききん》に備うるため穀物を作り貯えることに日夜腐心した。

ある日黄昏《たそがれ》の野原を歩いていると、途に異様な物の種子《たね》が落ちていた。喜んでこれを拾い、持ち帰って蒔いておくと、やがて芽を出し尺余に伸びて穂が実った。熟するに及んで刈り入れると収穫は元の百層倍にも千層倍にもなった。そこで水辺の沃土《よくど》を耕し次第に付近を開墾していった。これより島民は耕作の利を悟り、未墾の地を開いて到る処に米を栽培する事が盛んになった。島では今も二毛作をやっているにはやっている。

（『与那国島図誌』大正一四　本山桂川[12]）※

沖縄本島の南部に位置する翁長を対象とした「翁長旧事談[13]」（昭和八）によれば、主食は芋で節供以外の米飯の機会はない。ただ畑仕事が忙しくなって、人を傭う時には日常より少しよくして夕飯に米飯を添える習慣があったという。明治の半ば過ぎに稲付けよりも甘藷栽培のほうが有利だということになって、稲作反別が急減する。そして、泡盛製造が盛んになるにつれて外米輸入が促進された。外米が安価だということで農村の食料として急速に普及することになる。しかし、そのころ沖縄に輸入されたのは非常にまずく、これを唐米と呼んで島米（琉球の米）や地米（肥後米）と区別したという。

中部地方の新城では正月の祝いは豚肉を中心にしていた。餅を搗く家は一軒もなく、古琉球では餅は凶事に肉は吉事に用いるという観念があったという。

次に、米の島といわれた与那国島の、稲作に伴う儀礼を見ていこう。

元日はツイタテノネガイ（朔日の願い）のために、タカラヌミンヌハツ（幸福の水の初穂）を汲む。夜明け前に村中の幸福と目される家の井戸から水を汲み、浜辺に行ってショウメバナ（潮野花）を汲む。

一般的に若水と称される元旦の水、新年初めての汲み水を「幸福の水の初穂」と呼ぶ心情には稲作への期待が込められている。その年初めての汲み水を、初穂に見立てて豊作を願う呪術である。また、幸福と思われる家の井戸の水を汲むのは、その家にあやかりたいと願うものであやかり系ともいえる。

稲の収穫も大方済む六月には豊年祭り《ぷーり》が催され、シマ人はみな精進する。各地で綱引きが行われる。新城ではシマが前方後方に分かれ、一晩に二回ずつ続けて綱を引く。綱の先端には大小の輪を作り、小さな輪を一方の大きな輪に入れて棒に挟す。大輪は雌綱、小輪は雄綱と称す。綱の交接は男女に擬せられたもので、豊作を願う呪術であるが、勝負の結末によって豊作か否かを占う年占としての綱引きも見られる。

十月にはタネトリノネガイ（種子取りの願い）という二日間の祭りが営まれる。八重山の村々では、種子（籾）を苗代に下ろす前日から三日間は盛んに祝杯を傾けて種子下ろしに関する歌を歌い遊ぶ。『八重山島民謡誌』(14)（大正一三）には、「種子取り節《たにとぶし》」が紹介され、歌詞の意味が施されている。その冒頭の部分を記す。

本日は『種子取り』という稲作り初めの御祝いである。稲の種子（籾）を苗代に蒔き下ろした。苗代は何の故障もなく美事に発芽してくれるように。願わくば犬や猫の毛の生えているようによく揃えてくれるように。この嘉例の事をば神に願っているのだ、日夜仏に手向けして祈っているのだ。本田に苗を移したら黄金の波を寄せて畦に枕する位に豊作であってくれ。

ここで留意したいのは、種子播き後の発芽の状態を犬や猫の毛並みのように隙間のないようにそろって出て欲しいと願っている点である。

次に、毎年稲穂が出る前には穂物《フームヌン》の願いが行われるが、米作の豊穣を祈る儀礼であるという。あらかじめ決められた期日に各戸一人の留守居を残して、すべてのシマ人が浜に出て、一日中遊び暮らすのである。その間に一同がナンタ浜に集合して寝る真似をする。二〇分ばかりしてから一人が鶏の声を上げると、一同が夜が明けたといって一斉に起き上がるということをする。

また、草葉成長《サバムヌン》の願いといって豊作物の成長発育を祈る儀礼を行うこともあるが、内容は穂物の願いと類似しているようである。

先ほど種子取り節の中の種子の発芽状態を犬や猫の毛並みにたとえた一節に注目した理由はここにある。一同が浜で寝る真似をして、鶏の声、すなわち夜明けとともに一斉に起きるという所作に発芽のありようを祈っていると考えられるからである。そこにそうあって欲しい状態を演ずる摸擬系の呪術を見るのである。

こうした稲の順調な成長を願う稲作儀礼は俗信によって、構築されていることが理解できる。

田の神盗みと嫁盗み

九州の南部にある田ノ神石像はたいてい田の畦などにあって高さ三尺位もある相当大きなものである。島内（著者註―宮崎県西諸兼郡昌真幸村）には二つあって、馬場組のは大きく田のほとりにあるが中組のは小さく、一年ずつ各家を廻れるのである。

この田ノ神様を盗む習慣が明治の末年まで行われた。ちなみにこの地方は田の神様の石像は少ない方で、無い部落はたくさんあるので、盗むに手軽な中組の田の神様が自然その目標になったのであろう。もちろん大きな方も盗まれる時がある。

その盗む方法は、田ノ神様を盗もうと云う動議が出ると、その部落の一人（中年者で又責任者である）が、お前たちが盗んで来たら、俺の家で預かってやろうと云うと、二歳たち（著者註―青年団の人）は夜こっそり出かけて行き、うまく盗み出すことができるようだったら元気を出して、そこに「三年出稼ぎに出て来るから」と云う意味の書き置き一通を残して、かついでかえるのである。こうして盗まれたら翌日は大騒ぎである。早速さがしに出かけるがどこの部落に盗まれたかが分からない。間もなく分かるが厳重に隠してあるから、なかなか取り返すことは出来ない。それで数日経つと諦めてしまう。

（『日向馬関田の伝承』[15]　昭和一二　楢木範行）

タノカンサアオットイ、すなわち田の神盗みは九州南部、殊に鹿児島地方で広く行われていた風習である。田の神様のない村落や不作が続いた村落が、豊作を願って近隣の村の田の神像を盗み出し、一定期間保管する。田の神は何をされても祟ることのない神とされ、盗んできた村落は豊作になるという。村の承認を経て、夜間に青年たちが集団となって目的の田の神像を縄で背負うなどして運ぶ。盗む際には借りる年限などの書き置きをする。通常「田の神盗み」などと言い習わされてきたが、実質的には借用するのである。豊作を祈願する呪術、つまり借用系あるいは拝借系とでもいえよう。もっとも厳密にいえば無断借用ではある。

これには後日談がある。

かくて三年過ぎて盗んだ部落では返しに行く。この時が又大変である。田ノ神様には新しく赤い着物を着せ（又は赤く身体を塗り替えて）顔には白粉をつけ（常にこうであるが、この時は新しくするのである）神輿に乗せて三年間働いてくださったお礼として籾三俵と、各人焼酎一樽（五合位）持って、道楽《みちがく》入りで家には留守番位を残して外は子供まで全部送って行くのである。

盗まれた部落では三年ぶりに田ノ神様がおかえりだと云うので、サカムケ（坂迎）をする。即ちうんと御馳走をする。盗まれた部落は非常に損をするので、盗まれないように注意を払っている。

第三者の眼には何ともユーモラスに映る習俗ではあっても、当事者にとっては作物の豊凶を左右する重大な意味をもつものであった。しかし、田の神を巡る宗教行事というものではない。田の神が豊作をもたらせてくれるという信仰的な心情を保持しているとしても、その行為は呪的なものであり、教理、教祖、教典を備える世界宗教とは異質のものである。豊作祈願の呪術的行為すなわち呪法と捉えるべきものであろう。

余談になるが、九州に広く見られたという田の神盗みと共通項をもち、かつ「盗む」ことが半ば公然化していた「嫁盗み」が、「豊後国直入地方の民間伝承」(16)（昭和四）に記載されている。ここでは嫁盗みを文字通り略奪婚としているが、バリエーションに富むので今日ではそうした位置付けはされていない。

今より十七、八年前にこの掠奪婚に立ち合った柏原村字中吉野の村上四三郎という人から聞いた話を紹介しよう。柏原村中吉野の木村峰三（今は居ない）という者が、約一里ばかり隔たった同村叶野のおさわという女を盗み出すために（掠奪婚のことをこの郡方では「嫁盗み」といっている）、隣家の村上四三郎を語らって二人で夜間のおさわの家まで行き、峰三はおさわを連れ出して自家の方へ遁れた。

四三郎のほうは一人でその家の壁無しの処に隠れていて、もはや追い駈けられても、つかまらないほどの距離に行ったと思うころを計って、「お前の家のおさわさんは中吉野の木村峰三が盗んだ」と叫んで逃げた。家ではこれを捕らえようとして追い駈けたが、ついに距離が隔たっているので捕えることが出来なかった。

こうした場合この地方では、つかまれば結婚は成立しないが、捕えられなかったら承認するというのが社会的制約であったという。

親が結婚を承認しない場合や、結婚式の費用を賄えない場合にも行われていた。嫁をもらって結婚式を挙げない場合には、「盗んでいる」と表現されることがあるという。

先に見た田の神盗みと嫁盗みとでは、まったく異なる。同じ「盗み」と表現しても、前者が豊作を祈願するための呪術的行為であるのに対して、後者は婚姻の一形態とみなすべき要素があるからである。

二　漁労儀礼

魚になった子どもたち

福井県大飯郡大島村は、小浜の対岸をなす半島の大部分を占めている。この地は狭小な平地を除いて、すべて山地であり、耕地は内湾に臨んで開け、部落は宮留・畑村・河村・西村の四区に分かれている。旧時は東村・河村・西村の三村であった。戸数は現在約五十戸である。

耕地は、田五十五町七反、畑二十七町九反、山林二百一町三反で、食糧を自給するに足り、半農半漁の村である。漁業は古くから相当に行われていたらしく、慶長七年の調べによれば、東村十一艘、河村五艘、西村六艘、合計二十二艘の漁船を有し、中には六人乗りなどの大型の物も相当まじっている。

この地には社地の由来古きものが存し、島山明神（現在村社島山神社）は遠敷《おにゅう》の国幣中社若狭彦・若狭姫神社の前身とも云うべき、密接なる関係を有する古社で、往昔は別当寺も付属しており、分離後神宮寺たる長楽寺は廃寺となったが、同寺旧蔵の仏像はじめ村内には平安期ないし末期製作の国宝仏像が数体存するのを見ても、この地の文化が古いものであることが察せられる。

ちなみに若狭彦・姫神社は、上宮が彦、下宮が姫社で、昔は上下《じょうげ》宮《ぐ》大明神と申し、今も処の人は、上下宮様と呼んで大飯郡下の村々でも、こぞって信仰している。殊に大島は、この神が今の島山神社の北にお住まいになったと云う由緒を持っているので、信仰は殊に厚いものがある。

島山神社の旧九月二十日例祭には、神事能を奉納した。旧酒井藩には蔵座と称する観世流の能の座があって、御扶持を貰っていた者が三十余人も居たという。この座が藩内の大社の祭礼に神事能をつとめたが、島山明神は辺鄙の土地であるけれども、格が重く、この日は上下宮明神にも同じ神事能があって、かち合うので、繰り下げて二十日に定められていた。

（「若狭大島民俗記」[17] 昭和一九　鈴木棠三）※

こうした古くからの由緒ある伝統を受け継ぐ村の様子を見ていこう。

島山神社の氏子総代―昔は禰宜《ねぎ》と称したものだが、島山明神に四人、宮留の八幡宮に四人と定まっていた。この八戸の禰宜株のほかに、田楽株五戸、神女《みこ》一戸が直接祭祀に与《あずか》ることができる家柄であった。

島山神社が指定村社になってからは資格をもつ神職でなければ務まらないので、隣村の神職を招くが、氏子総代らの役目や責任は変わらない。田楽株は一戸が村外に転住して現在四戸となっている。神巫は祭礼の浜湯の行事のほか、疫病・旱天などの場合にも浜湯を執り行う。浜湯は湯立てと同じで、この行事には禰宜家が太鼓と手拍子を打つ。

この村にはニソと称する屋敷神の性格を多分に帯びた一家氏神の祭祀が盛んで、その数は三〇か所を数える。ニソには通常ニソの杜と呼ぶ林に覆われた神域がある。その多くに小祠が設けられており、旧暦霜月二二日の深夜に小豆飯などの供え物をする。そして翌二三日に講仲間が集まって直会を行って終了するのである。

大島村の四区の一つ、河村は明治一六年ごろトウドの火で大火を出すが、この大火以前には、一月一六日の晩にアミヒキという行事が行われた。一六日は輪番の宿で、朝から寺の和尚を招いて大般若の転読をする般若会が営まれる。アミヒキはその宿に若衆が集まって、家の中で網曳きの真似事をするのである。

まず、若者頭と二番目の者を上席として、若衆が左右二列（向かって右の列には若衆頭の次に三、五、七番という順、左は二、四、六番の順）に並ぶ。そして、列の二番目の席の者、つまり若者組の順序で三番と四番の者が向き合って、前垂に麻綱を付け、この綱を引っ張って下から上に、いわば大縄飛びの要領でまわす。それに合わせて末席の若者はショーケ（大籠）を持って、あたかも魚をすくい取る形をとって待ち受ける。すると一同は声を合わせて、「俺が殿御は、今年始めて、八島が磯に、夜網曳く。いかに寒かろ、カゲローノカゲローノ」と唱えるのである。

その時、若者組に入ろうとする年頃の男子が大勢こぞって列座のうしろを通って上手に行き、回している綱、すなわち麻綱をかついで逃げようとする。そうはさせじと綱を持った者はそれを高く持ち上げたり下げたりする。その時には部落の女たちもみんな見物に来ているので、ためらっている男子がいればこの女たちに押し出されてしまう。それを魚に見立てて、片っ端しからショーケを被せて捕らえるのである。時には暴れる魚がいるので、そんな時には列座の者が取りおさえたりすることもあった。

そうして魚をみな捕って大漁ということになり、魚たちも若衆に混じって濁酒で祝うという行事である。

その後、商人役の者が二人出て、小謡を歌って魚の買い付けを競う。その間盃を回し納めの謡と称して網曳きの者が謡い納めとなる。

この行事は、他の地方に見られる小正月の庭田植えの漁村版といえるものであろう。漁の手順を模倣して前祝いするもので、模擬系の呪術である。

海女と姫君

三重県志摩郡は海女で知られた地方である。最も盛んなのは太平洋へ南面する先志摩の諸町村や御座村等であるが、対世間的には英虞《あご》湾内で真珠養殖に従事する海女が一番有名である。

答志島の大字答志と大字和具、及び菅島、神島の村々においては、女にして海女ならざる者はない。答志の村は和具と合わせて四百戸ほどの戸数であるが、たいていの女は海に潜る。彼女らは冬は山へ這入って薪取りをするのが仕事であるが、夏は山へ行かず海ばかりに懸かりきっている。五月から始まって十月ごろまで海へ潜っている。十五、六歳の少女から六十歳余の媼まで身体の続く限りの者は働く。しかし娘は盆が済むと多くは半季の奉公に出て、翌年の夏前まで稼いで来る。

海女はみな白襦袢に白腰巻きと云う扮装で、頭も白木綿の手拭いで包んでいる。襦袢は近年用い出したものであるが、白腰巻きは昔から鮫に食われぬためとて使用するのだと聞いた。海女は口明け以前に地元の人が畏怖する小築見《つくみ》へ行く事を恐れる以外は、別段特殊な信仰は持ち合わせていない。ただ船の上で猿の事を語るのは忌まれていて、「エテづってこい」（猿を釣ってこい）と云うのは激しい悪口だそうである。

海女は手拭いを二つ折りにして、表裏に晴明九字の徴を黒糸で縫い付けている。もちろんこれは魔除けの呪符である。これらの呪符は鮑おこしのノミにも付けている。又海へ入る前には磯桶の縁を数回叩く。これには口の中で、本日も多くの漁がありますようにと祈るのだそうである。

（「志州の島々」[18]　昭和九　山口貞夫）※

手拭いを二つ折りにして黒糸で縫い付けた魔除けの呪符について、真珠湾のほうでは海底で友に誘われぬためだというようである。海底で鮑を取ってもう息がないと思っても、仲間がまだ仕事をしているのでと無理をしているうちに息が切れてしまった者が少なくない。仲間というのは魔が見せる幻影で、呪符を付けていない海女がこうした災厄に遭うのだといわれている。

また、桶を叩く祈りと同様に、船からカツギに入る場合には船べりを叩いて祈る。答志では災厄が降りかからないようにと竜宮様にお願いすることで、これをヘリタタキと呼んでいる。

あらゆる危険な状況から身を護る魔除けや豊かな収穫を願う祈りといったものには漁村や農山村の区別はない、人間の普遍的な行為である。ここでは海女の村ともいえる土地の風習を筆者山口貞夫の報告から神島の浪切不動の行事を見ていく。

神島には昔国元で不義を働き遠流の身となり追っ手によって命を失った姫が、肌身に着けていた浪切不動の尊像が島の宝となっている。時化で大事に至らぬよう不動堂の戸を開いて祈れば、御利益あらたかであるという。

浪切不動は臨時に堂を開くほかに、毎年大晦日に年祭りが行われる。これは村の役人が七遍の水垢離を取り、村人がそろって拝する。それが済むと浜でテントウ様の虫下しと呼ばれる年祭りが始まる。

まず藤の蔓で大きな輪を作り、これに各家から集めた紙を巻く。一方、一七歳の男子は各自が三尋《ひろ》もある竹を持って浜で待機する。そして、朝日がわずかに東の空に昇るや、いち早く持参した竹をアワという藤の輪に突っ込むのである。そのために輪は空中に舞い上がる。多少の乱暴は許されているのでかなり勇壮な儀式になるという。

竹による揉み合いがしばらく続くと、宝物の奪い合いとなる。宝物というのは神の守り役(今日では神官)が持参する二、三寸の丸棒で、これを東・西・中浦の村の三分した組によって争われる。

宝物を取った組はその年は漁に恵まれるというので必死の争奪になり、奪い取った人を先頭に神社に参る。そして宝物の棒を拝所の机に置き、拍手の代わりにその棒で机をトントンと叩いて礼拝する。後の人も続いて拝し、年祭りが終了するのである。

ここで注意したいのは、浪切不動の祭りが村の人々によって運営されていることである。ある姫君が大切にしていた不動尊像を、不動堂に納めて守り、年祭りを営む。年祭りを天道様の虫下しというのは、祭りの内容から年に一度の朝日に当てる虫払いといった意味のものであろう。

大晦日の行事とはいえ、実質的には年の境に行われる正月行事である。宝物の争奪戦は日本各地の綱引きによる年占を思わせる。そして何よりも注視したいのは、祭りの始まりにあたって村人の代表ともいえる役人という役割の人が垢離を取るということと、宝物を持ってくる人が神の守り役というこれまた村人であるということである。

しかも祭りの内容は不動尊を名目にしているにもかかわらず、宝物に見立てた丸い棒の争奪による年占という俗信によって形成されたものと考えられる。信仰あるいは宗教的要素にはじまったものではなく、むしろ俗信によって構成された村の行事が神事に移行しつつある事例であるといえる。

船玉様とあんば様

私は十五の歳から船に乗った。十二、三で乗る者もある。船に酔うか否かをはじめ試されるが、酔っ払って困る者は、牡丹餅を二つ握って、三日間ぐらい続けて沼ノ内の弁天様へ早朝他人に見つからぬようにおまいりすると好い。そうすると船に酔わなくなる。酔わぬようになれば初めて、船乗りとして働きに出される。

船のりになっていちばん先に身につけるものは昔は蓑と笠であった。近頃は雨合羽になった。

船のオモテよトモよと自由に駈け歩けるようになると、大人のつかんでいる艪《ろ》につかまって艪のおしかたを習う。これが出来るようになると、鰹船のころであったらカシキとなる。これは船には乗ったがどうにか艪だけは押せるようになった者に言うのである。このカシキの仕事はシドゴマエをやること、すなわち船での水仕事炊事をやるのである。米・味噌・野菜これらを仕込むのは皆カシキの仕事であった。船の中での炊事であるが、飯は米の飯だけを食った。

給金のことはアタリと言うが、二年ぐらいの間はほんの小遣い銭ぐらいのものだが、それ以後はアタリ半分貰うようになったなど言い、大人の半分ぐらいは貰えるようになる。

旧八月十五日は平の飯野八幡のお祭りであるが、磐城七浜のカシキたちは必ずお参りに行ったものである。小遣い銭の半分を船主がくれ、残りの半分を船乗り仲間が皆で出し合ってくれた。お参りの土産は、船主へは護摩札、船頭へは天狗の面。ヘノリ（副船長）には狐の面、仲間衆へは塗り箸を買って、それに生姜を添えて配った。

—（「磐城民俗誌[19]」岩崎敏夫）※—

豊間村の山野辺伊勢松翁の話によって、鰹船を通した船乗りの生活の一端を見ていこうとするものである。

初漁の時は浜に帰ってまだ荷上げをしないうちに、神参りの鰹と称して、鰹一本をツノ竹（牛の角で作った擬餌鈎を付けた竿）に掛け、沼ノ内の弁天様と村社へ上げてくる。その使いはカシキだという。神様の方ではお祓いを船によこすので、それを取りかじの方から船に上げて船玉様に納める。そしてその次に出る船が閼明神様の前にさしかかったら、海上へそのお祓いを流す。

明神様は港の入り口二、三百メートル沖に祀られている。船の出入りを安全に祈念するのだが、魚をとってきた時これに供える。

船玉様は船を新造した際、大工と船頭が人に見られぬようにして入れるのである。すなわち船玉様とするために三月の雛祭りの時に男女の人形を買い求めておき、これに賽子《さいころ》二つと女の髪の毛を一緒に祀る。髪の毛の主は夫婦仲のよい産婦を頼む。賽子は天一地六として入れるが、これが転がっていたりすると不漁になるという。また、船玉一二社ということに関係するのかどうか、銭一二文も入れる。漁が不調な場合には船玉様を新しいものと取り替えることがあって、そうした時は古いものは氏神の祠に納める。不漁ならば船玉様を取り換えるという発想は信仰や宗教にはない。むしろ、縛られ地蔵や河童の詫び証文と同様、神霊と人とが対等の関係にあるもので俗信といえよう。

新潟県西頸城郡を調査対象とする『西頸城年中行事』[20]（昭和一六）によれば、浜辺の浦本村の舟霊祭は正月一一日の未明に新しい叺《かます》にフクデの一臼餅を入れて酒一升とともに舟に持っていくが、途中で人に会うと運が悪いといってきらい、ことに女に会えば何度でも出直す。舟神は女神だから灯《あかり》をつけてはならんといい、暗闇でホクソの所に餅と酒とを備える。ホクソはウケヅツとともに帆柱を支えるもので、舟神のいる所としている。大根二本を叺に入れて、行く家もある。この地では人形や女性の髪の毛といった船玉様を象徴するようなものは見当たらない。神酒を舟に少したらし、魚を少しずつ飾る。その後リュウゴン様にといって神酒と線香とを浜辺に飾る。供えたフクデは後に大舟小舟の餅に添えて、親類や乗り合いの者に配る。四角の小さい豆餅を、大きな白餅に重ねて新しい藁でしばったものを、大舟小舟という。

夕方になると、カコ(舟のこぎ手)が船頭の家に招かれて、舟霊大明神の掛け軸を飾って酒盛りとなる。リュウゴン様が嫌いだからということで、酢のものはつけない。祝いの最中に、他の舟方が三組、老人組・青年組・子供組が各トモ綱を持って押しかけてくる。「船あげる手伝いに来た、ドットコセ」と言って上がり、ジョウヤ柱(大黒柱)に帆の前垂れを巻き、綱を縛る。船頭がヨーセイヨーセイと言うと、エンヤーエンヤーと船を浜に引き上げる演技をする。終わると「上がった、上がった、おめでとう」といい、酒盛りとなる。模擬系の呪術である。

漁の神にはあんば様がある。これには阿波大杉神社と、臨時に作るあんば様とがあって、神社の祭日は旧七月一九日で若者たちが神輿をかついで船主や船頭の家などを練り歩く。

臨時のあんば様は浜の仕事に忙殺される若者が、休暇を求めて行うものである。その辺にある手頃な小祠を見つけてきて、それに各自の船から最も大事な艪などを持ち出し、その上に飾って祀りあんば様と称するのである。あんば様を飾ると船を出すことが出来ず浜は休みとなる習慣なのである。農村の若い衆が区長の家などに松飾りを飾って休日を要求する行動と同じ意味を持つ。

船に女性を乗せることは厳重に禁じられている。船内で酢の使用を忌み、以前は家でも四つ足の動物を食すことはなかった。また、船での手ばたきや謡をうたうことや盆の話、他の家で亡くなった死人の話をすることも禁物であった。

出漁中船で亡くなる人が出た時、その船が浜に帰ると村は一日休むが、その船は三日ないし一週間ぐらいは出漁しない。

船から落ちた人が出た場合は、村の船が三日ぐらいの間探しに出る。死人が上がらぬ時は水施餓鬼を行うが、その場所は定まっている。そこで一反ほどの白木綿を浜から海に流して、親戚や友人たちがこれを陸の方に引き上げる。これにつかまって上れといった意味を持つ呪法である。

海で死者を引き上げる時には面舵《おもかじ》の方からする。「仏にしてやるから漁をさせよ」と言って引き上げるが、そうした時はたしかに漁があると伝える。なお、水死人は家の中には入れずに縁側に置いたまま埋葬するのだという。

雨の降ったような霧の深い晩に、海中に火の燃えるのを目にすることがある。モウレン火と呼び青い火で一尺か一尺四、五寸だったという。また、モウレンが船に来て柄杓を借りようとすることがある。そのまま貸せば水を汲んで船を沈めて友をひくから、貸す時は必ず底を抜いて貸すものだと伝えられている。

三　山仕事・気象予知

山小屋の禁忌

——私の生まれた土地は雫石と言う所で、盛岡より十哩、ほぼ西に当たっています。北上川の一支流雫石川を中心——

に一つの盆地を形成し、今でも全郷人口は一万五千に満たなく、それが四か村に分治されています。

住民は夏は田畑の農業に従事し、冬季は男子は山に生活すると言うふうで、家ごとに馬を飼育し、戸数一千三百軒ばかりに二千何百頭の馬が飼われていた。山に入って生活するのに何故冬を択び雪の上を好むか。農閑期の男の仕事の分野は、家の外に求めなければならぬ実情は極めて自然なことであり、その他に為すべき仕事もないのであります。女子は長い冬の間、ほとんど衣服の調整、麻布の織り出しに専念し、男は山に這入って炊料薪の伐り出しや、人夫となって山の作業に従うのでありました。

雪を利用して活動することは、木材の伐り出し運搬山出しから、また夏季などは作業の出来ない場所でも、雪の上なればこそ出来るのが通則であって、雪の国における雪の恩恵は甚大なものであります。

「ヤマド」は山人でありまして、山に入って働く人の総称であります。木挽《きこり》・ソマ・樵夫《きこり》・杣職・下駄コラ取り・薪取り・木炭《すみ》焼き・山の日雇・果てはその他、茸《きのこ》取り・栗拾い・青物取りをもヤマドと称することがあります。

これに反してヤマゴとは山の中に入ってその生活を渡世とするものと考えられています。専門職業として旅を家とし、山を渡り歩く人々の意にヤマゴと言っています。

ヤマドは里の方から言った言葉で、山に入って働く者の謂で、山の中に永く寝泊まりしているものも、日雇いとして一日一日山に出入りする者もすべてヤマドであります。


（『山村民俗誌』(21)　昭和八　田中喜多美）※

岩手県岩手郡雫石村に生まれ、「私は郷土人であり、山の生活者の体験者であり、百姓として土に親しんできたのである」と自序に記す筆者田中喜多美の報告に従って、ヤマドの生活を見ていこうと思う。

冬の山の作業は「二月山《にがつやま》」と「年中山《ねんじゅうやま》」に区分される。二月山は年が明けてから山に入って仕事をすることで、年中山は秋のころから山に入ることを意味する。

二月山は年が明けた冬季に山に入って小屋を掛け、冬の間山稼ぎをする。二月ごろは晴天が続き雪は一般に落ち着いて堅く、伐り倒した木に雪が付着しないので作業がしやすい。また朝夕は雪が凍結しているので、伐った木を一定の谷間に集めるのも容易である。

年中山とは二月山に対する名称のようであるが、雪が降るころ山の作業をするので二月山よりはるかに難儀とされている。農作物の取り入れを終えると、秋のうちに小屋掛けし、所帯道具を持って移り、吹雪などの中で作業を行っていくのである。

ここで小屋掛けの様子を見ていこう。小屋掛けには、山と里の連絡がとれやすく、仕事に出るのに都合よく、土や雪の崩落それに水害の心配がなく、強風の通り道でなく、寒中水の涸《か》れない所という条件に近い地形を選定することが重要となる。常々「小屋場《こやっぱ》は吟味するものだ」と言われているという。

小屋の掛け方は、まず柱を立て、棟木を上げてのぼり垂木《たるき》を渡し、横木をつけて火気《ほけ》垂木を結わえてその上に屋根を葺く。小屋を掛けるのに三日ほどは要する。一日目は土木工事や材料集めに時間がかかり、二日目三日目は屋根を葺き、脇垣をつけ、当て木を入れ、小屋内で火を焚いて完成を祝う。その後、鍋の鍵を作って吊るし、用水や便所などを作り、戸口や窓、棚や物置なども作って完成する。

秋のうちに小屋を作る場合は、積雪防備のために屋根などは熊笹で葺き、脇垣は割り板や萱《かや》で囲うという。

山生活者のたとえに「莚《むしろ》一枚の旦那」というのがあるが、その空間だけの自由という意味であるとか。床は土間の上に杉や檜の葉や枝を敷きつめ、その上に菰《こも》や蓆を敷き、その上に茣座《ござ》を敷く。山の膳といって各自が食事の際に椀をのせたりする板がある。また、山の箒《ほうき》といってシラクチヅルという植物を打ち叩いて作った箒もある。

毎朝夕に飯炊き当番によって炊いた新しい御飯を山の神様へ供える。飯を少しばかり鍋の蓋に取って後方の棚の方に供えるのである。一二月の一二日・一月一二日・二月一二日はどんなに切迫した仕事があっても休んで山の神を祭る。年中山では一二月一二日、二月山では二月一二日が重んじられている。何はなくても酒を用意し、ぼた餅を作り、肴を煮たりして供え、酒盛りとなる。ぼた餅といっても、普通の御飯を押しつぶし練りかためたものを串に刺して火にあぶり味噌を塗ったもので、御幣餅の類ではないかと思うが、里下りの時には子どもへの土産にこのぼた餅が喜ばれたという。

こうした山の神信仰にまつわる俗信群について考えてみたい。

まず、山では小屋の中でも猥談は禁物とされる。もちろん淫らな歌もである。昔は猥談をする者があると小屋の外に出し、塩を振り撒いたという。このような伝承に対して、『檜枝岐民俗誌』(22)（昭和二六）では山の神は男女の色事の打ち明け話を好む。懺悔《ざんげ》話と呼ぶこうした話を山中で面白く話すと、山の神が喜んで狩猟の獲物をたくさん授けてくれるという。ただ、坊主の話や歌を嫌うので、山中でそうした話や歌は厳重に禁じられている。

同じ名をもつ信仰上の神が相反する伝承を有するということは珍しいことではない。おそらくその理由は伝承の所有者であるヒトの側にあるのであろう。しかし、ここで問題にしたいのは禁を守らない場合の神罰についてである。

倒木による圧死、飛び枝による負傷、橇《そり》の下敷き、雪崩との遭遇、山小屋の火事、露出した岩石に当たるなど、山の神に見放された時に起こると予想される事故は数限りない。

また、山小屋ではお椀を洗うことも、顔を洗うことも山の神が嫌うとされ、顔を洗うと山が荒れるといわれていた。山の生活では、山に女が来ることを嫌っていた。ともに禁忌事項として伝承されている。

山での生活は里の村での生活とは異なり、山の神のもとでの精進という意識をもっていたと考えねば洗顔の禁や食器洗いの禁は理解しにくい。山での獲物は四つ足動物でもよいが、家畜の肉は山小屋に入れることもしなかったという。

山林の領域にある山の神と里の山の神とは、別の系統なのかと思わせる事例もある。里の女が山小屋に近づくことを嫌うにもかかわらず、山の神は産婦の出産に立ち会うと信じられ、産婦は山の神の祠から鈴の緒を借りて着帯したり、出産時の鉢巻きにしたりするのである。

なお、男が山の生活に入ろうとするころ妻が出産すると、その日から七日間は休んで謹慎の意を表し、山に入ることを遠慮する。また、山にいて里の妻が出産したと聞くとある期間家に帰ることをしなかったという。

生命を賭す作業が多いだけに、山小屋で聞かされる生活の中で、先人からの言い伝えや仲間との経験などは、何よりも貴重なものであった。

気象予知と種播き爺

漁師の天気予報は全く不思議なほどよくあたるのは誰もが知る事であろう。学的根拠はないが長い長い間、遠い祖先から代々受け継いで来、又その間吟味された天気予報であった。

江の島の漁師はその中心点を富士山に置いている。富士山にかかる雲の動き、大島の三原山の煙、そうしたものに非常に敏感に目をつける事は驚かざるを得ない。今まで海面に居た舟がいつの間にか見えなくなるときっと風が吹いたり、雨が降ったりする。
イ、朝ヒヤケ（東天紅のこと）が強いと、ヨウキ（天気）が変わる（雨になるか風が吹く）。
ロ、富士山の中途にナガワタシ（細長い雲）がかかると、雨になるか風になる。
ハ、雨が多い時その雲がオキの方に走ればナライ（北風）でキワの方に走ればオキの風（オキゲともいう）が吹く。
（富士山及び箱根連山に向かい、伊豆半島の方がオキで反対がキワ）。
ニ、大山を目標として雲のハナ（端）がキワを向いていれば、オキの風。
ホ、オキの雲が東を向いてゆけば良い具合になったという。
ヘ、雲が西のキワへあるくとイナサ雲で雨に近い。
ト、ナガワタシが二重にも三重にもなればごく悪く雨に近く又南風が強くなる。これを二カイガサ、三ガイガサという。
チ、大島と三崎の間から吹いて来る風をイナサという。これが当地の暴風で東町の方は非常に荒れる、屋根などを壊す場合が多い（タツミの風ともいう）。この場合は、窓からオキの方を見てオキの雲が東を向いたから雨も晴れるだろうと、雲が東を向くのを待っている。
リ、磯が鳴ると（磯がガンガン鳴る場合がある）、オキの風。

（「相州江の島」(23) 昭和一〇　清野久雄）※

その土地の目印や風、雲の流れや磯のあり方などをもとにした漁業関係者の気象予知である。山間や山麓、川辺や湖畔、海に面した村にもそれぞれの気象を予知する人や伝承がある。

気象の予知は自然環境に順応するための基本的な情報である。繰り返し述べてきたように、俗信とは自然環境および社会環境に順応するための知恵と方法であると著者は考えている。したがって、気象の予知も俗信のカテゴリーに属すると考えることができるのである。

冒頭で神奈川県江の島の漁師による気象予知を見たので、岩手県の山人《やまど》による気象予知については、『山村民俗誌』(24)(昭和八)にそれを求めることにする。

岩手山は東北第二の高山であり、山岳神としてこの地方の住民から厚い崇敬を受けている。五穀を守護する神として岩手山《おやま》の守り札や祈禱札とともに、峰の這松《はいまつ》の小枝を取ってきて田や畑に挿して虫害の予防とすることはよく知られている。

この岩手山の中腹に雲が横に棚引けば、「オヤマ帯した雨が降る」といい、頂上近くにかかれば、「オヤマ鉢巻きした天気になる」という。また、岩手山がはっきり近くに見えると、「山は近くに見える荒れ日は来るぞ」などという。

岩手山に三たび雪が降れば、その次は里まで来ると言い伝えられ冬の装いをこらして雪を待つ。なお、秋早く青山に雪が降る時は、その後しばらく雪の降らない前兆とされている。次に山で知られる気象をいくつか挙げる。いずれも前掲書による。

栃ころばし(キツツキ)が来ると荒れる前兆である。

岳が風で遠鳴りすると天気が変わる。

朝霜が強いと「霜ぐれる」とて天気は変わる。

山小屋の中が煙たいと天気が変わる前兆である。

川瀬が遠鳴りしてくると近く変転する。

雪解けごろシバレルと明日は天気である。

漁師と同様、山人も気象の予知は自身の生死にかかわる重要事項である。先人の知恵を引き継ぐとともに、周囲に対する神経を研ぎ澄まさねばならない。

いわゆる種播き爺などと呼ばれて、種播きの時期を知らせる残雪の形などは、気象の予知とは異なるが、農民一般の重要な暦であって、死活問題につながる。農事の目安となる残雪について、『津軽口碑集』(25)（昭和四）を参照してみたい。ここでは岩木山の残雪の形を基準として耕作の時期を決めている。

春の土用の一〇月五日前に残雪は岩木山の中腹で兎の形になり、その後一〇日を経れば牛に変わり、さらに一〇日を経れば馬に変わる。この馬に鍬《くわ》が付いて見える時はちょうど田掻き時であるという。そうして、春の土用前に田打ちできるような年は豊作である。

遠方からではなく山麓に接した村でも、爺と鍬を背負った婆との姿が見えれば豆を植える時期である。この爺は山に向かって左を向き、婆は爺の後方でやはり左を向いている。

羽前鉢森山では旧四月半ばに種播き坊主が現れるので、人々は苗代田に種を播く。この坊主は上半身で胸部から下はない。また、五月ごろ鳥海山にも種播き爺が現れるので、この時稲の種を播く。この爺は角帯をしめて腰を丸め、土を運ぶ道具をさげてその中に手をさし入れた姿であるという。

註

（1）　西頸城郡郷土研究会　一九四一『西頸城年中行事』西頸城郡郷土研究会　大系第7巻所収

（2）西谷　勝也　一九二九「但馬の民俗」（『旅と伝説』二―一〇）大系第一一巻所収
（3）西頸城郡郷土研究会　前掲書（1）
（4）西頸城郡郷土研究会　前掲書（1）
（5）信濃教育会北安曇部会編　一九三二『北安曇郡郷土誌稿』郷土研究社　大系第六巻所収
（6）最上　孝敬　一九五一『黒河内民俗誌』刀江書院
（7）寺田伝一郎　一九三九「羽後浅舞町近傍見聞書」（『旅と伝説』一二―七・八・九・一〇・一一・一二、一三―二・三）大系第一二巻所収
（8）早川孝太郎　一九二一『三州横山話』郷土研究社　大系第五巻所収
（9）比嘉　春潮　一九三三「翁長旧事談」（『島』一―二・三、九年版）大系第一〇巻所収
（10）佐喜真興英　一九二五『シマの話』郷土研究社
（11）島袋　源七　一九二九『山原の土俗』郷土研究社　大系第一巻所収
（12）本山　桂川　一九二五『与那国島図誌』郷土研究社　大系第一巻所収
（13）比嘉　前掲書（9）
（14）喜舎場永珣　一九二四『八重山島民謡誌』郷土研究社　大系第一巻所収
（15）楢木　範行　一九三七『日向馬関田の伝承』鹿児島民俗研究会　大系第二巻所収
（16）長山　源雄　一九二九「豊後国直入地方の民間伝承」（『民俗学』一―五・六、二―七）大系第一〇巻所収
（17）鈴木　棠三　一九四四「若狭大島民俗記」（『ひだびと』一二―三・五、『日本民俗学』二―二）大系第一一巻所収
（18）山口　貞夫　一九三四「志州の島々」（『島』昭和九年版）大系第一一巻所収

(19)　岩崎　敏夫「磐城民俗誌」(未刊資料)　大系第一一巻所収
(20)　西頸城郡郷土研究会　前掲書(1)
(21)　田中喜多美　一九三三『山村民俗誌』一誠社　大系第九巻所収
(22)　今野　圓輔　一九五一『檜枝岐民俗誌』刀江書院
(23)　清野　久雄　一九三五「相州江の島」(『旅と伝説』八―一・二・四、九―七)　大系第一二巻所収
(24)　田中　前掲書(21)
(25)　内田　邦彦　一九二九『津軽口碑集』郷土研究社

第三章　年中行事における俗信

ナマハゲ（秋田県男鹿半島）
男鹿真山伝承館でのナマハゲ問答。

一　ある山村の一年

正月の鬼

正月一日　一人に三杓ずつの若水にて洗面を済ますと、その間に福茶とて沸かしたる茶を喫し、神棚に燈明を点じて、餅に蜜柑に串柿、榧《かや》の実に御酒とを供え、なお臼、鍬、鋤、その他重なる農具に供える。

二日　伐り初めとて、あきの方の山林へ行き一人に二本ずつの枝ながらの穂木を伐りて長なりに持ち来たり。山櫨《はぜ》の直径一寸位の木を五寸位の長さに切りて細く割り箸状のものになし、上部に細く刻みたる紙二葉ずつを挟みたる「ゴザヤ」と称するものを穂木に括り付け、餅に串柿、蜜柑、榧の実を紙に包みて供し祭る。

三日　搗き初めとて白米を臼に入れて三杵春《つ》きて出し、煮初めとてそれにて飯を炊き、神棚に供え、あきの方などへ恵方詣りをなす。又三か日とて午前中に薪三荷取り来たる家もあり。この日又行いということをなす。

節分、又年越しといいて、夕方より柊《ひいらぎ》(俗に鬼の目突きという)の小枝と虎杖(この地ではごんぱちという)の枯れたるを取り集めて来たり。柊の小枝を小さき御酒徳利の口に挿して神棚に供し、家の出入り口の処の屋根の三か所に挿す。

「福は内、鬼は外」と入り口ごとに豆を撒き終わりて、家内一同各自の年の数だけ豆を食う。福は内の豆撒く時に、家内の中外出して帰らざる時は、打ち出すといいて忌む。それがためこの夕は外出せず。

この夜、豆十二個を順次に囲炉裏の灰の上に並べて焼き、灰となし豆の色を見て、白きを天気、黒きは雨、半黒は半月時化《しけ》るなどと、十二か月の天気予測をなす。

六日　山の神の祭りの日なり。阿弥陀講員の当番になっている年行司は二人がかりで径三寸位の太い藁縄を綯《な》い、それに木刀形の大小二本を合歓木で造り、タオシを藁で作って、木刀とタオシとを配列よく縄にさし込み、夜の丑満ごろに、年々定まった場所に杖を立て道路に張り渡し、交通の出来難いようにし、二人は無言のまま、両方に別れて帰るのである。

十一日　十一正月といって朝早くから田圃や飲料水の源へゴザヤを平年ならば十二、閏年ならば十三本その年の月数に合わして立て、洗い米をも供えて祭る。

十四日　夜は大根を作ると称して、三日の行いで授かり来たれる福杖を鉈でつり下部を細く尖らし、上部を数多に割って、これに削り落とした木屑をはさみ、大根の葉のように作り大根畑に立てて、小豆粥を供えて祭る。

十五日　注連上げといって祝って遊ぶ。この朝、お粥の中へ小豆と餅とを入れて食べる。

（『紀州有田民俗誌』(1)　昭和二　笠松彬緒）※

ここでは、和歌山県有田郡の山村の正月行事を見てみることにする。

除夜の鐘とともに起き出して、藁で瘤《こぶ》のように巻いた平年ならば一二の小さな松明に火を付け、注連縄を巻いた手桶を持って明の方で若水を迎える。この若水で洗面をすませて神棚に向かう。神棚への供え物と、農具に対する供え物が同じということは、農具は神と同等の待遇を受けているということになる。農具の年取りとして、小正月などに農具に餅を供える事例は少なくない。この地に、農具や身近な動物などの年取り行事は見当たらず、若水迎え直後の神棚への供えと同様に農具に供え拝する。これは豊かな稔りを招来するために農具を祀り上げるという祭祀系の呪法と捉えるべきであろう。

二日に営む伐り初めに作製されるゴザヤにも同様の供物が供えられる。ゴザヤは山櫨を細く割った箸状のものの上部に紙を挟み、稲の穂を象徴する穂木にくくり付けたものである。これを十一正月にその年の月数に合わせて田や水源地へ立てて祀るという。稲の豊作を模した模擬系の呪法である。

三日の搗き初めや煮初めは、供える飯を形ばかり臼で三杵搗いた後に炊くことである。この日のオコナイとは、この地区の御堂に玄米と大豆を持参し、牛王《ごおう》と恵比寿大黒の木版刷りと福杖(合歓木を三尺三寸に切り皮を剝《は》いだもの)とをいただくことである。

厄除けの守り札である牛王は苗代に籾を撒く時に、竹に挟んで田の畔に立てる。福杖とお札は倉の内や戸棚の内に貼付する。

この地域の節分はおおよそ三つの要素からなっている。鬼の来訪に対する防御、豆撒き、その豆による天気予測である。鬼の来訪に備えて柊の枝を神棚や出入り口にさし、道の辻で串にさした鰯の頭と大根の尻とを藁と虎杖の枯れ茎で焼く。その際「やくやく金亀虫の口焼く。菜虫の口焼く」と唱える。そして、焼きこがしたものを辻に置き、半分は持ち帰って軒に挿す。この時後ろを振り返ると鬼に舌を抜かれるといって逃げ帰るという。鬼を含めた厄神の来訪伝承に対する典型的な防塞系の呪術である。また、豆撒きの時には外出するなという外出禁忌もある。

豆による月ごとの天気予測のほかに、茶碗に満たした水の面に、灯心を短く切ったのを、正月、二月と順に入れてその動きの様子によって暴風の月を占ったりする。また、この夜の豆を神棚の天照皇大神宮に供え保存しておき、初雷の時に食すと落雷しないともいう。

六日の山の神の祭りは、他の地方で勧請縄などという道切り行事が中心になっている。この地区の阿弥陀講員の割合が不明であるが、当番の年行司が行う。道切りをして魔を防ぐといういわば村の厄除けであることから、村公認の行事ではないかと推測する。夜中にもかかわらず、この行事が終わるのを待ってその木刀を奪いに行き、手に入れた者は喜んでその木刀を土蔵の二階や床などに飾る。村の厄除けの武器が泥棒除けの呪物に早変わりしたのである。

一四日の晩は大根作り。オコナイでいただいてきた福杖を材料に大根の葉の模型を作り、大根畑に立ててくるというもの。大根の豊作を願った模擬系の呪術である。

一五日の注連上げには小豆と餅の入った小豆粥を食べるのだが、その時に粥が熱いからといって吹くと、五月の田植えの時に風が吹くといってこれを嫌う。注連上げの小豆粥は吹くなという禁忌がある。

また、持病のある人はこの日、橋などを渡らずに五軒の家に行って粥をもらって食すれば、持病が治るという。これを五軒乞食というそうだが、本来は仲間の力を借りて困難を乗り切るといった合力祈願である。もらい歩くということから「乞食」などといった名称がついたものであろう。

正月行事を見てきたが、その多くが俗信によって構築されていることが理解できる。正月は明の方から正月様を迎えると同時に、年の境と意識される大晦日や節分には鬼、すなわち人に災厄をもたらす厄神が来訪するという村落社会を底流する観念が存在した。

正月様を迎え祀るという信仰的心意の高揚の一方で、厄神から村や身を守るという防塞系の呪法が発達することになる。また、年の境や初めには新たに迎える年が良い年でありますようにという願いとともに、どのような年であろうかということをあらかじめ知りたいという気持ちにもなる。年占はこうした村人の心持ちの表れともいえる。占いはどういう形態のものであっても俗信である。

毛付けと赤い襷

一月二十四日　大月山月輪寺の会式とて早朝から弁当持ちで参詣する。

二十六日　妙見神社の餅投げがある。

二月初寅　二月の初めての寅の日を初寅といって毘沙門天を祭る。この日各地の御堂で賑やかな投げ餅がある。

三日　般若といって遊ぶ。この日は寺院に僧侶が集まって大般若経六百巻を勤読する。この日は吉野山へ参詣した村の代表者が帰る日で、下向祝いといって般若に参詣した人々は酒を飲む。

三月十六日　コトという。鋤、掻き鍬、鍬、鎌、臼などの七ツ道具の小さい楮型を楮穀の細い棒で作って、家内各人の茶碗に盛った飯を一箸ずつ取って、これを薄《すすき》で作った苞《つと》に入れ、平年ならば十二、閏年は十三の箸を体裁よく編み付けた長い竹に結びつけて高く捧げ、日輪様に供すという。

四月六日　この日雨が三粒でも降るとその年は旱魃が行くという。池の水は干上がり畑作は枯死するといって忌み嫌う。天気予測の日である。

八日　卯月八日である。この日釈迦団子を作る。俗に釈迦の頭という。この日も長い竿の先に卯の花と躑躅《つつじ》とを結び付けて屋外に高く捧げる。

五月五日　端午の節句である。薄、蓬、菖蒲の三草を長さ一尺位に切って家の出入りする軒端ごとに三か所にさして、屋根を葺くという。男たちは菖蒲で鉢巻をし、女は髷の根本を結ぶ。この夕方菖蒲風呂をたく。

夏至　この日を中心として田植えを終了する。田植えのことを毛付けという。苗取りは田植えの前日にするか、田植えの日に取ってすぐ植えるかする。苗を取ってから三日経ったものを三日苗といって嫌う。苗を一把ずつ束ねる藁を「ノデ」というが、このノデの末を切ると尻のない子を生むという。苗の根ひげに含んでいる水を絞ると、産後に腹痛はなはだしいと言われる。

　半夏生　この日の前後三日間毛付け休みというのをする。田植えの終了を祝って仕事を休んで遊ぶのである。第一日は男は牛を牽いて川へ洗いに行くし、女は野原に出て牧草を一荷刈って来る。これで、この日の仕事は終わる。二日目は午前中野良へ行って仕事をして午後遊ぶ。三日目は順気祝いといって遊ぶ。毛付け休みにはきっと小麦餅を食べ、親族や五月仕事に雇った人々への賃銀を払ってその餅を贈る。

（『紀州有田民俗誌』(2)　昭和二　笠松彬緒）※

　正月行事に続いて二月から五月にかけての行事である。一月下旬から二月上旬にかけては寺社への参詣が集中している。

　一月二四日の月輪寺の会式には弁当持ちで参詣するが、この寺の地蔵に参ると火傷から守られるというので、幼児を背負った母親たちが多い。この地方で生まれた子は必ず一度は連れてこられるという。

　二六日の妙見神社は餅投げのほかに福引きがある。竹筒に細い苧縄二〇本ほど通し、鍵を引いた人が鏡餅を一枚もらう。

　初午には観音堂の会式がある。厄祓いの参詣だというと御供所で賽の目に切った餅がもらえるので、帰途それを犬にやる。犬がいない時には橋の上から川へ投げ込む。

　餅投げが寺社特有の伝統行事なのか、棟上げなど民間の祝い事としてのそれが寺社行事に取り込まれたものなのかということについては不明である。しかし、厄年の餅は民間における俗信として先行する。厄年の餅撒きは厄を分散して、それを拾った人に分担してもらおうという趣旨のものであった。厄の餅という意味だけが残って犬にやったり川へ投げたりという行事になったものであろう。

なお、「肥前川上郷の話」(3)(昭和六)によれば、二月初午の日に娘らは大麦・小麦・早稲藁・かつらどうし(一名いんころ柳)・木墨《からすみ》・髪の毛などの七種を紙に包んで水引きを掛け、川の水面を背にして立ち、肩越しにそれを投げる。この時、「この川やこの川や長さ広さは知らねども流るるさまで延びよ黒髪」と唱える。こうすると髪の毛がよく伸びるという。農耕に際しての豊作祈願と豊かな黒髪への願いとが結び付いたものと考えられる。

三日の般若の下向祝いの折に、般若の札を竹の皮に包み棒で挟んだものを村の境界に立てて厄病除けとする。これをセキ札という。また、参詣した人は各自の門口にも貼り付けて厄病除けとするのだが、これは講特有のものではなく、厄病除けの道切り、勧進縄と同じ防塞系の呪法である。

三月一六日のコト行事と卯月八日の行事は高い竿を立てるという共通点がある。しかし、コト行事が農具の模型を重視する農耕儀礼的要素が強いのに対し、卯月八日は釈迦の花祭りといった要素の違いがある。

卯月八日の行事を見ていこう。この日はコト行事と同様、屋外に長い竿を立てるが、その先に卯の花とツツジの花を結び付ける。卯の花を俗にコメゴメの花という。この竿の高いほど美人が生まれ、低い時には鼻の低い子が生まれるといって高いものにする。また、その花の枯れるころ取り下ろして保存しておき、家出人のあった時や牛馬の逃げた時などにこの花を焚くと、煙のなびく方向で所在が知れるという。

『牟婁口碑集』(4)(昭和二)によれば、和歌山県の田辺町付近の村々では竹竿の端に卯の花やツツジの花を括りつけてお釈迦さまにあげるといって立てる。寺院では甘茶を子どもたちに与えるが、この甘茶で墨をすり小さく紙片に「卯月八日は吉日と、神さげ虫のせいばいぞする」と書き、柱などへ文字の頭を下にして貼っておくと、虫がそれよりあがらないといって以前は盛んに貼り、今も往々見るという。

三月の雛祭りについては、節供の礼といって、親類への贈答に必ず桃花の一輪を添えて持っていく。五月の節供には菖蒲をさした御酒を家内一同が飲むが、「菖蒲酒を飲まぬものは蛇の子を産む」と言われているという。蛇聟入りの話による三月の桃酒、五月の菖蒲酒、九月の菊酒の断片であろう。

毛付けと呼ぶ田植えは農家の行事の中でも大切なことで、妙齢の女性は赤い襷《たすき》に新しい紺がすりの着物を着て、田植え歌の節にのって植えていく。田植えが終わると一把の苗を洗って泥を取り、神前に供え、垣根などの上に置いて日輪様に供える。日輪様に供えるという三月一六日のコト行事や、コメゴメと呼ぶ卯の花や季節のツツジの花を結び付けた高い竿を立てて祀る卯月八日の行事も農耕、ことに稲作耕作に際しての行事と考える視点も必要であろう。

苗に対する禁忌がある。苗代に種籾を播いてから四九日を苗厄といって嫌う。そのころが苗の成長にとって大切な時期だからそっとしておけといった趣旨なのか、単に葬送儀礼における四十九日と重ねて禁忌となったものなのか。また、六一日目を苗代厄といって苗代に近づくことを禁じている。

半夏生は夏至から数えて一一日目、七月二日ごろになる。ちょうど田植えが終わる時期にあたる。「肥前川上郷の話」では、ハゲ（半夏《はんげ》の方言）には天から毒が降るという。そのために井戸はもちろん一切の水器に蓋をする。この日川で顔などを洗うと毛髪がハゲるという。語呂合せによる俗信と思われる。

無縁の餓鬼と仏の弁当

一　夏土用　土用の入りの日は悪疫に罹らぬようにと小豆粥を食す。又土用中の丑の日に鰻を食うと諸病が全治す―

るというので、多く食べられる。この日は又大抵の人は海につかる。

六月晦日　コトといって三月のコトと同様で、薄の苞に十二本の箸を編みつけて、それに家内の茶碗に盛った飯を一箸ずつ取って苞に編み添え、竹の竿に結びつけて高く捧げる。この日は竈を築くのに吉日であると云われる。

七月七日　七日盆、又は盆始めといって、盂蘭盆会の仏祭りの準備に、仏具などの油気の沁《しみこ》んだものを、朝の四つ刻までに洗うと、よく取れるといって洗う。

この日又井戸替えをする。墓場の掃除もする。七夕様の天の川原を越す日であるからとて朝の四つ時まで瓜を切らない。それは瓜の水だけでも増す時には七夕様が渡れぬからというのである。

十三日　仏壇へも同じく蓮の葉を敷いてその上に餓鬼棚と同じものを重箱に乗せたのを置いて、仏迎いに寺へ行って迎えて来た経木をこの中へ入れて祭る。

十四日　去年の盆から今年の盆までに死んだ家では新仏又は初盆といって縁先にカゲというものを作って祭る。カゲとは縁の一隅に青竹と檜葉とで作った垣のことで、檜垣の中部に一尺正方形位の穴を穿ちて、新仏の見えるようにしておく。

十五日　仏様のお帰りといって、朝早く起きて、小豆飯に芋殻の箸で膳を供え、畑芋の葉の上に、小豆飯の握り飯を三つずつ両方へ置きその上に、芋殻を天秤棒のように置いて供える。これを仏の弁当という。

虫送り　このころ稲田の害虫を駆除するために虫送りというのをする。各戸から一人ずつ大松明を持って夕方お寺に集まり東西二隊に分かれて、松明に火を点じて田の間の道を鉦太鼓で囃し立てながら歩く。

二百十日　農家の厄日。生石神社の榊の葉を取って来て、風の被害のはなはだしい処へ立てて風除けとする。

社日　この日稲の刈り始めといって一株の稲を小さな一把として、十二把刈って、小さい竿にかけて神に供える。

（『紀州有田民俗誌[5]』昭和二　笠松彬緒）※

農具の模型は豊作を願う小正月の繭玉《まゆだま》にも結ばれたり、魔除けやお守りとして身に着けたりする。三月コトの場合は豊作を願う模擬系の呪物としての役割を持つのであろう。六月晦日のコト行事は三月のそれと同様、家内各人のひと箸飯を苞に入れ、一二本の箸とともに竹の竿に結びつけて高く揚げるが、七つ道具とする農具の模型の記述はない。

七日盆は仏祭りの準備と七夕祭りの二つの要素が見られる。朝早くから昼過ぎまでは盆の準備にかかり、夕方から七夕を祀る。

コトの箸（兵庫県朝来市）

七夕祭りといってもササミという蓑にする草を伐ってきて注連縄を綯《な》い、それに百姓の七つ道具といって鋤・鍬・杵・臼・掻き鍬・唐鍬などの小さな模型を楮殻で作り、注連縄に吊って花畑のあたりへ張り渡すのである。ほとんど仏祭りとはかかわりのない農耕儀礼のように思える。七つ道具の模型を中心に見れば豊作を願う俗信である。

一三日の盆行事は無縁の餓鬼を祀ることに重点が置かれている。墓の花立を新しく換え花を供えると、高さ三尺ほどで一尺方形の餓鬼棚を竹で作り、地上から棚までの階段をこしらえる。棚には畑芋の葉や蓮の葉を敷いて、茄子・胡瓜のまがったものを馬として、梨・柿・百合根などを供えるのである。

仏壇へも同じように蓮の葉を敷いて、その上に施餓鬼棚に供えたものと同じものを重箱に入れておくという。仏壇と臨時の棚という格式の違いはあるにしても、無縁の餓鬼の待遇は厚い。

一五日の仏様のお帰りには仏の弁当を持たせる。当地には、「盆の一五日の朝早く起きて仏の弁当を拵《こしら》えぬと子供が火傷する」という俗信がある。

旱魃の時には雨乞い踊りを毎晩踊ったり、青い淵に鎌を吊り下げたり鉦などを浸して祈禱する。淵の中に竜がいて刺激をすれば雨を降らしてくれるといった触発系の呪術である。

二百十日の風除けに生石神社の榊の葉を立てるが、「生石山の榊や、大峰登山の杖を立てると暴風の被害がない」という俗信がある。生石神社に関しては、子安の地蔵尊の鈴の紐で妊婦の腹帯をすると安産するという俗信もある。

ゴヤの祝いと鬼札

九月九日　栗節句という。この日栗を食わぬと栗虫になると云われる。

二十三日　山の神のお飛びといって、夜業を休む。出雲の神の会議の準備として早く出発しておいて薪を拾い集めるのだといわれる。

秋土用　この土用中杭を立てることを忌む。

二十五日　天神様のお飛び。俎板を負うて出雲へ行き諸神の到着の日の御馳走をするのであるという。

晦日　神のお飛びの夜である。若い男女は宵詣でして出雲で良縁を結んで来てくれるようにと祈る。この時分よく暴風のあるのを俗にお飛びの荒れという。

麦蒔き　麦の蒔き始めはいぬの日を撰んで蒔く。麦を蒔き終わると鍬たたきといって小豆粥を炊く。この小豆粥を食べぬと、秋の蠅が去らぬという。

亥の子　十月の初めの亥の日、又は次の亥の子の日を祝う。亥子餅とて小豆粒をつけた餅をつく。親子二人子十二人分と十四個の餅を膳に並べ、菊の花を徳利に插したのを箕の中へ入れて、燈明をつけて臼の上へ祭る。これに箒も添える。箒は弁財天がこれを持って踊るのであるといわれる。

十一月一日　神のお戻りとて、米の粉を水で練りて作った白粉餅というを神々へ供えて廻る。

八日　氏神の冬季祭礼で、火焼き祭りという。競馬の催しがある。巫子を雇うて来てお湯を上げるといって、神前で大きい鼎《かなえ》を据えて、湯の沸騰する中を、笹の葉にて湯を撒きながら、お祓いをする。

十二月一日　乙子《おとご》の朔日と云って、いちばん末弟に当たる子を祝うて餅を搗いて馳走する。「兄も食いたい乙子餅」という。又この月の最初の申の日に、猿こづきといって餅を搗いて食う。

小寒　寒の入りという。寒中に凍死せぬようにと菜の油揚げにしたのを食う。

十三日　正月始めという。朝早く起きて、小さい藁箒を三本拵えて、自在鉤の煤を掃き、箒と一緒に道の四辻に捨てる。これをせぬと自在鉤をつたって化け物が下りて来るという。

又この日から囲炉裏に拙知榾《せちほだ》といって径七、八寸位の木を薪の長さ位に切ったのを入れて焼く。この拙知榾の焚き木口が尖ると大根の豊作であるといい、臼形になると米の豊作であると喜ぶ。なお、拙知榾を火箸でつつくと頭に腫れ物が出るという俗信がある。

小晦日　神棚に注連縄を張って榊を新しく立て更えて、正月の準備をする。注連縄へつける歯朶《しだ》の数が不足すると、五月に稲苗が足らぬといって忌む。
大晦日　この日風呂に入らぬと梟《ふくろう》になると云われる。日の暮れごろに箸納めといって夕飯を食う。神棚に燈明を点じ、正月三日の焚き初めまでの食糧にとたくさん蒸し飯を拵えておく。
（『紀州有田民俗誌』(6) 昭和二　笠松彬緒）※

一〇月は神様が出雲に集まる神無月。そのため九月の下旬に旅立つ。二三日にお飛びの山の神は会議前の薪集め。二十五日の天神様は集まってくる神々の調理のための旅立ちという。

一〇月の亥の日に行われる亥の子行事は西日本に盛んで、東日本では一〇月のトオカンヤ（十日夜）として同じ趣旨のことが行われる。この日亥の子餅と称して、新米で餅を搗き祝う風習は広く見られる。ここでは箕の中に並べた餅を臼の上に供えている。そのかたわらに箒を添えるのはユニークである。

『牟婁口碑集』(7)（昭和二）によれば、一一月の中の亥の日に子どもたちが藁の亥の子を作って部落の家々を回る。とくに新婚の家を目指すという。家々では牡丹餅を用意しておいて子どもたちに与える。子どもたちは、「亥の子の晩には長吉どん、起こって寝るのはお亀さん。亥の子の牡丹餅、祝いましょう。一つや二つやたりません。千石積むように」と唱えながら、家の門口の石に亥の子を打ちつける。なお、この日に炬燵に火を初めて入れると火事にならないといって、火を初めていれる。また、この日畑に足を入れると畑が荒れる、大根や蕪などが二股になるといって足を入れないという。いずれにしても、亥の子の藁鉄砲も小正月のモグラ打ちと同様に、本来は土地の精霊を押さえ豊作を約束させる呪術である。

一二月一日を乙子の朔日というのは、一年の最後の朔日という意味からである。この日の餅を川浸《かわびた》り餅などと称して、食すと川で溺れたり河童に引かれたりしないと伝える地域は広い。

一三日の正月始めに、小さな藁の箒で煤払いをして、その煤を箒とともに四辻に捨てるというのは、大切な火所を清める行為である。「節分の夜豆を四辻に捨てると厄病除けになる」というこの地の俗信と似ているが、こちらは化け物や疫病という人にとって負の作用をするものを、村境や家の境に送ってしまおうという鎮送系の呪法である。帰りは振り返ってはいけないなどということも多い。

大晦日という年の境には身を清めて年神を迎えるという心持ちと、負の作用をする厄神が訪れるので用心するという相反する気持ちが表現される。「大阪府下年中行事集」(8)によれば、河内滝畑ではゴヤ(除夜)の鐘が鳴ると主人が大黒柱に寄りかかり、「ホーダレを見よ」と前をひろげ、妻は大戸口から座敷の方へ向いて前を開け「貝が割れた」と言う。これをゴヤの祝いというが、貝が割れるというのは籾に実の入ることで、ホーダレは稲の穂をいうのであろう。また、群馬県赤城山西南麓の旧家の年中行事を記録した『習俗歳時記』(9)(昭和一六)には、同県中部の子持山付近の村から来ていた作男の話として、

小正月に(日不明)家の夫婦が粟穂稗穂の前で男が、「粟穂もひいぼもこのとおり」と尻まくりをして股間の粟穂をぶらつかせて歩くと内儀さんが、「このようなカマスに十叺」と云って同様にカマスを出して歩いて一めぐりするのだというのです。

という記事がある。ともに畑作の豊饒を祈念する模擬系の呪術であり、かつては広範囲に行われていたことを推測させる。

一方、「志州の島々」(10)(昭和九)によれば、三重県志摩郡島羽町の菅島では大晦日に鬼が谷から出るのを防ぐために、各々の谷の入り口に鬼札と呼ぶ立て札を地にさすという。「咄《しゅっ》呧《てん》嘣《どう》魄《き》神《じん》」と書かれた鬼札は毎年選ばれる当屋が担当

する。つまり、年の境に現れる鬼を防塞系の呪法によって防いでいるのである。

二　正月の行事

年男とヤスノゴキ

大晦日には、第一番に年男が風呂をつかい、神棚や供物の取り扱いをし、正月中も女には手をつけさせないのが一般である。下早川では神仕、能生谷では神マカナイ、浦本では神ノキョウジ即ち給仕といった。年男だけは、年取りの夜、神棚の下に居て、眠らずに夜を明かし、神と共に年を取るという所は、能生谷・名立谷にあった。

年男の管理する物にヤスノゴキがある。根知では、昔藁製のヤスノゴキという籠《かご》を門松につけ、正月七日の朝、雪がそれなりにたまっていると、その年は豊年だと喜んだそうである。能生谷でも、昔は藁のビクを門松につけた。名立谷字濁沢では、寺の門松にだけ、藁ノ籠をつける風は残っていた。この籠に炭と餅とを、一切れずつ入れて置き、正月三日の間に、烏が食べるとよいと言った。

名立谷では、元日の日は年ガワリだから、新しい水を汲んで沸かすといったが、下早川では、若水を茶釜《ちゃがま》に汲み入れる時には、次の唱え言をする。

春のはじめに何を汲む　こがねの水を汲む　水は千杯　し千杯

し千杯のしは、多分朱であろう。黄金千杯朱千杯から来たものと思う。

下早川では、正月三日間、年男が松葉又はスイゴの新しい箒《ほうき》につけて、家じゅうにまく塩水の事を、塩花といった。木浦ではこれを若水と称し、寝間から居間へと、榊《さかき》の葉につけて、塩の入った水を撒《ま》いた。

能生谷では、三が日間、朝は新火をつけるという。下早川の年男は、丑《うし》の刻に起きて、古い灰をとりすて、塩水で炉を清め、火打ち石で豆殻《まめがら》につけて火口とし、新しい火を焚く。

能生谷では、新しい火で豆餅を焼き、焦がした昆布と共に神仏に供え、下げて更に串柿を添えて食い、それから宮参りに行く。これを歯固メといっている。

元日の宮参りを、西海では、初詣デ又は初参リというが、この風は全般である。年夜に参拝して一旦帰り、寝ずにいて又元旦参る所や、年夜には参らずに、元旦だけ参る所や、年夜からずっと宮に籠っていて、元朝に参拝して帰る所など区々のようである。

能生谷では、死人の忌みのあけぬ間に、家の入り口の道に、竹を十文字に交叉して、正月の礼除ケとした。

能生谷・根知では、薪も暮れの中に下しておいて三が日はタカへ上がってはならぬという。タカとは薪などを蓄えておく二階の事で、能生谷では、正月二日の日だけは、一家の主婦がタカノ神様に御馳走を供えて来るという。

（『西頸城年中行事』[11]　昭和一六　西頸城郡郷土研究会）※

正月行事などとひと口に言うが、全国各地で一月朔日を中心とする行事と、一月一五日を中心とする行事に二分され、二度の行事が営まれている。そして、前者を大正月、後者を小正月と呼ぶことが多い。しかし、その期間については、所によって異なっている。一書としてまとめられた新潟県の西頸城郡内だけでも、一日から四日まで、また一日から七日、あるいは一一日までと様々である。

一方、小正月のほうも区々で、短い所で一月一五日をいい、一四日・一五日・一六日の三日ぐらいが多く、一四日から二〇日、あるいは月末までを小正月として仕事を休む地区もある。

ここでは大晦日から三日くらいの期間における正月行事の特徴を見ていくことにする。

正月三箇日における行事の特徴は、年神様を迎えること、迎えるために身や室内を清めること、寺社へ参拝することの三つに大別できる。つまり、迎え・清め・参拝である。冒頭の事例はその典型的なものである。

年男には家を相続する者や戸主、その年の干支に当たる者がなる。なかには雇人や分家の年配者などが担当する家もある。役割の中心は年神迎えとその世話である。迎えといっても能登のアエノコトのように田へ直接迎えに行き、自宅まで案内するというような行為をとるわけではない。門松に取り付けたヤスノゴキに供え物をしたり、その供え物が烏などによって食われると神意に叶った、すなわち年神を無事迎えたという喜びが重なったと考えられる。

なお、ヤスノゴキの炭についてはその意味について不明としているが、門口に付ける注連飾りに挟む地域もある。炭とするよりも燃えさしと考えればトンド焼きの際の魔除けの役割とも一致する。ヤスノゴキは年神を迎えるものであって、厄神などを追い払うのが炭の意味であろう。

年神を迎えるにあたって、年男は早朝一番に起きて水垢離をとって身を清め、若水に塩を入れた塩花で家内中を清め、炉を清めて新火を焚く。そして、年取りの夜は神棚の下に眠らずにいて神とともに年を取る。浦木では正月七日まで神棚の下で寝起きして、正月の行事をしたので、この期間中に子をなすと、年男の子といって馬鹿な子になるといったという。

なお、木浦では寺とタヨサン(神官)から御札を迎えて年神様といっているが、この神様は正月三日間だけいらっしゃるだけであるという。そして三日か四日の朝には供えておいたものを焼いてもう一度供え、その後紙に包んで、お松と一緒に明の方へ置いて年神様を送るという。

年神という観念が御札という具体的なものに託された事例であるが、年神の伝承そのものに変化はないようである。年神迎えはとくになく、正月三箇日だけ滞在されるので、三日あるいは四日の朝には年神送りをするのである。供えものに工夫をこらすが、お松を明の方に送ることをもって年神送りとしている。

能生谷では「御年皇大神宮」と印されたお札が年神様で明の方へ祀る。皇大神宮は常に神棚などに祀っているので、「御年」と添加したものと思われる。ここでは、古い年神様はタカ(二階)に置く。根知では年夜に大戸の戸を開けておくと、年神様が入ってこられると信じ、年神様に年取りの膳を供える所がある。そうした観念によるのか、同地では年取りの晩に旅人を泊めることを年宿《としやど》といい、功徳になるとした。また、この旅人を年神様だといって喜ぶ風があったという。

人の清めとは別に、家に対しても塩花によって清めを行ったが、忌みの明けぬ家、すなわち穢れのある家は正月の礼除けの印として、家の入り口の道に十字に交叉した竹を置いた。

元日の宮参りには、「初口を神様にあげる」といって、参拝では誰かに会っても口をきかないということを守っている地区がある。宮参り前の若水でのお茶や歯固めには清めの趣旨があるのかもしれない。

この項では、正月に際して「迎え」「清め」「参拝」という行事における共通要素を見てきた。人は身と屋内を清めて年神の来訪を迎える。明の方を拝し、雨戸を少し開け、門松に付けたヤスノゴキの変化に目を凝らす。年神の滞在中は掃き出すことはせず、静かに過ごす。元日は初詣でとして家族そろって寺社に参拝する。

年神迎えと寺社参拝は本来異なる趣旨の行事であったと考えられる。年に一度、年の境に訪れて人の年取りにかかわる年神と、地域神として人を見守る氏神とは、迎えや参拝を通して年頭行事として習合したのであろう。

鼠の年取り

大晦日は年を迎えるために家の内を掃いてはならぬ。もし掃けば家にある福神が逃げ出すと云われた。しかしどうしても掃かねばならぬ時は、「按司《あじ》たる聟迎え侍らん」と云って掃かねばならないとの事であった。

大晦日の晩を年の夜と称した。家々晩飯に御馳走を拵え家族揃ってこれを食べた。御膳には何か意味は分らぬが、葱《ねぎ》の白根をおき、箸を取る前に指で一端を裂いて「ハブの口開けよ」と云った。晩飯によって人々は年を一つとったものとされる。

この晩天井の翁と云われる鼠のために御飯を供えて、人間同様年とらせた。又鍬鋤等をそろえこれにも年をとらせるために御飯を供えた。鼠が供えた物を食べると新年は豊作、食べないと凶作だといわれた。又この晩暗黒であれば新年は豊作、しからざれば凶作だと信じられた。

又この晩蜜柑《みかん》の木の実らぬをみのらすマジナイをやった。三人の者が蜜柑の木のところに行き、一人は木を背にして木となり、一人は鋸《のこぎり》を持ち、一人は笊《ざる》を持ってこれに対し、鋸持ちが「なるかならぬか」といい、ならぬと切り倒す勢いを見せると、木になった人が「なりますなります」と答えた。すると笊持ちが蜜柑をちぎる真似をした。そうすれば翌年からよくみのるようになると信じられた。

（『シマの話』[12] 大正一四　佐喜真興英）※

新年を迎えるにあたって、「大晦日には家内の掃除はするな」という禁忌が伝えられている。ただここで例外の場合の方法も伝える。すなわち、「地位の高い聟をお迎えするのだから」と呪文を唱えてから掃かねばならないということであった。

年の夜と称する大晦日の晩には、食事をして一つ年を取るという大事な意味がある。鼠の年取り、道具の年取りという一般的には小正月に行われることが多い年取り行事をこの夜に行う。身近な動物や農作業や日常の大事な道具に膳を供えて年取りを行うのは、明らかに呪的行為の範囲である。ことに鼠の食い方によって一年の豊凶を占うという年占が行われる。この夜の天候状況による年占など様々な方法で新年を占う。

また、通常、成木責めと呼ぶ果実の木に対する呪術も執り行っている。木の精霊に対する脅迫行為ではあるが、木の精霊に成り代わって答える人や笊を持って実を収穫する人までいる様子を見ると、この事例の成木責めは豊かな実りを願う模擬系の呪術といえそうである。

ここでは、年取りという年の夜の重要な行事を中心に、家内を掃き出すなという禁忌、鼠や道具の年取りという呪術、鼠や天候による卜占、そして、成木責めという呪術など俗信の多くの要素によって構成されていることが理解できる。

なお、沖縄地方では豚肉料理は正月の御馳走として尊重されるが、これを屠殺する一二月二七日は本土の餅搗きの日と同じような意味合いを持つ。再び前掲書の記述に戻る。

十二月二十七日を「豚を屠る日」と称し、家々一斉に豚を屠った。一般に古琉球では豚の飼養は盛んであったが、この日屠るべき豚を「正月用豚」と云って、数月来特別な飼養方法をとり、とくに肥満させた。古琉球の島人は平日はわずかの例外を除き、極めて悲惨な生活を送った。この日に屠る豚をもって、一年じゅうの精力といわゆるだしを取る。屠った豚の骨肉の大部分を塩漬けにし、脂肪を搾り取って貯蔵した。

大人も子どももこの日を待ち焦がれ、大きな喜びとしたことは想像に難くない。子どもはこの日豚毬といって、豚の膀胱をとってこれをふくらませて玩具にした。豚毬は豚を屠殺したことを示すので、子どもは得意になってこれを持ち歩いたという。

正月といえば初夢のことも話題に上る。地域によって様々な夢、正夢逆夢などがある。ここでも『シマの話』から見ていこう。

シマ人は夢を重要視した。各種の夢をいろいろ解いて、ある前兆を考えた。シマで広く行われた夢解きの主なるものは左のごとくである。

(イ) 馬の夢をみると誰か人が死ぬる(馬と棺輿ウマと音通ずるがためであろうか)。
(ロ) 肉を食べる夢をみると親族の者が死ぬる。
(ハ) 歯の落ちる夢も同様。
(ニ) 牛の夢をみると氏神の事に関して問題が起こる。
(ホ) 銭を拾う夢をみると酒が飲める。
(ヘ) ハブの夢をみると酒が飲める。
(ト) 葬式の夢をみると御馳走にありつく。
(チ) 水の夢をみると火事にあう。

すべて吉夢は他人に話してはならぬ。話して終えばそれきりになってしまう。これに反して悪夢はすぐ他人に話さねばならぬ。そうすれば凶を免れると云われた。

吉夢は他言せずひっそりと身の内におさめておけばそのうち実現するかもしれない。不吉な夢は誰かに話して身から出してしまえば何事もなく過せるだろうというのである。

よいおみくじ札は大事に保管し、悪い内容のものは境内の神木の枝に結んで、そうならないことを願うといった心理と共通するものがありそうである。いずれにしても、新しい年の初めに当たってよい年になるよう願う心持ちには切なるものがある。

豆撒きの効能

節分には多くの家で麦飯《むぎまま》をくう。とろろ汁や魚汁《だし》をかけた麦飯をバクワンといい、岩首ではバクワンは畑の麦の根を掘っても食えという。

年男が豆木を焚き、家人をよせつけず、あきの方に向いて無言で豆を炊る。この豆を鬼豆、オニノメといって神仏の所に撒く豆は黒く炒る。

小泊では炒った豆を、一升枡に入れ、豆木でおき（おきび）をはさみ、豆の中でアの字を書くように、瞑目《めいもく》してかきまわし、神棚に供える。次に年男頭は、主人に「これから豆撒きをやります」と挨拶し、戸を全部開ける。年男頭は有り合わせの品で、狩衣・高烏帽子《えぼし》の恰好をし、お供もそれに相当する服装をし、箒をもって、豆と福をおさえる。年男頭は最初小声で「夷大黒内の神」と豆を三回まき、大声で「福は内」と大づかみに撒くと、お供たちは「おさえましたおさえました」と豆を拾う。この時の豆を福豆といい、大切にする。

次に「鬼は外」と撒き、一同「わあっ」といい、「悪魔外道出て走れ」で、一同足音をさせ、大戸をぴしゃんとしめる。終わりに年男頭が「ちょうせんへんのかぶら持てこい」という。ある人は大蕪を投げ込むとも言う。

夷では年男が横槌を縄でしばり、引きずりながら「椿横槌、うんてんごろり」と唱えて歩くと、下女が鍋の蓋を持ち「おさえましょうおさえましょう」といった。

久知では椀を入れる目籠に、擂粉木《すりこぎ》を入れて負わせ、大神宮の前で撒いた豆を拾わせ、豆焼キをした。潟上では妻は目籠に緒を立てて負い、擂粉木をもち、又杓子に鍋墨をつけ「あんちゃんようまくまく」といいながら、男の顔に墨をぬる家もあった。

また、この日鬼ノ目ザンあるいは十二月といって、ぬるでの木かたらの木か、泉では栗の木を二つに割り、平年には十二月、閏年には十三月と書き、出入り口・窓口に一対ずつ立てる。十二月節分(小泊)。立春大吉(猿八)などと書く所もある。

小泊ではいかの塩辛か、魚の腹わたを、土灰にくすべ萱の茎にさし、「さかなのわたをさしました。ふふらふんと、かぎしやのう」と言い出入り口に立てる。


(『佐渡年中行事』(13) 昭和一四　中山徳太郎・青木重孝)※

この報告書の例言には、「この島は正月が三度来るといわれている程、所により、旧・中・新暦と、日取りが区々に行われているが、本書は主として旧暦によった」とある。

ここではその内の節分の項目を取り上げた。節分はその名の通り、大晦日・小正月と並んで年の境と意識される日である。日本では伝統的に年の境には神霊や厄神が来訪すると信じられてきた。節分には福をもたらす神霊と災厄をもたらす鬼、すなわち厄神が比較的わかりやすく出現する。したがって迎える人々の態度も「福は内」「鬼は外」とはっきりしている。

神霊や厄神の訪れという事態にどう対応すべきか。神霊を迎え祀り、厄神の来訪を拒むということに絞られる。松崎では年男は神仏に膳を供え、一番に風呂に入って炉を塩で清め、腰に扇子を挟んで上座にすわり、家族がそろって囲炉裏につくと豆を炒り始める。そして三度炒ると鯛の鰭《ひれ》をのせた箕にあけて神棚に灯明をあげる。その間女性は豆が床の中に入るとめでたいからと寝床を敷くという。

神霊に対して、しっかりと神迎えの段取りをつけ、しかも豆撒きを農産物の豊穣と重ねているのである。一方、厄神に対しては、臭気の強い魚のはらわたや焦がした魚を門口にさして侵入を拒んでいる。神霊に対しては祭祀系の呪法によって迎え、厄神に対しては防塞系の呪法によって来訪を拒否した上で、幸や豊穣を願って模擬系の呪術である豆撒きを行っているのである。

「甲州山村聞き書き」(14)によれば、山梨県の西矢代郡大河内村では、トシトリと称する節分の日に夕飯を煮た鍋で豆を明の方に向かって七度炒る。ヘダマともヒョウブともいう実の臭い木の枝をバリバリといって炉で焼き、入り口には魚の頭とヒョウブをヤイカガシといって付ける。また、オニノメといって、笊《ざる》とヒョウブを竿に付けて庭に立てる。豆撒きの唱え言は「鬼は外福は内鬼の目をぶっ潰せ。ゴモットモ」という。

ただし、豆撒きを実施しない家もある。忌中の家は節分行事そのものを行わず、一向宗の家も豆撒きはしない。また、豆を炒って神に供えるだけで撒かない地区もある。加藤姓の家では加藤清正を鬼が恐れて来ないということで撒かない。渡辺姓の家では渡辺綱が鬼を退治したので撒かないという。

この地の節分や豆撒きに伴う俗信を以下に記す。

・撒いた豆を自分の年数だけ食うと丈夫になる。

・翌朝まで撒いた豆を掃かぬ。
・女が撒くと、鬼が入るという。
・撒かぬうちに眠った子は、撒く時に起こす。
・鬼が来るからといって早寝する。
・この豆を初雷の時に食うか撒く。
・海で大魚に邪魔された時、撒きつけると退くという。
・人に見られぬように豆を拾い置き、難航・濃霧・雷鳴の時などに撒くと、災難をのがれる。
・鬼はこの日雪隠《せっちん》にだけ籠もっているから、大便に行くと焼き判を押されるという。

『口丹波口碑集』(15)（大正一〇）によれば京都府の南桑田郡地方にも節分の夜は便所に行かぬものだと言い伝えられているので、子どもは昼のうちに用便は済ませておく。この地では便所にいるのは鬼ではなく、「カイナデ」が来て尻を撫《な》でる。どうしても便所に行かなければならない時は、「赤い紙やろか、白い紙やろか」と言って入ればよいという。

蛇足ながら、この地では節分の晩には三頭の馬が西の方から飛んでくるので、その中で最も元気のよい馬の鼻先をなぐると長者になるという。そこで、馬を一目見ようと背戸口から道の方をのぞく子もあるらしい。この晩は一家そろって年を取り、戸を早くから閉めて外に出ないのがならわしなので、外の便所へも行くなというのである。戸を開けると福が逃げるといって嫌う節分の禁忌である。

七草の鬼と福神

　七草は「叩き菜」といい、右の手に包丁左の手に杓子をもって俎板《まないた》の上で菜を叩くのは他の国と同様だが、唐土の鳥と日本の鳥となど云う風雅なことは言わず、「出すこと無し取ることばかり」又は「取っても足らぬ〳〵」などと慾なことを云う。

　この七草の出し汁は、これを手足の爪につけておくとヒラクチ（蛇）の害に遭わぬと云うている。又七日の朝は生竹《なまたけ》を焼く。これを「ほんげんぎょ焼く」と云い、又「鬼ふたき」とも云う。この時自宅並びに近隣六軒合わせて七軒の家の「ほんげんぎょ焼き」の火で餅を七遍あぶってこれを蔵《しま》いおき、旧暦六月一日の日この餅を出して、フクシュと云う葱に似た草と、四月八日の日に漬けた梅と、少量の味噌とを合わせてこれを神仏に供えたのちに食う。かくすれば流行病《はやりやまい》に罹らぬと云う。

　この日（正月七日）又七福神踊りと称して、七福神の姿をしたる者家々を巡り、「サー七福神が舞い込んだ〳〵〳〵。夷三郎《えびすさぶろう》左《さ》衛門《えもん》殿《どの》は鯛釣ることが名人で、金の釣り竿錦の糸で鯛釣りて云々」と唱えつつ家の中に入り、七人一同座に就くと各々順次に、「鬼は外」、「福は内」、「それはそうでござんすわいな」、「もっともじゃ」、「北山の鬼の目を潰す」（かく云いて大黒が槌《つち》にて目を潰す形をする）、「お歌賃《かちん》（引用者註—餅のこと）はようごうでも（ゆがんでいても）ふとかとでも（大きくても）どてんとどっさい（たくさん）お祝いなされ」と言いつつ、各々踊って祝う。この踊りは村内の若い衆連の慰み半分にすることで、他国のおた福又は三番叟《さんばそう》廻しなどのごとく物貰いでなきゆえに、年によってせぬこともある。

（「肥前川上郷の話」(16) 昭和六　宮武粛門）

ここでは七草を取り上げた。「ほんげんぎょ焼き」と「七福神踊り」に代表されるように、この日は災厄から身を守る厄神除けと新年を迎えて祝うという祝祭行事という相反する二つの儀礼が見られる。

七草の出し汁を爪に塗って蛇の毒から逃れ、竹を燃やし爆音によって鬼を追い払い、近隣七軒の鬼塞ぎの火で焼いた餅によって流行病を予防する。正月七日は厄神来訪の伝承が信じられ、それから身を守るという趣旨が理解できる。「日向馬関田の伝承」(17)(昭和一二)によれば、七日の節供には木戸と墓にモロモクの枝とダラの割ったものをさし、夕方には子どもたちが河原などに大火を焚いて、正月二日の二日山で切ってきた山の口竹を四尺くらいの長さにして爆音させる。その竹を木戸、かまど、内神様の入り口に鬼が来ないようにと立てて置く。この火で餅を焼いて食べると病気にならないという。

ほんげんぎょ焼きも山の口竹焼きも、厄神来訪伝承に対する防塞系の呪法である。ここで注目したいのは、旧六月一日に食する餅を近隣七軒のほんげんぎょ焼きの火によって焼く点である。これはより近い家同士の合力によって災厄を防ぐという意味を持つ。厄神を対象とすれば防塞系の呪法であるが、身を守ろうとする人々を対象とすれば合力系の呪法である。

馬関田《まんがた》では、ズンモレ(雑煮もらい)といって、七歳になった子どもは七所雑炊をもらって歩く。また、「筑前大島の民俗」(18)(昭和八)に、昔は婚姻の際、嫁女が近隣七軒からお歯黒に使う鉄漿《かね》を少しずつもらってつけて行ったが、今は七軒鉄漿といって形式だけになっているという報告がある。七所雑炊と七軒鉄漿は年中行事と婚姻儀礼という局面は異なっていても、多くの人の力をもらって不安に対処するという心情から生じた合力系の呪法である。

もう一方の七福神踊りは若い衆による新年の祝祭行事。福を招く招福儀礼とでもいうべきものである。各家を訪れた七福神同士の会話の遣り取りが帰りにもらう餅が中心になるのは、後の祝宴を楽しみにしているからであろう。

「肥前平島と出水の長島」(19)（昭和九）の平島では、

節分の晩三人の子供が衣裳をつけて各戸を訪れた。まず門の外で、

まいったぞよ〳〵　丹波の国の年男

七福神がまいったぞよ

と唱え、家の内に入る。それから一人が、

鬼は外〳〵

と呼ぶ。すると福神の衣裳を着た者が、

福は内〳〵

と呼ぶ。次に杓子を持った女が、

もっとも〳〵

と云う。鬼は外と呼ぶ時に、大豆と大根とをまぜて煎ったものを撒く。この祝儀には餅をくれてやったという。この子供たちを年男と云う。聞くにこの日鬼の格好をしたものも歩いたとか、これは年男の内だったかどうかは知らぬ。

鬼の役という外れくじを引いた子の心中はいかがなものであったか。どちらも摸擬系の呪術を担う大切な役柄であった。

小豆と筍《たけのこ》と茗荷《みょうが》

千歳《ちとせ》村字出雲に鎮座せられる国幣中社出雲神社は、大国主命三穂津姫命の二柱を祀る古社で、丹波の一の宮と称せられる。

昔はこの社は本殿がなくて、社背の御影山の前に鳥居が立っていたきりであったそうで、御神体は山それ自身だったと云う。北桑田郡宇津村の三輪神社もそれに似て、拝殿はあるが本殿はない。

社域はかなり広大なものであったらしい。今でも大門と神社の中程の道の左側に、七、八段の神田を持っている。ここで御社に奉納する稲を作るので、村の人がこの田を担当している。毎年一月十五日早朝、当社前で行われている小豆占いの神事は、農家の年中行事の一つとして、注意を引いている。朝の十時ごろ御神前において、小豆を煮た釜を据えて、この釜の中に、神主が前もって竹筒の中に米《うる》を入れたものを三本造って置いて、これを一本ずつ順次に入れて、その結果竹筒の米が小豆の中に混入すれば豊年で、又小豆が竹筒の中に混入すれば凶年だとする。そして三本の竹筒を、各々早生中手晩手の稲になぞらえて、よい結果を得た稲を植え付けるのである。

これを知るために毎年近在の百姓たちが参拝する。そしてその帰途、その小豆粥を頂戴して帰れば無事息災だと云うので、みな頂いて帰るのである。

（『口丹波口碑集』(20) 大正一〇　垣田五百次・坪井忠彦）※

小豆占いそのものは記事にもあるように、農家の節分や小正月における年中行事の一つである。それが丹波の一の宮と称される由緒ある神社で催されることから、近在の人々が集まる権威ある神事となり、その結果が重く受けとめられるようになったのであろうと推測される。

三本の竹筒の中にうるち米を入れて新たな年の豊凶をたずね、植えるべき種類を求めるものである。神社主催の行事となっているので神事とされるが、本来は卜占と分類される俗信である。

これに似た神事が丹波国の北の端にあるという。やはり同書によるものだが、何鹿《いかるが》郡の志賀郷村の篠田大明神という社の裏藪の一区画に、毎年旧正月四日には必ず三本の筍が出る。そのために神主は裏の川で水垢離をとって祈願するのだが、この三本の筍に早生中手晩手の種別をなぞらえておき、最も大きなものを豊年の兆だとして植え付けるという行事である。

なお、同村の別の神社の場合は、入り口の所に畳一枚ほどの地を三つに区分して水を流し、そこに早中晩の三種の稲になぞらえた茗荷を植えてしっかり芽が出たものを豊作とする。そして、それによって稲の種別を決定するという。

年の初めに行われる作物の豊凶の占いは、通常、家庭行事として各家のいろり端や鍬入れなどで行われるか、村の行事として集会所などに集まって行われる。占いの材料は大豆や小豆粥が多く使われ、一年の天気や作物の豊凶が占いの対象となる。

前述三か所の占いも基本的には同じ内容だが、家や村の行事ではなく、神社の行事として取り込まれ神事として扱われている点に違いがある。民間の行事が村の依頼によるものだとしても、神社に取り込まれたり吸収されたりする。こうした行事から神事へ移行する現象を神事化と規定しておこう。寺の場合は仏事化とすればよいであろう。

小豆占いや筍占い、茗荷占いなどいずれも正月の俗信行事であった。それが神事として人々の前に姿を現したのである。神事や仏事として寺社の行事に汲み入れられても俗信である。俗信は神格化されたり神事化されることによって、信仰あるいは宗教との区別がつきにくくなった。

神格化と神事化、仏式化と仏事化を見極めることが俗信研究の課題である。

日和《ひより》だめしとハラメウチ

福の神は年の夜にござる。それで正月に箒で部屋を掃《はは》く時には、埃をはき出してしまわず、部屋の隅によせておく。福の神と塵といっしょにはき出してしまわぬためだ。又正月にはなるべく音をたてぬ。音をたてる事を福の神は嫌われるからだ。

元朝まっ先に男の子たちが他家を訪れる。これをトアケという。子供がトアケと言うて訪れるらしい。いちばんはじめに来た子に十銭から一円までの祝儀をやる。

白紙を真二つに折り、これを折り畳んで、それに新藁を三本插したゴメイというものを年の晩から神棚にあげておき、年かざりを十五日に降ろす時にいっしょに下ろし、これをこの日もぐらを打って各戸を巡る子供たちに渡してやる。以前もぐら打ちには、子供たちは土で面を造り、それを破ったという事だ。ゴメイは正月二日のうち初めに持ってゆき畑の中に立てた。

正月十一日か十五日に年まわりの悪い人（九歳・十九歳・二十九歳など）が、年とり餅をつき年をとる。この餅を若餅ともいうた。

（「肥前江の島記」[21]　昭和八　桜田勝徳）※

江の島は長崎本土と五島列島の間にある小島である。そこでの年初めの報告である。正月に迎える神を正月様と呼ぶ地域は多いが、この地では福の神と意識されている。したがって掃き出したり、物音を立てて来訪を妨げる行為を忌むことになる。最初に戸開けに訪れて祝儀を受ける男の子は福の神に見立てられているのではないかと考えられる。

新藁を挿したゴメイは、畑に立てて豊作を願うという護符の役割を持つのであろう。正月に行うもぐら打ちも豊作を願う行事である。土で造った面はそれを被ってもぐらを追い払い、その後に破り捨てて元の子どもに戻ることを象徴する呪物と考えることもできる。仮面や仮装は通常その人とはまったく異なる精霊や神霊を表現する呪法である。

若餅の行事は年重ねといわれるもので、殊に厄年の人が年重ねをして厄年を逃れる呪的手段である。ここでは年回りが悪いとされる年齢の人が、年取りの膳や餅を用意して一つ多く年を取り災厄を逃れるのである。

ここからは『日向馬関田の伝承』[22]（昭和一二）によって一月三〇日の送り正月までを見ていくことにする。

大晦日をニジュクンチという。二九日というのは旧暦の習慣が残っているためらしい。年の晩には運そばを打ち、鰤の骨と大根を大きく切って煮て食べるもので、飯は古いものが残るようにとたくさん炊く。また、ヒノトッといって正月一週間は持つような大きな丸太を炉にくべるが、これは朝の焚き付けの火元になった。

「大隅国内之浦採訪記」[23]（昭和八）によれば、多くの薪のうち、とくに一本大きいのを火種木にするが、これをヒノトッと呼んでいる。大晦日の晩は悪魔を戸外に追い出すために炉火をいつもよりたくさん焚く。ユロイ（炉）にヒノトッを埋めて翌元旦まで保存し、その朝はマッチを使わずこのヒノトッから他に火を移すという。

元旦には正月どんと呼んで年神様の来訪を抑えるために、木戸から庭にかけて白砂《しらす》を撒き、門松を張って注連縄を張る。内座（家族部屋）の西側の長押《なげし》に注連縄を飾るが、これをニギエという。ニギエの中央にヘゴ（裏白）、デデ（橙、変わりは里芋）、葉付きのエベス大根（聖護院大根）二個、そしてニンメ銭（二厘銭）を十つなぎ百枚などを飾る。ニギエのエベス大根を除いた注連縄は門と内神様へ、ニギエはエベスといって一四日に苗代の畦《あぜ》に祀った。

元旦には歯固めといって丸餅を焼き生餅の上にのせて菓子皿に盛ったのを家族そろって食べる。正月礼に来た者に先ず出すのはこれである。そして里芋汁を食べる。里芋は子をよく増やすので栄える意味からだろうといわれる。

主人は若水を汲んできて、その水に米を落とす。まっすぐ落ちたら一年中、ウリマワリ（適度に雨が降る）がよく、米も実入りがよいという。これをヒヨリダメシあるいは水試しという。若水による日和試しという年占である。

また、アキホウといって桝に丸餅をいっぱい入れて餅搗き臼の中に入れ、上から蓑をアキホウ（恵方）に向けて伏せて置く。鉈・鎌・藁切りなどの農具一切に年を取らせるといって、丸餅を噛ませる。なお、馬の年取りといって、年取りの晩に竈の神に供えて置いた年取り餅を元旦に馬に食わせる。

二日早朝にはアキホウに向けた臼を杵でコンコンと叩いてから、中の丸餅を鏡汁にして食べるがこれを臼起こしという。餅汁すなわち雑煮を食べるのは二日の朝が最初となる。この餅汁を食べて初山となる二日山に行くが、この時、山の口竹といって七日節供に使用するタケハシラカシ（爆竹）の竹を切って庭先に立てていく。

七日の節供には、木戸と墓にモロモクの枝とダラの割木をさし、七歳になった子どもは七所雑炊をもらって歩く。幼児から少年になる節目に多くの人の力をもらう合力系の呪法である。この日の夕方には、子どもたちが河原などで大火を焚いて爆竹を鳴らす。この火で焼いた餅を食べると病気にならないなどという。また、燃えさしを鬼が来ないようにと木戸、竈、内神様に立てて置く。

一四日の昼はホダレヒキといって赤飯を炊いて、柳の枝を削り掛けにした箸で食べる。主人のは特に長いものを用いたが、これは田植えの時の牛の鞭《むち》になるともいう。稲の豊作祈願である。この箸は軒にさしておくと蛇が上らぬ、赤飯に汁をかけて食べると大水が出る、たくさん食べないと作物の実入りが悪いともいった。いずれも稲作にちなむ俗信伝承である。赤飯は箕に入れて柳の箸を添えて苗代の畦に供える。

また、同日メノモチといって新たに搗いた丸餅を榎の枝にさし、種子物、厩《うまや》などに供える。このメノモチを下げる日は一八日が子の宮場《みやじょう》と呼ぶ主人夫婦の部屋のメ、二〇日がコブキノメという種子物が入っている叺《かます》の一種にさしてあるメ、三〇日が竈のメである。同じようにこの日、子どもたちはハラメという削り掛けを持って一年間の間に結婚した家を回り、家に上がり込んで嫁を追いまわす。その際の歌は、「ハラメハラメハラメンモンハ　ケンフゾサゲテネイロイロト」と歌い出すもので、筆者楢木範行によれば、歌意は(孕め孕め孕まない者は袋提げて乞食でもせよ)という。このハラメウチに来た子どもには婚家から鏡餅二枚、焼酎も振る舞う。

そうこうしているうちに、三〇日の送り正月を迎え、正月どんを送るのである。

一八六九年(明治二)生まれの筆者の父によって述べられた、生地宮崎県諸郡真幸村の正月模様を見てきた。そこに浮かび上る正月行事の大半は、私たちが俗信として分類する範疇のものによって構築されていることがわかる。

新たに迎える年がよい年であるようにと願って食す運そば、年の境に訪れる悪魔を追い払うヒノトッと呼ぶ大きな薪による炉火、家族の健康を願う歯固め、そして、若水によるヒヨリダメシと呼ぶ年占など、年の晩から元日にかけて多彩な俗信が並ぶ。

二日目以降も忙しい。恵方に向かって桝や臼、箕といった呪物に入れた供え物をし、農具一切の年取りを行う。食物の調理を担う臼の使い初めに、わざわざ杵でコンコンと叩く呪的行為、この年初めての山入りには悪魔除けの爆竹に使用する竹を庭先に立て掛ける。

七日節供には木戸と墓に魔除けをし、多くの人の力をもらう七歳児による七所雑炊、夕方からは全国各地でトンドあるいは左義長と呼ぶ大火を炊いて鬼祓いと各自の健康を願う。

元日を大年の意でウドシと呼ぶのに対し、一四日をコドシという。この日には、ホダレヒキ、メノモチ、ハラメウチが営まれる。いずれも当該の家にとって大きな行事であるが、よく観察すると共通するものが見えてくる。それは繁栄祈願に基づく儀礼であるということである。カタカナ表記に少し手を加えて、穂垂れ引き・芽の餅・孕婦打ちとすると、よりわかりやすくなる。これらは子孫繁栄や豊作を祈願する摸擬系の呪術である。

粥釣りの仮装

十四日は正月の終わりにて、門松を薪となし三宝の米を粥にたき、又は餅を焼き食すれば、一年の厄を払い病を避くると称し、家々これを行う。これにつき当国正月の特色として有名なるは粥釣り(かいつり)の一事である。粥釣りとは文字のとおり粥《かゆ》を釣る義にて、正月十四日の新年祝日の終日に、縁起の善き家の米餅を貰い、これを煮焼きて食えば幸運を得て一年じゅうの厄を除くという信仰に本づきたるものにて、その日老若男女が仮装などをなし、他人の家に至り粥を釣ってくれと請求し、餅あるいは米を貰い嬉々として喜び帰り、これを食うたものである。

のちその風俗漸次に変遷し原意を失うて、正月十四日には粥釣りと称し異装して他家を廻り、餅を貰う特別の遊戯日のごとく心得、若き男子などが思い切りたる変装をなし、あるいは書生が商人となり、あるいは商人が武士に扮し、あるいは俳優の面鬘《めんかつら》を被り、あるいは婦人の衣裳を纏い、千状万態奇々怪々の服装をなし、他家に至りても容易にその誰人なるかを発見しえざらしむるを手柄となす。

殊に未婚の女子などある家には、異装の若者多く粥釣りと称し遊び半分に出掛け、女子の家にも時としては酒肴を構えこれを饗し、時ならぬ遊芸展覧会を開くこともあった。これけだし正月中の大娯楽日であった。
近時警察の取り締まり進み、かかる風俗もほとんど跡を絶った。
（『土佐風俗と伝説』[24]大正一四　寺石正路）

提示した事例に従って、粥釣りという限られた分布を示す行事を見ていくことにする。この地域では正月一四日を正月仕舞いと意識し、門松などの飾り物を片づけ、供えた米を粥に炊いて食せば一年の厄を払い、病気にならずにすむと信じている。

粥釣りはそうした考えに基づいた行事で、老若男女が仮装して縁起のよい家に餅や米を請い願い、食してその家の幸運にあやかろうとしたものであるという。そこに宗教的な要素はまったく存在しない。仮装という様々な行事に顔を出す伝統的な様式を用いてはいるが、家運のよい家にあやかりたいという願いによって生じた呪術的行為である。それが次第に遊戯に転じ、仮装そのものが目的化していったのであろう。演じる者が若者中心になっていくのはごく自然である。最終の目的が未婚女性宅での宴会となれば、風紀を基準とする取り締まりの対象となって消滅せざるを得なくなったという歴史がある。

希少化の道を歩む「粥釣り」行事は、翌日の一五日とセットになった小正月行事として、二十日正月や二月一日の厄落しと対応した行事として、さらには節分に通じた行事として様々に習合した姿を見せる。

「父二峰村の民俗記」[25]（昭和一六）の調査地である伊予上浮穴郡父二峰村では、トシトリガキといって柿を譲葉に盛って、正月の二日に年長者から年少者に渡し食べるという風習をもつ地域だが、カイヅリにも厳格さを感じさせる。正月一四日に子どもが山からフシツクの木を伐ってきて長さ五寸から一尺ばかりに切り各家に持っていく。その棒はアワンボと呼ばれ、もらった家では豊作の象徴として神棚に供えるのである。

カイヅリという名称とのつながりは不明だが、小正月に神霊が子どもの姿を借りて、アワンボを通じて豊作であるとの神意を伝えるという趣旨の行事であろう。この記述ではそれに対する返礼を要求する子どもの姿はない。

「讃岐年中事物考」(26)(昭和一八)でも粥釣りは正月一四日の夕方、幼い子どもたちによって近隣巡回が行われる。銭刺し、黍柄や木片で形作った農具や小槌、枡などを重箱に入れて家々に持っていき米をもらう。翌朝、初粥の小豆粥として、萱の箸でこれを食す。便利な農具を模したものは、縁起物としてあるいは魔除けとして広く用いられる。先に見た父二峰村のアワンボと同じ役割をもつ。

香西町では小豆粥に粥柱として餅を入れるという。大川郡の在では、この粥を煮る時、細い竹筒に早稲・中稲・晩稲の符を付けたものを釜中に入れておく。粥ができた時に取り出し、筒の中の米粒の多寡によって今秋の稲の出来をトする年占が行われるのである。

『祖谷山民俗誌』(27)(昭和三〇)によれば、一四日ドシともいうカイヅリの夜であるが、土地によっては一五日の早朝に行うところもある。田の内のカイヅリは一五日の朝で、それぞれが若葉を付けた銭刺し(縄をなったもの)を持つ数人の子どもたち。その中の一人が、「カイヅリ祝うってか」と言うと、他の子らがこれに和す。その家では半紙を持ってきて子どもらに与えたという。

この地では正月一五日はオクリ正月で、朝、福の粥を炊く。そして、その粥を椀に入れて家じゅうの柱に若葉で粥を塗り付けて回るのである。その際すりこぎでその柱を叩く。これを柱祭りと呼ぶそうだが、讃岐香西町の粥柱との関連性はないのかという思いを抱く。

この日の福の粥で年占をする家が多かった。細い竹を一尺位に切って筒を作る。その筒に刻みを入れて、米、麦、稗の区別をして、福の粥の中に入れる。筒の中に米粒がたくさん入ったものを豊作とするのである。このことをゴクダメシというそうである。

祖谷のカイヅリは福の粥を通して、柱祭りともゴクダメシとも称する年占と結び付く、年頭の大切な行事であったと考えられるが、ともに呪術的な方法に依拠するものであった。

なお、『柚野民俗誌』(28)（昭和二九）に次のような記述がある。

（引用者註―正月）十四日、昔は子供の行事にトイトイがあった。めでたい藁馬を持って廻り、「―トイの晩じゃけ祝うちょくれ」と、餅や銭をねだったのであるが、戦後は特にすたれて、みられない。

縁起のよい藁馬という呪物を作って近隣を巡り、餅や銭をねだる―粥釣りにも同じモチーフを持つ事例は少なくなかった。「ねだる」に重点がおかれなかった時代には、子どもの成長過程の一つとして、多くの人や家の力によって困難を乗り切る行事、すなわち合力系の呪術的行為であった。それが、次第に物乞い風あるいは強要を当たり前とする風潮になっていったのであろう。

また、「豊後国直入地方の民間伝承」(29)（昭和四）の「かせとり」の項には、

旧正月十四日の夜、若者が悪戯をして歩く。それが、その後狂言をして各戸を廻り、祝儀を貰っていた。今では子供が、福俵を投げ込んだり、宝船を作って家に入れたりして、祝儀を貰う。

という、短い記事がある。一九二九年（昭和四）発表の報告なので、「今では」は大正末から昭和の初めのことのようで、祝儀をもらう者が若者から子どもたちに変わったというのである。変わった事情は定かでないが、悪戯の度合いであることはおおよその察しが付く。こうした時、全面に出てくるのが風紀という近代的な道徳上の規範であった。月見の団子盗みなど多くの行事の消滅がそれを証明している。

天草では、正月七日にオネブ焼キ（オネビとも言う）を行い、十四日あるいは十五日に「モグラ打ち」「果樹責め」あるいは「初嫁の尻たたき」「カセドリ」などの行事がある。

高浜村では七日早朝、オネビ焼キを行う。各部落で競争して、前晩は、部落部落の青少年が隣部落の門松を奪いとりに行く。燃え上がると長生きするようにと老人も子供も臀《しり》をあぶる。女子供は餅を焼いて食う。門松の燃えさしは家に持って帰り神棚に供えたり、又は家の戸口に插して悪魔除けにする。

十四日は前年中初嫁の家に行って嫁の尻をたたく。するとその家では御馳走をしてくれる。たたく道具は川柳で作り、長さ七、八寸から一、二尺位まで。

富津村では、オネブには特別竹を用意しておく。それを火に入れて、そのバーンと爆裂する音と共に「福は内、鬼は外」と叫んで、他の部落と掛け合いをする。松の枝の燃えさしは、家の門につける。

十四日のもぐら打ちと嫁の尻たたきは混同されている。子供らが樫木で、もぐらを作ってもらって、後鉢巻きで初嫁の家に行き、「嫁出せ嫁出せ」と言って、戸をたたいて菓子などをもらって廻る。

（引用者註―この事例には、筆者浜田隆一に届いた次のような葉書が付記されている）

おにびと言います。門松はブルのみ立てますが、数十の漁舟帆舟は舟松をみな飾ります。それらを正月七日随所に集めて焚き、竹も混じてその爆音ごとに「福は内、鬼は外」を連呼します。松の枝は「火事よけ」として軒に差します。

花嫁の尻たたきは「モウグラ」と呼ぶ怪物を銘々持って、年内に嫁入った花嫁のお尻を正月十六日早朝に打ちに行きます。目的はお尻が本当でしょうが、「嫁御出せ、出せ」とその家をたたきます。その家では子供の喜ぶような食物菓子などを呉れます。くれねば戸でも障子でもたたき破ります。「モウグラ」とは都会地だったら製作禁止をくう男子のペニスそのままに丸太で作り、紐をつけます。亀頭を判然とつけることはもちろん、下部には表皮を細長く削り残します。

（『天草島民俗誌』(30) 昭和七　浜田隆一）※

二つの村の様子を取り上げたが、七日に行われるオネビ（オニビ）焼きは、全国各地に見られるトンド焼きや左義長と共通する。ただ、焼く場所が道祖神付近とか道祖神を火中に投げ入れるといった道祖神と結び付いたものはない。また、火中の芯となる松などを引き合うといった年占的要素や、書き初めの上達を願う要素も見当たらない。もっぱら悪魔除けという趣旨を貫いているかに見える。松の燃えさしを門や戸口にさして「悪魔除け」としたり、軒にさして「火事除け」とする。いずれも厄除けを目的とする防塞系の呪術である。

それらに対して、豊作の障害となるモグラ追いを目的とする「モグラ打ち」、子を授かり家や村の繁栄を願う「嫁の尻叩き」、果実の豊作を願う「なれなれ」と呼ぶ「果樹責め」は一四、五日に集中しているためか、行事の混同や集合が起こっている。前掲書によれば志柿村の場合は、

もぐら打ちは、その年結婚した家に行き、「モグラハッタン、タハッタン、モグラ一匹、オーランヨウ」と言って庭をたたく。その時嫁が出て来る。すると、もぐら打ちの棒で嫁御の尻をたたく。帰りはお礼と言って水を掛けられる。この打つ道具は竹の先に藁を束ねたもので、「なれなれの木」の道具は他村の「ハナマンジョウ」と同一の削り掛けである。

トンド焼き（千葉県佐倉市）
トンドの火で焼く餅を携えている。

とあり、叩くという行為と藁を束ねた叩く物の共通性、そして実施期日の一致から混同し、一つの行事を構成しているように感じられる。しかし、モグラ打ちは防塞系の呪術であり、嫁の尻叩きは子孫繁栄を願う予祝系の呪術という、同じ呪術的方法ではあっても目的はまったく異なる。

櫨宇土村では一五日の早朝から「なれなれ」が行われる。「なれなれ梨の木、ならんじゃろ打ち切ろ。あど花さすな、虫折れするな。向へのじ、じ、じゃどんの睾丸んがごとブラリブラリさーがーれ。ならん木にゃなれとは言わぬ。千なれ、万なれ、おちんなおちんな、おーちんな」と唱える。「ならんじゃろ打ち切ろ」は、脅迫的な文言である。こうした唱え言を唱えながら果樹を叩く。叩く道具は嫁の尻叩きの削り掛けと同じものである。

大道村では、尻打ちが終わると、「なれなれ柿の木、ならんば打ち切るぞ！」と果樹を叩くという。ここでは、「嫁御ん尻打とう。打たせぬ者は、鬼のような子もて、蛇のような子もて」と唱えて訪れる。「尻打ち」と「なれなれ」が同じ趣旨のものと理解されているのであろう。一見どちらも脅迫的な唱え言のように聞こえるが、「なれなれ」は果樹に実を付けることを強要しているのに対して「尻打ち」は尻打ちさせることを強要するという違いがある。前者を脅迫系の呪術というのに対して、後者を予祝系の呪術と位置付けた根拠である。

大道村や御所浦村の尻打ちはユーモアに満ちている。

初嫁の尻たたきは、打つ棒は櫨《はぜ》の木で作り、形は他村のハナマンジュウと同じ削り掛けである。その日は東の方の初嫁の家から最初に打ちに行く。小さな子供から順次に並んで、「嫁御の尻打とう、打たせたものは、めめんよか子もて、打たせぬものは、鬼もて蛇もて。一つ二つ三つ！」と三べん力任せに打つ。

しかし、その打つ嫁の尻は、実は臼の尻でそれに莫蓙《ござ》を蔽《かぶ》せたのであって、本物の嫁はその後ろの方にかくれているのである。

狐施行と門神

年中行事は、昭和十八年まで、すべて旧暦で行って来たが、上からの指導に従って十八年以後は一月遅れを用い、更に太陽暦に移ろうとしている。

正月十一日はオコシ始メ又は耕作始めと称し、鍬で畑の土を三鍬掻き、その上にイグシ（榊）を立てて豊作を祈る。又ツキゾメをする。旧年の十二月二十六日（大の月から二十七日）の餅搗きの日に作ったモチバナを、この朝新しい箕の中に扱いて、臼でつく真似をする。

この十一日は百姓の年越しだという。苗代の水口にゴガミとイグシを立てて来る。ゴガミは、河村では六日日に観音堂でオコナイをするのでその時に作る。他ではそれぞれのオコナイの日に作る。ゴガミは半紙を二つ折りにして、アナグツの木（黄揚らしい）を長さ七寸余りに切って串をつくり、先を割って右の紙を挟む。その紙には丹土をねったものを、丸木の先を四つに割って捺す。ゴガミは牛王紙のことかと思われる。イグシは十四日の祈年祭に下授されたもの。

なお、近隣の村では百姓（使用人の頭分の者）を年男とし、十一日の朝主人が裃姿で給仕したということをきくが、大島では主人が年男なのでその事はない。

十四日は年越しで、午から休む。若衆は宿で酒をのみ、そのまま夜明かしして、翌暁の狐狩をつとめる。十五日の夜明け前に、若衆は狐狩りをする。「狐の寿司が七桶半から、八桶に足らんので狐狩りするわ、狩りやれ狩りやれ」と叫んで村の中を廻る。狐狩りには通る途と順序がきまっていた。昔は狐が荒かったので、それをなだめる行事だという。

狐狩りがすむと、今度は戸毎に立って「カドガミでございます」と声をかけて廻った。中から「御苦労さま」と応えれば、そのまま次に行くが、声が無ければ戸を叩いて起す。寝坊をして門神様に叩かれた、起こされたなどといった。

門神で起きると、各戸では直ぐお飾りをはずすことになっていた。このお飾りは、朝になって、村はずれに寄って焼く。ドウドといって、その火で餅を竹にはさんで焼いて食べると風邪をひかぬという。河村では明治十六年かに、ドウドの火で大火を出したので、以後ドウドを廃し、十五日の夜そのお飾りでセチをたくことに改めた。

（「若狭大島民俗記」[31]昭和一九　鈴木棠三）※

大島の正月一一日の百姓の年越しと、一五日の狐狩り行事を見ることにする。

オコシ始めは畑の土を鍬で三回ほど掻いて、前日の島山神社の新年祭の榊を立てるというもの。豊作を願い祈る模擬系の呪術である。「長門六島村見聞記」[32]（昭和八）によれば、長門六島の一つ大島では二十日正月にツツボ団子といって正月の余りもので団子を作って食すが、それから山に行き、自分の桑畑に立って「うちの麦はいいのう」と麦をほめ、隣の畑の麦をけなすという。正月行事としての麦ほめである。いわゆる言霊の呪力によって麦の豊穣を願い祈る呪術である。また、『柚野民俗誌』[33]（昭和二九）には、「二日は二日正月といって、特別につつぼ団子（悪い米の団子）を作って神に供え、この団子を棒にさして麦田にたてる。これを麦ほめという」とある。期日が異なり、ほめ言葉の有無という違いはあるが同じ系統に属する正月行事と考えられる。

苗代の水口でのゴガミと称する一種の護符と榊の供えは庭田植えの一環であろう。

大島ではなく近隣の村の行事であるらしいが、年男に主人が給仕するという模擬実演は興味深い。主人が裃姿ということから、年神に対して正式な形式を演じていることが理解できる。本来年男は年神に対して奉仕する立場の者である。その年男に家の主人が給仕する。年男を慰労する局面ではない。年男を年神に見立てて家の繁栄を願い予祝を演出する模擬系の呪術と見ることができよう。

次に狐狩りという珍しい行事について見ていこう。珍しいといっても民俗学の揺籃期の報告書にはいくつかの事例が掲載されている。

「但馬の民俗」[34]（昭和一四）では「狐ドリ」というが、一四日の昼にブリブリを作る。とくにブリブリについての説明はないので、近世にはやった長い紐をつけて振り回す槌の頭のようなものという理解でよいかと思う。それを振って、「狐狩り猴穴に入るのは何々だ狐や狸や猪かえろ」と唱えながら雪の山中を歩きまわる。

大島の狐狩りから類推すると、雪の山中を歩きまわる実行者は若者であったと思われる。

『牟婁口碑集』[35]（昭和二）ではやや趣が異なる。毎年寒に入ると和歌山県の田辺町の旧家や富豪の家では野施行というのを行っている。狐に施すものとして、握り飯を多くこしらえ油揚げを添えて町内のいくつかの神社や堤防などに夜間数個ずつ置いてくるのである。

狐狩り、狐ドリと称する大島や但馬の行事は、その名称からも鳥追いやモグラ追いのように農耕の害となるものを防ぐための模擬系の呪術と考えられる。しかし、田辺の野施行はむしろ食物を見つけにくい寒中にそれを施すということに重点がおかれているように見える。

狐狩り・狐ドリは庭田植えなどと同様、豊穣を願い祈る年頭の象徴的な行事である。それに対して野施行は狐がいそうな場所やいわれがありそうな稲荷社に、握り飯と油揚げという現実的な食物を置く行事となっている。だからといって、食物を施して狐の繁殖を願っているものでないことは明白であろう。つまり、野施行は食物を施すから農耕期には悪戯をするなという説諭系の呪術であったということである。呪法のあり方によって分類すれば模擬系と説諭系とになるが、同根の行事と見なすことができるのである。

門神行事は夜明けに始まる狐狩りの後に行われる。朝早く人々を起こすというもの。「肥前江の島記」(36)(昭和八)は長崎県平戸島の報告である。これには、「元朝まっ先に男の子たちが他家を訪れる。これをトアケという。子供がトアケと言うて訪れるらしい。いちばんはじめに来た子に一〇銭から一円までの祝儀をやる」という記述がある。

子供を年神と見立てるものなのか、その年の新客に対する祝儀なのか、そうした意味については不明だが、正月の早朝に各家を訪れるという点は大島の門神と共通する。いずれにしても正月の決められた日の早朝に、家々を訪れるということに意義があったと考えられる。

鳥追いの石合戦

――正月十三、十四日の鳥追いを行いながら北組と仲組とが堺川をはさんで向かい合い、男は太鼓、女は羽子板を――

たたき、その音に合わせて互いに悪体をつく、例えば「きたんじょのおなめらは、へいこんだへいこんだ」、「十四日の小豆の粥さねつくるまってくるまって、沖の鳥は追えねえ」そのうちに一つ二つの石が飛び石合戦になる。

子供たちは数日前より学校を終わると毎日石を集め、又村社薄井神社の旧跡の山から貝殻がたくさん出るのでそれをも集めて来て各自が隠して置く。女の子供たちはそれらのものを運んで手伝ってくれる。始めは川を境として道路でやっているが、漸次浜の方へ行き、後には砂浜で行う。

この両村は石合戦以外は喧嘩をしたり不和な関係はないが、鳥小屋を中心としたこの期間の石合戦には激しく勝敗を争い、終われば何も悪感情は残さぬという。

この石合戦には心配するほどに怪我人を出さぬ。怪我をした時は鳥小屋の炉の灰を付ければあだせずになおると言い、又その石にあたるを吉相だ等と言う。この石合戦は大正十五年ごろ村の小学校長が止めさせてからは行われなくなった。


（「磐城民俗資料」(37) 昭和四　磐城民俗研究会）※

正月一三、四日、いわゆる小正月の鳥追い行事の時に行われる石合戦である。

平生は仲が悪いわけではない二つの村の子どもたちが、鳥追い行事の数日前から小石や出土する貝殻を集めるなど石合戦の準備に入る。

女の子もそれらを運ぶといった役割を担当し、熱心にこうした作業に協力するというのは、単に子どもたちの遊びというわけではないのであろう。石合戦で怪我をした時は鳥追い小屋の炉の灰をつければ治るとか、石に当たるのは吉事の前触れだなどと、災いを吉と転じる受け取り方をする村の行事のようである。

る。「北津軽の民俗」(38)(昭和六)には春先の三月ごろにタチをやるといって、石合戦も行うという。「タチ」は刀の意である。

村の一二、三歳から一六、七歳ぐらいまでの男子が五人あるいは一〇人ぐらいずつ一団となって、浜辺に板片や筵を材料に小屋を作り、そこで寝食する。毎日浜へ出て昆布や貝などを採り、それを売った金で食料品を仕入れて小屋生活を続けるが、時には他家の品物などをかすめたりすることもあったようである。

その一方で、小屋では柳の枝で太刀を作って、他の小屋の者と戦の真似事をする。各自が小石を懐中に入れて、はげしい石合戦なども行った。

冒頭の事例同様、小学校などの指導によって廃止されるようになったが、時代が遡るほど盛んであったと考えられる。

なお、「磐城民俗資料」によれば、磐城入遠野村平口《たいらくち》では旧暦の正月一四日の夜に「ひぼいなげ」が行われる。

「しべえなげ」「しぼいなげ」などともいう火打ち合わせの行事である。

この行事は入遠野川をはさんで平口と中妻《なかづま》とで行われるが、古くは平口と四条内《しじょうじ》がひと組となり、中妻と有実《ありざね》がもう一方の組となって対陣したが、近年は四条内と有実が抜けた。

平口と中妻ではそれぞれ一つずつの鳥小屋を作る。この行事は鳥小屋とその近くで焚く篝火《かがりび》を中心に子どもらが主となり、そこに若者が加わる。

正月になると下校した子どもたちは毎日山へ行き、投げるための長さ三尺ほどの粗朶《そだ》や鳥小屋の材料を切ってくる。村内いずれの山から切り取っても苦情は言わないことになっていて、とがめ立てすれば大変な疫病になると信じられている。村の人々の行事なのである。

真っ赤に燃える粗朶を両手に一本ずつ持ち、くるくる振り廻し「めいっか、めいっか」という掛け声とともに力いっぱい川向こうの敵陣へ投げる。ひぼいが川に落ちたりすると、「かじか殺し」とひやかす。川に棲むかじかを殺してしまう意である。

子どもたちの持っていくひぼいの火が消えたりすると、「黒いのは持っていくな」と観戦する人から注意される。夜間に黒い物を投げる危険を指摘しているのであろう。双方とも粗朶が少なくなると、合戦を切り上げて鳥小屋に火を付ける準備をする。一度投げた木は「もいきじゃり」といい再び用いることはせず、厄除けになるといって持ち帰り家の角などにさしておく。

磐城の火打ち合わせは四つ倉町が古くから知られており、双葉郡久之浜町にも近年まであったという。小正月行事としての鳥追いの石合戦とひぼいなげは、小石と火の付いた木という道具立ては違っていても、盛んに永く投げ続ければ勝ち、その年は豊作になるとされる。合戦による年占という意味をもつ行事であったと考えられる。

四　折々の行事

ハブ祭りの泥かけ

「かけろま島」は薩南奄美大島の西南端に横たわる周廻二十里ほどの細長い島で、島としては妙に海岸線の屈曲の多い特色的な島である。この薩南の一孤島が、我が中古史上に輝かしい役割を演じた源平二氏と因縁の深い多くの伝説に富んでいると言ったら、誰でも驚かずにはいられないだろう。

四月初めの壬《みずのえ》の日にはアツラネ（語義不明）と言って、ハブ避《よ》けの祭りがある。ハブは毒蛇のことで、古来南島ではハブの害毒が多いので、地方によっては毎月初めの巳《み》の日に、ミニ遊びと言ってハブ祭りを行うところもある。

この日には家の四隅に砂を敷き、屋根を清め、またすべて長いもの、例えば帯・紐・縄の類はいっさい手を触れぬ定めである。それはハブの身長が長いので、長い物はすべてハブを想い出させるところから自然これを忌んだものだろうと思われる。

大島の名瀬では十四、五歳以下の児童が集まって、この日他所から来た人に釜土《かまど》の泥を投げつけて追い払う風がある。それは往来の他所人をいったん生き過ごさせて後ろから「アツラネ、アツラネ」と叫びながら頭上・肩・臂の差別なく泥や石を投げつけたのである。そうしなければ、その年はハブが多く出るという迷信から来たものらしい。

さすがに親戚の者には、たとえ他所から来ても遠慮して追い払う事をしなかったが、でも屋敷に入る時は、火を焚いてこれを跨がしめた後に家に招ずるというふうであった。今ではこの悪風は全く跡を絶ったようである。

（「島の思い出」[39] 昭和八　昇曙夢）※

加計呂麻島と奄美大島のハブ祭りの報告である。南西諸島でハブがいないのは宮古島などいくつかの島に限られるが、多くの島々では不用意に藪に入らない注意が必要である。

ハブについては様々な語り伝えがある。沖縄本島の宜野湾市周辺の調査報告書『シマの話』[40]（大正一四）によれば、

「ハブの交接を見るなかれ」という禁忌がある。これを見れば凶事を招くからだという。凶兆とされるのである。これに出会った人は着衣を脱ぎ捨ててハブに覆いかぶせる。この場合、出会った人の形代、すなわち身代わりとしての着衣なのか、ハブを覆い隠すものなら何でもいいのかは不明である。ともかく、交接しているハブを打ち殺すようなことがあれば、たちどころに死ぬと言い伝えられている。

また、ハブを捕らえこれを捨てる時には、草の生えていない畑道のような所に埋める。雑草の生えている所に埋めるのを忌むのである。雑草の生えている所に埋めるとハブが悪性の草と化し、これに触れた人にいわゆる悪草まけ、悪草包みを患わせるといわれた。足が腫れ、痛がゆさを覚えるのである。

ハブは死んでからも悪性の草になって、殺された無念をはらす蛇だと考えられているということであろう。草の生えていない畑道というのは、草がないという条件のほかに、常に人が通って踏み固められる場所という条件も大事なことであったと思われる。

さらにハブを食す場合は屋内で煮食いはせずに、屋外で焼いて食べるという。四つ足動物や野生の鳥獣を食す時と同じような扱いである。屋内の場合、竈や炉端といった火所をけがすという意識と同時に、煮食いの禁止は鍋や食器に及ぶ穢れ意識が働くのであろう。

ハブに対してもつ人々の感情は、畏怖の念というものだった。出会うことがなければそれに越したことはない。自然環境の中で生きる村落生活だからこそ出会う率も高い。加計呂麻島や奄美大島のアッラネ遊びは、ハブに対する防塞系の呪法である。

日常生活を妨げるモノが訪れようとする際の人々の反応は通常三つに大別できる。魔除けのようにそれから除けようとすること、虫送りなどのように送り出すこと、そして、障害を取り除こうとこちらから攻めることである。つつがなく日々を暮らすために、人々はそれを妨げるモノに対して実に様々な呪的方法を駆使する。駆使する目的は安穏な暮らしへの祈願であろうが、駆使する方法は「除ける・送る・攻める」の三本柱を中核に構成されている。なお、霊威のはなはだしい場合には祀り上げることもある。

改めてアツラネ遊びを見てみよう。この場合の「遊び」は「祭り」と解するのである。このアツラネ遊び、すなわちハブ祭りは二つの要素から成り立っている。一つは住居を清めて家内の長物に触れないということである。住居および住居内での禁忌を守ると言い換えてもよい。二つ目は他所からの来訪者を追い払うということ。竈の煤は鍋尻の煤同様、外出時の魔除けとして広い地域で用いられるものである。やむなく屋敷へ招く人でも火をまたぐという清めをするということから、竈の泥もそうした役割をもつものと考えられていた。そうしたことが忘れられ、単なる泥や石などになったために、「悪風」として消えていったのであろう。

元来は、家族の者がハブの被害にあわぬよう、この日一日清められた屋敷で訪問者も遮断してひたすら禁忌を守り忌み籠りをするという日忌みの風習ではなかったかと推測される。

無縁仏の盆棚

日間賀島は、いわゆる両墓制であるが、盆のお迎えには、埋葬したムショーに行き、それからお寺のラントーに寄って来る。一方デイの口に水を入れたハンゾウと手拭いを置き、迎え火を焚く。十五日夜、送る時には、御飯とお茶と、小さい笊に供えた種々な御馳走を包んで、浜に行き、鉦を叩いて念仏申して海に流す。送り火も焚く。送る日には、お寺のラントーを先に、それからムショバに詣る。いったん海に送っていながら、両墓に詣るのは、念の入りすぎた合理化である。

千葉県の南海岸千倉町の漁師は、七月十三日、樒《しきみ》を買って、提燈《ちょうちん》をつけて、墓に迎えに行くが、一方、近所・隣の者が、道に集まって、新しい茅《かや》の焚火をし、線香をともして、焼き米と水を手に持って、

ヤン米食い食い水のみのみ、このあかりで来さっしゃい来さっしゃい

という。仏様が、迎え火と迎いの提燈とどちらの火めあてに来さっしゃるのか、という問題がここにある。この火にあたれば病にならぬ、と云って、尻をあぶる。十五日の送り火にも、

ヤン米食い食い、これで行かっしゃい。オガ(俺)病気をしょってくらっしゃい

という。香木原でもここでも、近所が出合って迎え火を焚く、というのは、今のように個々の家でなく一族で盆祭りをしたころの心持ちを残しているものであろうか。

五島の久賀島では、十五日の夜は、仏の帰り途だからと云って、雨戸を少し明けておく。仏前にねると仏に踏まれる、と云い、十六日の朝墓道にゆけば精霊風にあたるから、と云って、仏様が墓穴に帰られるように云っているように、他の地方でも多少にかかわらず同じような観念を持っているが、一方では、盆の十六日は、仏様が海に浮かんでいるから、漁に出てはいけない、と云って、この日は沖止めになっている漁村の慣行は、ほとんど全国的である。仏様を海川に送る地方が多いように、沖止めの禁忌も全国的である。

(『日間賀島民俗誌』(41) 昭和二六　瀬川清子)※

「日間賀島」という名を冠した著書であるにもかかわらず、盆のまつりの項目にはかつて筆者瀬川清子が調査した全国各地の事例がちりばめられている。報告にとどまらず、年来あたためてきた持論を展開するという趣がある。

墓に迎えにいったり門火を焚いたりして迎える盆の精霊たる仏。その仏の送りは海や川という不思議。家ごとの行事である盆の迎え火が近隣の家々と共同で行うという形態をもつ地域。こうした点から瀬川は盆行事の主人公を、「以前は、盆花に迎えられ、迎え火にいざなわれて、どこからともなく来たって、祭りをうける精霊だったのではなかろうか」と述べる。

現在、精霊すなわち仏は個々の家の石碑の下や草葉の陰などに居場所を定められて、そこに常在しているかに見える。こうした情況も瀬川の目で見れば、亡骸が浄化し漂遊するものに化した精霊を墓所に常在するようになったとしたのは、神々が社に常在すると信じられるようになったのと軌を同じくするのだという。

さらに、「一つまみの食物をそえて、無縁さんに、とつぶやく祖母や母のならわしを、見ききして育った」瀬川は無縁仏にも関心を寄せる。盆棚の相違に注目するのである。家々の先祖の仏たちを迎える精霊棚と、それについてくると信じられている祀り手のない無縁仏を供養する無縁棚と、新仏のためのあら棚の区別である。

瀬川の出身地秋田県とは多少隔たるが同じ東北地方の福島県の『檜枝岐民俗誌』(42)(昭和二六)にも、「仏様には一年じゅう毎朝欠かさずお茶を供えるが、仏様から下げたお茶は、流しあるいは家の裏の方へ捨てる。この時は必ず無縁仏に上げますと唱えて流す」という記述が見られる。その背景には、無縁仏を粗末にすると祟るという意識が働いている。

ここでは瀬川の報告に従って無縁仏を見ていくことにする。

新仏も古仏も家の精霊であるが、それについてくる無縁仏があるというのも全国的に聞くことのできる伝承である。家の仏の盆棚や神仏の荒棚の片隅に、小さな皿などを用意して供え物をする事例は広く見られる。

五島の久賀島では家の仏の盆棚は床の間に作り、ついてくるガッドンが恥ずかしがって中に入らぬからといって前庭に四本の木を立て笹竹で棚を作る。そして、水一杯にハナシバを入れて御馳走を並べるのがガツドン用のミタチで、これも一六日の朝流す。

四国の南岸の伊座利でも自家のオショウロウ様は仏壇の飾りをした所にお迎えし、傍らに大師様の掛け図を掛けて畳の上に供物を並べる。祀り手のない仏様のために垂木《たるき》に近い屋敷の隅や、家並みの続く所では各戸の正面道路にショウロ棚を作る。一年竹四本を柱にして棚を作り、そこへ梯子を掛けて高さ三、四尺の小さな火の見の櫓《やぐら》のようなものにし、樒と水萩を四方に立てる。その上段に蓮の葉を敷いて里芋の茎と葉を荒布《あらめ》の刻んだものを盛り、芋殻の箸を二本添える。棚の下には水を入れた花手桶に柄杓を添えて置く。人が寝しずまった真夜中に、お坊さんが各戸のショウロ棚の水を上げ念仏を唱えるというのである。

こうした屋外の祭り場は、屋内の盆棚よりも古風だと考えられる。ただ、無縁仏がどのような事情をもった死者なのか、地域によってかなりの異同がある。御霊信仰の影響も考えねばならない。しかし、「今では、小さい家々の、家でする盆の先祖祭りが、もっと別な形式で行われた時代がなかったものであろうか」という瀬川の問題提起は重い。

妖怪日《ようかーびー》とシバサシ

八月六、七日ごろから十日ごろまでの間は、妖怪の出る時であり、又災厄のある家に凶兆の現れる日であると信ぜられた。それで島の家々は毎夕爆竹を打って妖怪を退けた。又島の青年等は数か所の高い木の上に桟敷を作り、その上に上って凶兆を観察した。

凶兆には二種類あった。即ち、タマガイ（霊上りか）。凶事のある家には霊火が昇天するものと信ぜられた。現にこれを見た者も少なくはなかった。

チグト。なお凶事のある家から凶事の時の音響、例えば棺桶を作る音、又は餅粉を作る杵《きね》の音が聞こえると云われた。

八月十一日に、家々では桑枝とススキを家の四隅、門口に插した。これをシバサシと称したが、この日以後は妖怪も現れず又凶兆もなくなると云われた。


（『シマの話』(43) 大正一四　佐喜真興英）


八月六日ごろから一一日ごろまでの間は、妖怪の出現することが多く、災厄という凶事の兆が現れる日とされる。そこでその期間の夕方には爆竹を鳴らし、青年たちが木の上から凶兆を観察する。凶兆にはタマガイとチグトと呼ぶ、怪火と怪音があった。タマガイについての筆者の体験では蛍だったという。

このころ琉球では強風の晩が多い。その間に孤独の蛍が半ばここに運ばれ飛んでいるところなどはちょっと凄みがある。自分が上って観察した時、霊火ではないかと云われたのはみな蛍であった。

『山原の土俗』(44)（昭和四）には、シバサシまたはヨーカビと称する旧八月一一日だけの行事として記述されている。

青年婦女は宵のころから高台に登り部落内を凝視する。もし妖火や人霊《だま》が現れたり、怪音や泣き声が聞こえたりすると、その家から時たたずして死人が出るものとして畏怖する事が甚しい。又俗に云うキジムナー火が、夜間野原や森中に見受けられるものとしている。

九日ごろから妖怪魔物が出現するというて、大宜味村喜如嘉の少年等は太鼓やブリキ板を叩いて字内の古木の下や辻々を騒々しく歩き回り、しばらくして高台に登ってあたりを眺める。それはキジムナーや妖怪魔物を追い立てて、早く点火を見ようとするものらしい。

基本的には『シマの話』の事例と同様の行事であるが、大宜味村の少年たちによって行われているものは、本土の虫追い行事と酷似している。

青年や少年による観察や追い立てとは別に、家ごとの様子を見ることにする。やはり『山原の土俗』によるものである。

当日は農具や家具のすべてに俗称シバという草を結び、家の四隅や豚小屋、古木の下や門に尾花を結んで立てる。又稲こぎの下臼を門に置き鍋蓋《なべぶた》を懸け、又は棒に鍋蓋を懸けて置く。それから各家では、竹や竹吹螺《ほら》を鳴らす。これらはすべて妖怪魔物除けにほかならぬのである。

あまり他処では見受けぬ事だが、大宜味村喜如嘉においては神人《かみんちゅ》が、全部神アシアゲに集まって祈願をなし、屋内において円陣を作り、オモイを歌って踊りつつ巡る。

竹富島のシーサー（沖縄県）

妖怪や魔物が訪れるというので、各家では門口や家の四隅、豚小屋、古木の下など妖怪が立ち寄りそうな所には尾花を結び、農具や家具にはシバを結んでおく。念には念を入れて門口には稲こぎの下臼を置き、鍋蓋を棒にかけ、竹や法螺《ほら》貝で音を響かせる。明らかに妖怪来訪に対する防塞系の呪術である。

また、大宜味村の喜如嘉では神人がアシアゲに集合して祈禱をする。そして、シバサシのオモイを七度ほど歌って、アシアゲの内を七巡りしながら踊るという。

ここでは厄神送りという俗信が、字内の祭礼と化している。

八月一一日の妖怪日に関する俗信を列挙しておく。

・この日農夫は日没まで田畑に居残ってはいかない。

↓妖怪につかれるから。

・妖怪日には爆竹又は竹法螺を鳴らす。

↓妖怪を追い祓うため。

・妖怪日には子供集い道の辻、大木の下で鼓を乱打する。

↓キジムナーが来ては早く火を出さすため

・妖怪日には家の四隅の軒又は豚小屋家畜小屋、古木の下にすすきにてサンを作り立てる。

↓魔除けのため。

註

（1）笠松　彬緒　一九二七　『紀州有田民俗誌』　郷土研究社　大系第四巻所収

（2）笠松　前掲書（1）

（3）宮武　粛門　一九三一　「肥前川上郷の話」（『郷土研究』四―二・三）　大系第一〇巻所収

（4）雑賀貞次郎　一九二七　『牟婁口碑集』　郷土研究社　大系第四巻所収

（5）笠松　前掲書（1）

（6）笠松　前掲書（1）

（7）雑賀　前掲書（4）
（8）南　　要「大阪府下年中行事」（未刊資料）大系第四巻所収
（9）今井善一郎　一九四一『習俗歳時記』換乎堂　大系第八巻所収
（10）山口　貞夫　一九三四「志州の島々」（『島』昭和九年版）大系第一一巻所収
（11）西頸城郡郷土研究会　一九四一『西頸城年中行事』西頸城郡郷土研究会　大系第七巻所収
（12）佐喜真興英　一九二五『シマの話』郷土研究社　大系第一巻所収
（13）中山徳太郎・青木　重孝　一九三八『佐渡年中行事』民間伝承の会　大系第七巻所収
（14）笹村草家人「甲州山村聞き書き」（未刊資料）大系第一一巻所収
（15）垣田五百次・坪井　忠彦　一九二二『口丹波口碑集』郷土研究社　大系第四巻所収
（16）宮武　前掲書（3）
（17）楢木　範行　一九三七『日向馬関田の伝承』鹿児島民俗研究会
（18）安川　弘堂　一九三三「筑前大島の民俗」（『旅と伝説』六―一・七）
（19）桜田　勝徳　一九三四「肥前平島と出水の長島」（『島』九年版前期）大系第一〇巻所収
（20）垣田・坪井　前掲書（15）
（21）桜田　勝徳　一九三三「肥前江の島記」（『島』一―六）大系第一〇巻所収
（22）楢木　前掲書（17）
（23）高橋文太郎　一九三三「大隅国内之浦採訪記」（『民俗学』五―六）
（24）寺石　正路　一九二五『土佐風俗と伝説』郷土研究社　大系第三巻所収

(25) 武田　明　一九四一「父二峰村の民俗記」(『ひだびと』九—五)
(26) 三木　春露　一九四三「讃岐年中事物考」(『旅と伝説』一六—五・六・一〇)
(27) 武田　明　一九五五『祖谷山民俗誌』古今書院　大系第三巻所収
(28) 松岡　利夫　一九五四『柚野民俗誌』柳原書院　大系第三巻所収
(29) 長山　源雄　一九二九「豊後国直入地方の民間伝承」(『民俗学』一—五・六、二—七)　大系第一〇巻所収
(30) 浜田　隆一　一九三二『天草島民俗誌』郷土研究社　大系第二巻所収
(31) 鈴木　棠三　一九四四「若狭大島民俗記」(『ひだびと』一二—三・五、『日本民俗学』二—二)　大系第一一巻所収
(32) 桜田　勝徳　一九三三「長門六島村見聞記」(『島』一—一・二・三)
(33) 松岡　前掲書(28)
(34) 西谷　勝也　一九三九「但馬の民俗」(『旅と伝説』一二—一一)　大系第一一巻所収
(35) 雑賀　前掲書(4)
(36) 桜田　前掲書(21)
(37) 磐城民俗研究会　一九三九「磐城民俗資料」(『旅と伝説』一二—七・一一)　大系第一二巻所収
(38) 早川孝太郎　一九三一「北津軽の民俗」(『旅と伝説』四—八)
(39) 昇　曙　夢　一九三三「島の思い出」(『旅と伝説』六—五・六・八)　大系第一〇巻所収
(40) 佐喜真　前掲書(12)
(41) 瀬川　清子　一九五一『日間賀島民俗誌』刀江書院　大系第五巻所収
(42) 今野　圓輔　一九五一『檜枝岐民俗誌』刀江書院

(43)　佐喜真　前掲書(12)

(44)　島袋　源七　一九二九　『山原の土俗』　郷土研究社　大系第一巻所収

第四章　信仰領域に見る俗信

妖怪神社の絵馬（鳥取県）
町おこしの一環として、水木しげるの妖怪の世界を具現化したもの。

神社の雨乞い・寺の雨乞い

東丹波一帯では、旱天続きの時は、夕方農夫たちが近処の山々で火を炊く。大正十三年の夏の大旱魃の時にも、口丹波をめぐる山々に数限りなくこの事が行われた。

口丹波でも山地に入った旭村のある部落では、旱天の時はその部落にある寺の釣り鐘を、溜め池の中に沈めて、雨乞いをするそうである。

篠村では、夜中に地蔵を他から盗み取って来たならば、きっと雨が降るといっている。

南桑田郡のいちばん山奥といわれる畑野村地方では、旱天の折は村人こぞって氏神に参拝し千束柴を山の上でやくというのである。

（『口丹波口碑集』(1) 大正一四　垣田五百次・坪井忠彦）

田辺付近で旱魃の時、雨請いをするに山の上、岡の上などで焚火をするが例であるが、その時は高野山へ参詣して有名な貧者の一燈の火を火縄に移してもらい、それを持ち帰って火種とし焚火する。

北富田村庄川奥に牛屋谷（一に牛鬼谷）という滝あり、滝の奥に洞窟あり主住むという。昔、主を怒らしたため一万余の材木を洞窟に取り込まれ行き先知れず、それだけ洞窟の深さははかられずという。

旱魃の時ここに雨を祈り、いかにしても雨降らぬ時は牛の首をこの滝壺に投ず、さすればその穢れを清むるためにたちまち雨降ると伝えられ、現に大正二年大旱魃の時、牛の首を投げ入れた。

万呂村では天王池の堤で「ふれたまれ蛙」と唱えて雨請いをする。
（『牟婁口碑集』[2] 昭和二　雑賀貞次郎）

近畿地方、ことに山深い地域では日照りが続き作物の生育に影響を及ぼすとなると、山上や丘などの上で火を焚いて雨を求めるという、いわゆる雨乞いが広く行われた。

溜め池に寺の釣り鐘を沈めるとか、他所の地蔵を盗んでくるとか、滝壺に牛の首を投げ入れるとか、池の堤で村人がいっせいに蛙に助けを求める呪文を唱えるという方法まで用いられている。

水辺の主といえば誰もが大蛇を思い起こすが、九州地方のある村では安珍清姫に似た話をもとに釣り鐘を海中に沈めるという雨乞い行事があった。口丹波の釣り鐘沈めと関連があるのかは不明である。

また、他部落の地蔵を盗むことが雨乞いの効果を生むのか、どういう理由をもつ地蔵か未詳であるが、南九州に見られた田の神盗みの事例との共通点も見られる。

紀州北富田村の牛の首投げはなんともすさまじい。恐らく滝付近の牛鬼谷という地名から牛が災いにあったとも考えられる。それだけ村にとって旱魃は深刻であったということである。

万呂村の呪文を含め雨乞いの行事が奇異に見えたとしても、降雨を願う呪術的方法、すなわち呪法という俗信である。

いずれにしても、冒頭の二つの事例に共通するのは、村の行事としての雨乞いであるということである。こうした雨乞い行事がしだいに寺社の行事として組み込まれていく事例は少なくない。

『牟婁口碑集』によれば、秋津川村の臨済宗万福寺の境内にある堂の本尊阿弥陀如来は、安政大地震の際突然姿を隠し翌日姿を現したが足や裾が濡れていたので、衆生を救いに出られたのだろうといわれていた。ある旱魃の折に寺の下のガマ淵にこの仏像を持ち出し、万福寺の住職が観音経をよみ村人がその周囲で輪になって踊ったところたちまち雨が降ってきたという。実はこの雨乞いは満福寺十世の全恭が始めたもので、全恭は田辺の覚照寺という真宗寺の出であったというのである。

秋津川村にも伝統的な村行事としての雨乞いはあったと考えられるが、衆生を救うといういわれのある本尊を中心に寺主催の雨乞いが行われれば、旱魃に困り果てている村人にとっては有難いことである。寺の雨乞いは村の雨乞いとは別に定着していくことになる。

また、村人のほうから寺社の権威や御利益を求める場合もある。『口丹波口碑集』によれば、大井村では総代が京都の北野神社に参詣して神火をいただいて帰り、さらにもう一人は村の常観寺で七日間御燈明を上げ修行をする。雨乞いの当日はこの二人が先頭になって村人とともに高い山に登り、三か所で火を焚く。燃えている間村人は鉦や太鼓を打ち鳴らし、「雨降れイボイボ、杓に米一斗五升」と怒鳴って囃すのである。なお、この意味は柄杓《ひしゃく》一杯の水で米一斗五升も獲れるように、ということだという。

神事の雨乞いとなると、その効果が強調される。小豆占い神事で触れた千歳村の雨乞いを再び『口丹波口碑集』によって見ると、この村の出雲神社の雨乞いは笹踊りとも伊勢踊りともいわれる踊りが中心となる。

旱魃になると、村人は片手に笹を持ち、もう一方の手には太鼓の類を持って、浄瑠璃のような長々しい歌を唱いつつ列なって踊り、本殿に参拝する。参拝が終わるか終らぬかに急いで馳せ帰る。これは効験あらたかな神様であるから早く戻らないと、雨が降りすぎて困るというのである。こうなると、村の伝統的な雨乞いを行うよりも神様の雨乞いをということになる。寺社は村人の役に立てば、村人は死活問題であるだけにより御利益があるほうをという双方の歩み寄りによって、雨乞いは神事化・仏事化していく。

縛られ地蔵と流行神《はやりがみ》

地蔵さんは子供に親しみが多い。首が欠けたり無かったりする地蔵は随所に見られる。川へ陥っていられる地蔵さんを拾い上げて祟られたり、子供が小便をかけたともったいながり、洗って罰を当てられた話も聞く。お願いがある時には地蔵の頭から油を掛ける油掛け地蔵も、どこだったかにあると聞いた。歯痛には最もよく験《しるし》が有るそうでお茶を供える。

昔曽我部村に六華《ろっか》と云った部落があった。そのころから六つの部落に一つずつの地蔵さんがあって、今だに曽我部の六地蔵と云って名高い。曽我部村の法貴《ほうき》・中《なか》・春日部・寺《てら》・犬飼の五部落に各一つと、重利《しげとし》・西条・南条の部落は三年に一度ずつ廻る地蔵様があって、合わせて六地蔵である。近在の人々は八月二十三日の地蔵盆には必ず巡拝する。特に年内に死人を出した家の人は必ず参詣する。

（『口丹波口碑集』(3) 大正一四　垣田五百次・坪井忠彦）※

地蔵は多くの神仏の中にあって、最も親しまれたものの一つである。とくに子どもを好み、どのような悪戯をされても喜び、むしろその悪戯をたしなめる大人に罰を与えるなどと伝える。病の効験にちなんで何々地蔵と呼ばれることも多い。親しみが深いだけに、地蔵にまつわる話も多い。

前掲書によれば、篠村には子安地蔵があって産婦の信仰を集めている。この地蔵は昔市森長者が、娘が難産で死去した際に世間の産婦を救うために建立したのだという。

また、亀岡町にも北町と横町に地蔵さんがあって、ともに産婦の信仰を集めている。横町の地蔵は源三位頼政の守り本尊を安置したのだそうで、俗に矢の根地蔵と呼ばれているという。

亀岡の東の清水の涌く傍《わ》らにも清水地蔵という地蔵がある。祈願者はこの地蔵に縄を括りつけておいてお願いし、病気が良くなると縄を解いて茶湯を供えるという。いわゆる縛り地蔵とか縛られ地蔵とか呼ばれる祈願法の一つである。信仰あるいは宗教の場合には、祈願対象となる神仏は常に人の上に位置し、人は敬意をもってお願いをする立場にある。ところがこの場合は、祈願する人と地蔵とは対等の立場にあって、願いを叶えてくれたら縄を解くという交換条件を出すいわば交換系の呪法をとる俗信である。この神仏と人との対等な位置関係が、信仰ではなく俗信とする所以である。

『牟婁口碑集』(4)(昭和二)によれば、和歌山県の田辺町付近にも次のような地蔵が祀られている。

田辺町目良浦の地蔵堂の子安地蔵にお産を軽くさせてくれるということから、妊婦が五、六か月目に必ず参詣して安産の守りを受け、産後にお礼参りをするという。同じく田辺町だが海蔵寺境内の地蔵は、産後乳なき者祈れば乳出すといい、また嬰児が死んで乳に困る者は地蔵に預ければ止まるという。

同書にはまた地蔵の流行についての報告もある。流行神という視点からそのいくつかを見る。

まず上秋津村の立江地蔵の場合は、四国一七番立江地蔵を模したものであるという。明治三四、五年ごろ諸願一切、ことに病気平癒の祈願に霊験あるとの評判が立ち、誰それは何が治った、誰それはリュウマチが治ったなどとしきりに伝えられた。その後二年間ばかりは周囲からの参詣も多く、なかには七里一〇里を遠いと思わずに来る人もいた。付近には茶店、露店も出て、地蔵守りもできた。これをうらやんでか下秋津村の宝満寺でも別に立江地蔵をこしらえたために、双方の評判が衰え参詣者がなくなり、そばを通っても誰も顧みる者すらいなくなったという。

また、秋津川村字谷野川の桜地蔵は明治四五年の春から流行り出した。誰でも一つの願を叶えてくれるとあって、にわかに参詣者が増え、茶店が出るほどにぎわったが、翌大正二年春から次第に衰え間もなく参詣者がなくなった。この地蔵の流行り出しは、上芳養村の某が付近へメジロを捕りに行ったが捕れないので、ふと地蔵様にメジロを捕らして下さいと願掛けするとすぐに捕ることができた。それから霊験ありと言い出したのだという。

土地の人の中には、このように所々の地蔵が折々流行り出すのは、狐が地蔵に憑いて色々な霊験を見せるからだ、狐が勝手に去ってしまうので長く続かないのだという者もあるという。

屋敷の神と路傍の神

西部遠江の民家としての積志村を眺める。この地方は田畑相半していると言っていいだろう。村落も大体が散点状の村であるが、処々にやや集団状の村の形成していることも当然な状態である。

道路が家のいずれの側にあっても、家は南面であることが農家の通常である。これは生活上オード(乾し場)が日当たりでなくてはならぬからである。屋敷の構えは、主屋の東南に便所、続いて納屋、物置を造るを通常とする。井戸は東南で便所と並ぶか、便所の北に連なるかを普通とし、昔のままの家では、小便壺が主屋の入り口のすぐ東側にあるのがほとんど全般と言っていい程で、現在でも相当あるようでもあるが、これは改善された向きが多い。

屋敷で最も大切なものは地の神である。必ず屋敷の西北隅にあって南面である。木造の小祠のものと藁で造ったものとの二種である。ごく稀には瓦焼きの祠もある。いずれにしても小型で質素なものであることを本体としている。藁の屋根のものは、必ず十一月十五日に葺き換える(十二月十五日のところもあるが)。この日は地の神を祭る日であって、赤飯を献ずるのであるが、器は、方形木器(オハチ)が多いが、円形の藁の皿に盛る家もあり、赤飯は紡錘型に固く盛るのである。

地の神に陶製の狐(稲荷)を併置する風習は積志村には非常に少数しかない。煤払いに使った竹は、必ず地の神の後ろ、即ち屋敷の西北隅に立てて置く。新たに住居を構えた者は、生家の屋敷の土を持って来て、地の神に献ずる風も行われる。又、家屋を取り払った屋敷をツブレカドと言うが、ツブレカドでも地の神は取り払わない。祠は無くとも、必ず石を立てて置く。

魔除けとして門口に吊るすものには、蟹《かに》の甲、これは平家蟹のように大形のものに、なるべく恐ろしい顔を画く。韮《にら》、すべり莧《ひゆ》、花火の玉殻、きん柑を七個糸を通して吊るす、など種々ある。貼付するものには聻の字、馬の字を三つ倒《さかさま》に書く。これは子供の流行病除けである。又手形を左右逆に押したものなど。又住居に関する禁厭の歌がある。

ぬす人の隠れし山に月出でて忍ぶ細道ありあけの空

これを紙に書いて、大戸又は用心棒に貼っておくのである。文句のごとく盗難除け。

霜柱氷の桁に雪の梁雨の垂木に露の葺き草

これは火難を除ける呪いの歌で、就寝前に三唱するものである。

俗信の中にも、住居に関するものはたくさんあるが、その中でも、鼬鼠の一声鳴きは火に祟ると言って、鼬鼠が一声しか鳴かないと、大黒様に水を注ぎ掛けるなど、家と家族とが同体一如の生活にあるべき信仰的幻想の所産であると見うるのである。

（『遠江積志村民俗誌』[5]　昭和八　中道朔爾）※

屋敷を守るとされる「地の神」と「魔除け」に関する資料である。地の神は屋敷地の一隅やその周辺に祀られることから、屋敷神と位置付けることができる。氏神やウチガミ、地神や地主神、祝殿などと呼ばれて全国に分布する。そして、その祭神として稲荷・八幡・神明・白山・山の神など様々な名があてられている。

同じ地の神という名称であってもその性格や祀り方などまちまちのようで、『日間賀島民俗誌』[6]（昭和二六）には老婆の語りとして、「地の神は、どこの家にも、二つや三つはあるズラ。中に五輪様というのもあるズラ、それは、長袖の法印だろう。しようのない神でのウ。なんでも触れるし、風などひくとつくし、困るデェ。うちの屋敷の中にも三つはある」と記されている。

屋敷の神ということで地の神を取り上げたが、本書がテーマとする生活俗信に立ち戻れば、屋敷の魔除けという役割が重視される。以下、井戸や便所の神、次いで屋敷を出て路傍の神の実情や伝承を求める。「神」や「地蔵」と呼ばれていても内実は俗信的要素が大きく働いているものが多い。

積志村には井戸に井戸神を祀っている家もあるが、「あまり多くはない」という。井戸神といっても石が立ててある程度で、石の数も種々である。夷講《えびす》の鮒を井戸に入れるが、この鮒を井戸神としている家は多い。しかし、井戸神を特別に祀ることはないようである。

便所の神については『飛驒採訪日誌』[7]（昭和一三）にその記述がある。便所の神様をコウカの神様といって憚《はばか》り場の隅の柱に祀り花を供えるという。コウカというのは禅寺の後架のことであろう。柱に何を祀るのか不明であるが、一六日が縁日で花や灯明を供える。便所へ唾《つば》を吐くと歯が痛む、肌脱いで便所に行くとワキガになるという。便所の神様は裸で見えるから、姿を見られているのを恥ずかしがられるから、便所に入る前に音を立てていくと、その音を聞かれて姿を隠されるという。

便所神については次のような話が伝承されている。

昔、神様の集まりに、一番偉い神様が神様たちを選り分けになった時、それぞれおれは水神になる、おれは山の神になるということで、田や畑の神様になられた。一番偉い神様は行く場所がなくなったので、便所へ行ってそこの神様になられたのだといわれている。だから丹生川村では一番偉い人を便所神といったという笑い話がある。

積志村に戻って路傍の神を見ていくことにする。有玉上瀬の辻の地蔵様に詣ると、旅に出ても怪我をせずに帰れるといわれる。そこで足が痛む時はこの地蔵様に、股引き脚絆の類を紙で折って納めると必ず治るという。

下大瀬には代掻《しろか》き地蔵がある。日ごろ地蔵様を信心している一家が、みな病気で臥せって田植えができずにいた。そんな時、夜の間に地蔵様が田の代を掻いて泥まみれになっていたというので、このように呼ばれている。

有玉の町田に木から水が出る椎の木がある。この水を耳の遠い者がつけると治るといわれ、願果たしには鶏卵七個を納める。

田村麻呂伝説の俊光将軍社には三抱えほどの枯れ木があった。何の木か判然としないが、その木を煎じて飲むと病気が治るとか、その木を噛むと歯痛が止まるといって、盛んに石や小刀で剝ぎ取られた。中には爪楊枝《つまようじ》にして使うと口中の病に罹らぬなどといって取っていく者もあったという。

オミサーキとカクシ餅

正月の餅は一般に、大型の鏡餅をオソナエ、小さい丸型のものをフクデと呼んでいる。黒前村大字高原のある家では、元旦に各人が、ウルチ餅一つ、イイ餅二つ、トシマメ、干し柿を入れたお重を一箱ずつあてがわれ、餅は各自に炉で焼いて食べる。粳《うるち》餅に対する場合は糯《もち》をイイ餅と呼ぶ。粳餅はビシャモン様ノ餅という。この家では三日に初めて雑煮を食べる。

多賀郡磯原町相田のある旧家では、元旦に主人が蓑笠姿で炉にドタバイリして餅を焼いて食べる。炉に台を置かずに足を投げこむことをドタバイリという。それを奉公人が盗み見したので家運が傾いたという。

多賀郡櫛形村大字友部のある旧家では、やはり主人が蓑笠姿でドタバイリをして、饂飩《うどん》を食べる。同地のある旧家では、主人が元旦に下炉で、麦飯に芋のとろろをかけて食べる。先祖がこうして財産を残したのだと言い伝えている。

下君田の宇野家では、暮れの餅搗きに赤白一重ねの鏡餅をつくり、家長がそれを納戸に隠して家人の触れることを許さず、それをカクシ餅と呼んでいる。その家では元日に神棚へ供える餅はヒシモチと呼び、白赤白と三枚重ねの菱型の餅で、それは元日早朝に家長が切って拵える。赤い餅というのは、小豆のつぶしたものを混ぜて搗いたものである。また、五日のヤマイリに坪の山ノ神の石碑の前へ、神棚に飾ってあった松を送り、七品の食物とカクシ餅の一部とを供える。即ち先ず赤白一重ねの鏡餅をそれぞれに二等分する。その半分は山入りに、他の半分は十一日の鍬入れに用いるものである。

中戸川では、年の暮れに門松とともに切って来た松に白紙をつけて田に立て、餅片を三つずつ三か所に置いて早稲、中稲、晩稲を定めて、やはりオミサーキ、オミサーキと呼んで占いをする。
(『常陸高岡村民俗誌』[8] 昭和二六　大間知篤三)※

元日の蓑笠姿のドタバイリ、山入りと鍬入れの供え餅となるカクシ餅、一年の稲の豊凶を占う神の使わしめたるオミサーキ。多種多様な全国の正月行事にあってもユニークなものである。

この地では正月一日から一三日までをモトドシ、一四日から二〇日ごろまでをウラドシという。お松を「お正月様」と呼ぶが数は一定せず、普通は伐って来た日に立てる。お正月様が倒れると必ず不幸があるといわれる。

主人による蓑笠姿のドタバイリは炉に足を投げこむというからには訪れた姿そのままに土足、あるいは裸足ということになるのであろう。奉公人が盗み見したために家が傾いたという話からその姿を見ることは禁忌であり、その訪れは家運にかかわるとされていたと考えられる。つまり、正月様来訪の模擬系の呪術といえる。

また、カクシ餅は五日の山入りの際の山の神への供え物である。元日から山入りまでは山へ入ることが厳しく禁じられている。そして、一一日の鍬入れの時の供え物、占う餅とされるが、宇野家ではカクシ餅の残り半分を切って用いている。つまり、カクシ餅は山入り・鍬入れという農家にとって極めて重要な行事の供え物であった。隠し餅という名の由来はこの辺りにありそうである。

オミサーキは、黒前村高原の旧家によれば、とくにカクシ餅とは呼ばないようであるが、のし餅の四隅を切り取った餅を用いていて、鍬入れにオミサーキ、オミサーキと呼んで占いをする習わしだという。上君田では餅切れを一升枡に入れて、田を起こして供え、オミシャーギ、オミシャーギと呼ぶが、これをしないと怪我をするとされる。久慈郡賀美村では、カラース、カラースと呼んで占う。オミサーキはカラスを指している。やって来たカラスがあらかじめ定めた早稲・中稲・晩稲のいずれを最初についばむかによって、その年に植えるものを決めるのである。年占の一種である。

この地の年中行事に見る俗信をいくつか指摘してみたい。

ウラ餅を搗くと、すぐに二つ小さく丸めて耳へあて、「良いことを聞け良いことを聞け」という習わしがある。

この地には不幸の際の耳塞ぎ餅の習俗も伝承されているが、これと同様に災いから身を守るという趣旨を持つ防塞系の呪術である。

中戸川の米平坪では、一四日の落日を見て年の豊凶を占う。即ち妙見様の山を目印にしておいて、日が落ちる途端に、北へ動くと凶、南へ動くと豊年と言っている。

一般的には小正月という一三日、一四日に年占が行われる。

大能では十八日に十八ガユを炊く。飯・餅・小豆を入れた粥であり、その洗い汁を家の周りに撒く。そうしておくと蛇が入らぬという。

穀物の力によって蛇除け、虫除けをするもの。疫病神の村への侵入を防ぐための道切り行事などでも道を横切る溝を作り、穀物を撒くといった行事がある。防塞系の呪術である。

二月一日をジローノツイタチという。また九五ノ朔日とか、九五ノウロとかいう語も行われており、その年が閏年で、家人に九か五のつく年回りの者があると、餅を搗いて神棚に供えた。そうすると難を免れるという。

閏年の九または五のつく年回りを忌むものである。二月一日に正月の膳や餅を用意して年重ねをする事例もある。

この地では八のつく年は凶作だとして、その年回りの人は、鉢とか飯の御鉢とかハチのつく物を買って、その底を抜いて川へ流す。悪運を順運にかえるといってよく行われた習わしだという。いずれも年回り禁忌に対する呪法である。

二月十日を田ノ神オロシといい、正月にお釜様に供えた松をこの日の朝に囲炉裏で燃し、空臼を三度搗く。その煙に乗って田ノ神が降りるという。煙が屋根へ脱けないうちに搗くということも聞いた。

いわゆる田の神の去来伝承に伴って生じた俗信である。稲の収穫を目指す水田耕作には、その手順に応じて何事もなくその目的を果たすことができるようにと願い祈る儀礼が伴う。そうした儀礼の多くは俗信によって構築されている。田の神は春に山から下りてきて、秋収穫とともに山に帰るという伝承が、ここでは空臼の音、燃した正月松の煙とともに田に下りてくるというものである。

五月五日に田へ入るとボーアシになるという。足が腫れて曲がらぬようになることである。また、この日には筍と山薯とは必ず食べる。それらを食べぬとコエムシになるという。馬糞にわく白色の親指ほどの蛆のことである。棒足やコエムシになるという点は別として、五月節供の田への立入禁忌であり、特定の食物の勧めである。

久慈郡小里村では十月十日にムジナッパタキをする。茗荷の茎を一本入れた三尺ほどの藁棒で、路面を打ちまわりながら、「大麦小麦三角ばった蕎麦あたれ」と唱え言をする。来年の豊作を祈るのだという。当日は餅を搗く。西日本の亥の子、東日本の十日夜《トウカンヤ》と同じ系統の行事である。藁棒は通常藁ツトと呼ばれるもので、その中に茗荷の茎や里芋の茎などを入れることもある。路面を打ち回るのは子どもの集団で、モグラ叩きなどともいうが、ここではムジナッパタキという。餅を搗いて収穫を祝いつつ、来年の豊作を願う模擬系の呪術である。

死者の年越し

タツミショウガツ、あるいは神仏の年越させなどということがある。十二月の辰巳の日の行事であり、これは殊に四国によく残っている行事だと言われている。

その日墓には門松を立て〆飾りをしてからハナシバを供える。また一臼餅を搗くが、墓へ供えたハナシバは持って帰り、仏壇にその餅と共に供える。一丁豆腐も供えるが、その豆腐には箸を一本さしてある。

お経をあげて翌早朝墓へ参り、草履を供える。餅を持って行って供え、後に墓場でその餅を下ろしてから火に焼いて親類のものと食べる。家へ帰ってからは仏壇に供えた餅と豆腐をやはりおろして食べると言う。

（『祖谷山民俗誌』(9)　昭和三〇　武田明）※

カンニチ　十二月の初の辰巳あるいは巳午の日と云い新仏のあった家では一臼餅を搗く。墓へは柿の木で幸木を作り立て餅・蜜柑を供える。隣近所の者とともに墓で藁火をたき包丁に餅を刺して焼き参詣人に包丁につき刺して食べさせる。

（「父二峰村の民俗記」(10)　昭和一六　武田明）

いずれも武田明調査報告からのものである。

新年を迎えて人は必ず一つ年を重ねるという日本人の観念には非常に根深いものがある。人に限らず身近な動物や農具一般、時には神霊までがその対象となる。冒頭の二つの事例は、新仏にまで年を越させようといった行事である。タツミショウガツは文字通り、一二月の初めの辰巳の日に墓に門松を立て注連を張る。そして一臼餅と一丁豆腐を供える。「一」にこだわるのは、枕飯を一椀飯とするのと同じ感覚であろう。一丁豆腐に一本箸を立てるのも、すみやかにお召し上がり下さいという気持ちを表現している。

翌朝供え物と一緒に持参した草履は、すでに年越しは済んだという象徴物であろう。葬儀の時の墓穴人は、その場で草鞋などを脱ぎ捨て裸足で戻る場合が多いからである。

カンニチという二つ目の事例の特徴は、通常幸木として使用することのない柿の木を用い、寄り集まった人々に包丁に刺した餅を振る舞うことである。新仏の年越しとはいえ、対象は死者であるので通常の行為に反することをするのである。

このように多少の相違がある新仏の年越し行事ではあっても、共通するのは辰巳の日という期日と、親族と死者との共食という趣旨の強調である。そのうえ、この行事に宗教的な要素は皆無であり、俗信、ことに呪的方法によって構築されていることが理解できる。

「鹿児島県十島村の民俗」(11)(昭和六)によれば、十島のうち竹島・黒島・硫黄島の三島を除く七つの島では一年に三つの正月を迎えているという。新暦による新正月、旧暦による旧正月、そして七島独特の「七島正月《しちとうしょうがつ》」である。

それは旧暦十二月一日を元日とするもので事の起こりは慶長十四年の島津の琉球征伐の時であってその時七島の人々も島津勢に加わって出征することになったが、ちょうどそれがお正月間近なことであったので、島の人たちが出生する人たちのためにせめては郷土で越年させてやりたいところから、特に一か月早い十二月一日に仮のお正月をやったのである。

こうしたことから最も盛大な正月行事として続けられていたのだという。このように出征する人のための年越しとして始められたとされる行事が、その後年月を経て先祖を供養するための行事に変遷していくことになる。

祭祀の様式も仏壇からお盆の時のような棚に移され、一日から六日の晩まで棚の上の位牌に多くの供え物がなされる。位牌の数だけ膳を用意し、常には供えない魚類をその時に限っては供えなければならないことになっている。そして六日の晩になると再び船に乗っていずこかへ帰っていくものだというので、たくさんの土産を玄関まで持って送る。船がよく岸からすべり降りるようにと豆を座敷に撒いてやる。

盆行事を二度営むように見えるが、行事の内容はタツミショウガツと同様、通常とは異なることを実行する。そのうえ、冥途に帰る船が無事に出航するようにと座敷に豆を撒くという摸擬系の呪法を行っている。

新仏の年越し、出征兵士の年越しとまったく異なる趣旨によって生じた行事ではあっても、俗信によって先祖を供養する気持ちに収斂していくのであろう。

お善鬼様の出世

北小谷村の真那板《まないた》通りは、姫川の東岸に沿い大網《うあみ》から李平《すもんだいら》に通じる岨道《そばみち》で、今の糸魚川《いといがわ》街道はこれに平行して姫川の西を通っている。真那板通りは道幅わずかに二尺位、東方に真那板山を見て絶壁を横ぎる処などあって、はなはだ危険な路であるが、心中お善鬼《ぜんき》様を念じて通れば危険が無いといわれている。

中土村の某と云う男、漂然と家出したまま永年所在不明で家の者はもはや死んだことと諦め、家出した日を忌日に仏事を営んでいた。

ある年のある日、その男の兄にあたる某、糸魚川町から魚を背負って帰る途中、この真那板通りではからずも弟に邂逅《かいこう》した。久しぶりで逢ったこと、それでも無事でよかったことなどを語り合って喜び、連れ立って家に帰ろうと葛葉峠《くぞばとうげ》にさしかかると、弟は急に思い出したように兄に向かい、「これでお別れだ、決して弟だなどと云ってくれるな」と言い捨て三度身を振るうと見るや形相恐ろしき鬼の姿に変わり、雲を呼んで真那板山へ飛んだ。

兄は呆気にとられていると、やがて真那板山では屏風ヶ岩の扉が開閉する音を聞いた。

（『小谷口碑集』[12] 大正一一　小池直太郎）

新潟県の北城・南小谷二村の境にある岩戸山はお善鬼様の御本拠であるという。このお善鬼様なる神を北城の人は、「青鬼（あおに、地名）の権現様」とか「岩戸権現」とか呼び、南小谷では「若宮権現」あるいは「大岩権現」と呼んでいる。霊験あらたかと信じられており、流行病ことに赤痢などのはやり時には大勢の参詣人が訪れるようである。

ここで次の話を参照しよう。

「お善鬼様」はそりゃあ御利益のある方でござっしゃるだ。どんな神様か知らねいどもわしどもァ毎年三月二十八日には善道鬼神《ぜんどうきしん》を祀るが言って御神酒を進ぜるだ。節分に豆撒きをしねい家もありやす。そりゃあお前様「お善鬼様」が折角ござっしゃるに外にも出来ねいから御遠慮申すのさ

この話でお善鬼様なる神の姿がおぼろげながら見えてくる。本来は節分の夜に村里に来訪して人々に豆を撒かれる厄病神であったのではないかということである。人に負の作用をする厄神が、その霊威の強さのために神として祀りあげられることは時折見られる。疱瘡神はその代表的なものであり、流行病に対応するための祭祀系の呪術として捉えている。

「善鬼」という名称には、人のためになる善い鬼であってほしいという願いが込められているようにも思える。三月二八日は神格化が進んだ段階で定められた祭日であろう。疱瘡神の場合は産土神の祭日がそのまま祭日となることが多いようである。神格化は神信仰の模倣を基本とするからである。

もう一つの事例は南小谷村から出た報告という断り書きがあるが、

岩戸山は神代の昔、手力男命天の窟戸をお隠しなされた処、それで岩戸山の名がある。土地の人がこの山の麓で薪を採っていると、大字大岩という所のお穴から後光がさして来た。一同奇異の思いをなし仕事も出来ずにいたが、薪取りの一人が「いかなる御方のお仕業にや」と伺うと「吾は少名毘古那命であるぞ」とのお答え。依って命を祭神として斎き祀った云々。

とあったという。この二つの話を並置して、筆者小池直太郎は、「いわゆる村の物識りが神官流の作為の跡の多分にある話になっているが、民間伝承の新しい一変改の例として記しておく」と述懐している。極端に神格化が進むと、疫病神の出自が天の岩戸にまで遡ってしまうということになる。

お善鬼様が膳椀を貸したという椀貸し伝説が北城でも南小谷でも伝えられている。

庚申講の振る舞いなど宴席を設ける時に道具の準備が整わない家では、権現様の洞穴の前に膳椀何人前と告げておくと、翌日にはちゃんと取りそろえてある。村の人に実に重宝なことであった。しかし、ある年ここで借用した膳椀の蓋がどうしても一つ足りない。これほど多くの中の一つだから大丈夫だろうということで黙って返してしまった。それ以来権現様は禿げ椀一つ貸すことがなくなったという。

中土村字戸石には明治四一年の神社合併の前まで岩戸権現が祀ってあったが、ここでも椀貸しの話が残っている。

上水内郡小田切村字小鍋にはお善鬼様が産土神として祀ってある。これを祀る三竈社の奥の院には三つの洞穴があり三つ竈になっている。

往古この洞穴には悪鬼が棲んでおり、下方の鬼無里《きなさ》街道を通る人を取り喰って困っていた。里人が恐れをなして善鬼大明神として祀り、ひたすら御機嫌をそこなわぬようにと奉仕したので、お善鬼様として鎮座するに至った。

この神は腹の病に霊験ありとされ、氏子らは社前で売るブリキ製の鎌を買って頭から腹、腹から背中へと撫でて奉納するると疫病にかからないと信じられている。旧暦四月八日今では五月八日が祭日である。お善鬼様の洞穴は同郡日里村字梅木の虫倉山観音の穴へ抜けているという。虫倉山の観音では子どもの虫切り鎌を出す。

疱瘡や赤痢・コレラなどの疫病はそのすさまじい伝染力のために、そうした病気の背後に厄神の姿を感じ取り、これを神として祀り上げて送り出すというのが全国各地に見る典型である。人に災厄をもたらすものであっても、その霊威が強大ならば神として祀り上げて災厄を回避するという趣旨から著者はこうした方法を祭祀系の呪法と位置付けている。いうまでもなく俗信である。

三竈社の善鬼大明神は厄神が産土神にまで上り詰めて村人を守る強い味方に変身したといえよう。

回り地蔵と狸和尚

毎年十二月十日前後になると、下田の地蔵様という子育て地蔵尊が巡って来る。前もって話があるから、いつも寄る家ではたいてい赤飯又は菓子などを用意して、先ず地蔵様へ供え、その余をその日集まって来た近隣の子供や老人へ分けてやる。

神奈川県武蔵国橘樹郡日吉村駒ヶ橋元下田にある駒橋山真福寺から出るので、毎年二月を除く外の月には諸処を巡歴しているが、毎月二十五日(昔は二十三日)には必ず真福寺へ帰るそうだ、廻って来ると村々に世話人と云うのがあって、次から次へと守護して行く。主に子供の少ない家で子を授かるよう、又は子供の育つように信仰し、その厨子の廻りにさがっている頭巾・涎掛け・火打ち袋形・又は旗などを借りて、翌年これに更に同じようなものを添えて返す。

白い旗を借りると男の子、赤い旗なら女の子が出来、白いのを借りようとしても男の子の授からない時には、あいにく白いのが無く、もし白いのを借りて女の子が生まれた時には、その子は育たない。赤旗についても同様であるそうだ。

　旗持ち鉦叩きを先に立て、厨子に入って前後二人に担がれて歩く。いつの時代から来るものか知れないが、余程古くからだと見えて、ある家へは百年余りも泊まると言っていた。以前は山梨県内へも広く入ったが、今では彼地の警察でやかましく言うて入れないそうだ。

　その寄ってもらう家々から一人ずつ出て、村境位まで迎えに行き、その日の宿泊所まで送りつける。その外土地土地に二、三人の定連があって、信仰かたがた日給取りで付いて歩く。途中で坂道や泥濘《ぬか》る処へかかると、軽くなるとは、担いだ事のある者の話である。

　この地蔵尊は道楽地蔵で毎月二三日に真福寺へ帰ると、土地の若者が寄り集まって、いくらか残して行った賽銭を、一夜のうちに酒食に費やしてしまうそうである。

　生殖地蔵であるこの仏にあげる火打ち袋形のものはヒーチと称えている。

（『相州内郷村話』[13]　大正一三　鈴木重光）※

この事例は本拠とする寺や堂から出て、信者の家を宿にして次々と巡り、一巡して戻るという回り地蔵、あるいは巡り地蔵という地蔵信仰の一形態である。回り地蔵には特定の短期間に巡行するものと、一年を通じて行われるものとが見られる。ここでは年間を通して行われるが、月の二五日には必ず真福寺に戻るという形をとっている。

旗持ちや鉦叩きを先頭に背負い厨子によって宿から宿へと運ばれる。土地ごとに日給取りの定連がいて、それに付

奉納されたよだれ掛け（京都府わら天神宮）
安産護符に入っている藁の形状によって、男女を占う。その願果たしとして、よだれ掛けを奉納する。

いて歩く。盛んな時はさぞ華やかな行列であったろう。地蔵の御利益は多岐にわたるが、安産や子育て、疫病除けに代表される。この地では子育て地蔵尊とされるが、道楽地蔵、生殖地蔵とも称されるだけにそうした面で度を越して警察に目をつけられることがあったのであろう。

回り地蔵の発生は不明だが今日の形態は信仰習俗といえる。しかし、子育て地蔵が身に着けた頭巾やよだれ掛け、それに「子育て地蔵尊」と書かれた旗を借りて、安産や子育てを願う方法は、路傍に祀られる地蔵に対するそれと変わることはない。願いが叶うと、借りた物と同じ物を添えて返すことまで同じ行為である。地蔵は古くから子どもと近いと信じられ、村人にとっても身近な信仰対象となっていた。何々地蔵と親しく呼ばれ前述のような俗信的祀り方が広く営まれている。つまり、回り地蔵は地蔵信仰独特の形態を展開しているにもかかわらず、祈願の方法は俗信の範囲にあると考えられる。この地の回り地蔵には信仰と俗信の習合がみられるということである。

信仰と俗信の習合は怪異譚を媒介とすることもある。次の話は名高い鎌倉の建長寺の話で、その山門が狸和尚によって建てられたという、宗教建築と怪異伝承の習合を物語っている。

天明年間、住職誠拙和尚はかねてから山門再建の志があったが、それを果たすことができないうちに遷化した。すると狸がその遺志を継いで和尚に化け、寄付募金に出かけた。その時の寄付で建てたのが今の建長寺の山門であるという。それが犬のために正体を現したという話はよく知られている。筆者鈴木重光は事の真偽はさておきと断りつつ、

「この狸和尚の話は当の建長寺でも、否定しないらしく、その書いたと云うものが同寺に二枚もあると云うことである」と記述する。

狸和尚にまつわる話は数多いが、注意したいのは狸の怪異譚によく出てくる要素が、こうした名刹の逸話にもちりばめられていることである。

武州西多摩郡東秋留村小川の法林寺では、狸和尚が同寺に宿泊中、入浴に際して下男がいては裸体になれないというのでよそへ行った。入浴が済んだようだからと、すぐに行ってみたがあたりは濡れていなかった。入浴をするところに犬が来たので和尚は驚いて貉《むじな》の姿を現し、藪の中へ逃げ込んだという。

いたる所で犬をつなげというので怪しまれたが、ある家で犬をつながずにおいていると、その猛犬が和尚の乗っている駕籠に飛びかかり、咬み殺したら貉だったともいわれている。

甲州からの帰途武州南多摩郡宮下村の空源寺に宿泊した狸和尚は、名主の飯宝杢兵衛および同源吉が供応の世話をしてくれた礼として「白沢の画」を描き与えた。この画は、今なお同地に残っている。この貉が書いたという書画は甲州から相州武州にかけて至る所にあって、画はなかなか見事なものだそうである。書について小原町の本陣清水家のものを見た鈴木重光は、形は文字らしいが文字については判読できなかったという。

これらの画はその尾を筆にして書いたものだという。判読不能な文字という点では河童の詫び証文などを思い起こさせる話であるが、名刹と怪異伝承の習合した話は少なくない。

涅槃会《ねはんえ》と猿猴《えんこう》祭り

旧二月十五日、三月も半ばすぎ末近く、涅槃会《ねはんえ》の日である。この日に「涅槃ままたく」子供の行事がある。十四、五歳までの子供たちは、それぞれの炊事道具や材料をもって河原に集まる。小石を集めて竈をつくり、河原の流木で飯を炊く。せせらぎ近くにつくられた塚に、花と御飯を添え、子供たちの楽しい食事がはじまる。そして一日河原で遊びくらすのである。

古老はつぎのように話してくれた。即ち、河原はあの世の賽《さい》の河原につながっていて、賽の河原にいる子供たちや地蔵様に供養しているのであると。また、水神をまつるともいう。ところが、この水神の本体は河童、里でいうえんこ・かわこである。この河童は冬は猿となって山に居り、春から夏にかけて水にいるという、ちょうど、涅槃ごろの陽気になると川にはいるので、川遊びの好きな子供たちは、いたずらものの河童に、一夏じゅう仲よく遊んでもらうように、願っておまつりするのであるともいう。そのいずれとしてもなかなか奥床しい。夕景からは戸ごとの木戸でたいまつがたかれる。お釈迦さまへの供養である。

(『柚野民俗誌』(14) 昭和二九　松岡利夫)※

当国(引用者註―土佐の国)昔は毎年旧暦六月十六日に猿猴《えんこう》祭りということがあった。猿候とは猿のことではない。他国にいう河中のカッパ(河童)の事で、水中に住み遊泳する小供などを捕らうるといわれるものである。

明和六年、井上某という士人の内室が怪病にかかり、五台山竹林寺の満慶和尚というを請じ祈禱したところ、猿候の祟りということで、六月十六日に鏡川で胡瓜《きゅうり》を供え祭ったところ、たちまち全癒した。

それより人々聞き伝え同月同日に胡瓜を川へ流し猿候を祭ることとなった。昔は盛んなもので、祭りの日は子供連は河上に竹を立て縄を張り、紅燈を釣り祭壇に胡瓜を供え、太鼓など叩いて、夏祭りの気分を漾《ただよ》わせる。又市人は胡瓜へ墨で辰歳男とか丑歳女とか各その年の干支《えと》を記し、家内の五人なれば胡瓜五本河へ投じ、猿候(カッパ)に供し、今歳の災難除けを祈ったものである。

その日は郡部の農民ら、みな胡瓜を担いで市中を売り廻り、猿候様の胡瓜はいらぬかというて呼び歩いたことを、著者などはなお幼時目撃記憶している。

(『土佐風俗と伝説』(15) 大正一四　寺石正路)

涅槃会と猿猴祭りを通して、行事の特徴を探ってみようとする試みである。

涅槃会といえば仏教的な色彩の濃い行事と考えがちであるが、土地の古老の説明からは、外来の行事を日本的に消化・吸収し、そこからまた在来の風習と結び付けていくという考え方の道筋が目に浮かぶ。

涅槃会に子どもたちが集まって河原に竈を作り、炊事をして皆で食事をし、そこで一日遊び暮らすという子ども行事が営まれる。

河原で催す行事ということで賽の河原とのつながりを思い、この行事の趣旨は地蔵の供養だという。また川のほとりであるから水神を祀る行事でもあると説明する。そして水神の本体は河童、すなわち猿候であるから川遊びの好きな子どもたちに災いがないよう願う行事というのである。

涅槃会の子ども行事は地蔵供養と河童祭祀であるという考えは、一人の古老に限られたものではなく、この地に語り伝えられてきたものであろうが、その当否は別として、地域の人々による河原と子どもの結び付きは、伝承として語られていた。

冒頭二つ目の事例は、河童・猿候という妖怪が神格化されることによって祀り上げられたものである。

ある時猿候が高知城下の鏡川で、人を捕らえようとして逆に捕えられ、天神（潮江天満宮で高知市街の氏神）の氏子ならばこれからは人を捕らえぬという条件で許された。また、高知城東一里の下田村でも、馬の手綱を引っ張ってはね上げられた猿候が捕えられ、これまた同様に下田生まれの者に危害を加えぬという条件で許された話があった。そこで高知近傍の子どもは、「下田生まれで天神氏子」と叫んで水に投ずれば猿候の心配はないという。筆者寺石正路も、幼少期にはこれを実行したとある。

猿候は水中に棲み頭に皿があり、手に水掻きがあって子どもなどを取って食う恐ろしいモノであるとされていた。その猿猴が祀り上げられたのである。

祟りや霊威の強いモノほど、災厄から逃れるために神格化されることになる。六月という夏季の祭日は、猿候祭りに先行して水神信仰があったことを思わせる。

再び、古老の話に戻ると、河童は冬は猿となって山におり、春から夏にかけて水にいるという話が気にかかる。春秋に山の神と田の神が交替するように、河童が山と海、あるいは川との間を往き来するという去来伝承である。

実は柚野の地では旧三月九日は山の神の祭りである。この日山の神は山に木の実を撒かれるので、山に入ることを忌む。そして山の神には米や酒を入れた竹筒を、供え物として山の口の木に吊るす。それに必ず山の神の好物としてオコゼを添える。それらが何かに喰われてなくなると山幸がよいとされる。昔は藁で男性の陰形を作って添えたという。

この日から山の神は里に下りて田の神になり、今年の農事を守ってくれるといって、農家も御馳走をして休むのである。

同じ地域で山の神と田の神の交替伝承と、河童の春秋の去来伝承が存在しているのである。山の神と田の神の交替伝承は農家に喜びをもたらすのに対して、河童は恐ろしい一面を持つ妖怪であり、その出現を全面的に喜ぶものではない。山の神と田の神の交替伝承が河童の去来伝承に先行していたのであろうと考えられる。

出雲の旅と案山子《かかし》上げ

旧九月二十八日、今は一月後れを神送りと言う。上路は一日遅く三十日、根知はもう一日遅く一日であるが、浦本の方は、早く二十七日で、神サンノオタチと言っている。

歌外波で、今夜は神送りでデッカイ荒れだと言うのは、神様は雨風に乗って行きなさるからだと説明している。根知では宮に参り、高谷根では、洗イ米を持って宮に参り、浦本では、御馳走の他に豆炒りをする。又今井では、神を作って川に流すと言うが、詳細は不明である。神々が出雲大社へ縁談の帳面を拵えに行って、一か月は留守であると言い、名立町・浦本では、縁談をその間は御免と言っている。

青海の宇田海・木浦・糸魚川では、新十月二十八日を神ノ刈リ上ゲと言い、やはり神々は出雲へお立ちになると信じている。木浦では、この日までに稲刈りが終えぬと、神様に負けたと言う。ボタ餅を作る所は多いが、木崎では、これを神サンノ弁当と言っている。

神送り・神迎えをヤッサヤッサとよんで、大騒ぎするのは、市振の漁師たちである。十月三十日の夕方、漁場・網屋に五色の幟を立て、老若とも男子はみな海水を浴びて、素裸となり、ヤッサヤッサの掛け声で、鎮守様へ神酒と肴《さかな》を捧げ、それから村の神祠を巡拝して帰り、網屋で酒盛りをするのである。十一月三十日のヤッサヤッサも、送る時とだいたい同様であるが、今度は未婚の若い男ばかりが素裸で榊を打ち振って各宮を巡拝、家へ帰って祝宴をする。ここでは、神様は伊勢の皇大神宮へ行き、来年一年の相談をするのであると信じている。

送ってから三十日目に神迎エをする事は言うまでもないが、その作法は送る時と大差はない。木浦では、送りにはボタ餅をするが、この日は神様のござる日と言うばかりである。根知でも、送りには宮参りをするが、お帰りには同様に歓迎はせぬらしい。高谷根では、やはり洗イ米を持って宮に参り、歌外波は神送りには赤飯、十月の八日サン即ちこの二十八日のカミムカエには、ボタ餅をする。浦本では、又豆炒りをし御馳走をもするが、特に誰も人を入れない風呂を立てて、神サンノオ帰リを迎える。

（『西頸城年中行事』[16]昭和一六　西頸城郡郷土研究会）※

全国の神様がいっせいに出雲に向かい、およそ一か月後に戻られるとされる九月末から一一月初め。各地で神送り・神迎えの儀礼が営まれる。神送り・神迎えは村人の立場からの言い方である。神を中心にすれば神の御立ち、神の御帰りということになる。

『佐渡年中行事』[17]（昭和一三）によれば、旧九月二五日を天神送りといい、天神さんは他の神々を呼ぶための酒造りにひと足先に出雲へ行くのだという。この朝天気が荒れると天神の神送り荒れというが、筑紫へ行くという地域もある。多勢の子を持つ者は早く神様を送らないと縁遠いといったり、年ごろの男女はしっかり縁を結んでくれるようにと柿を買って供えたりする。

なお、佐渡の小田地区ではこの夜村の青年は宮籠りをする。また真更や片辺地区ではこの一か月間を忌み、神送り忌みとしている。神の不在期間であるから身を清め慎んで生活すべきということなのであろう。

西頸城の市振の漁師たちによるヤッサヤッサと呼ぶ神送り・神迎えは、海水を浴びて身を清め、鎮守へ参り、榊を打ち振って各宮を巡拝する。物忌みそのものの内容を持つのである。ただここでは神の行き先が伊勢という。佐渡でも筑紫へ行くと伝える地区があった。古くは神の行き先が多岐にわたっていたのかもしれない。

神迎え行事は多少変わりものの食物を供える程度で終始しているが、浦本の「特に誰も人を入れない風呂を立てて、神サンノオ帰リを迎える」という事例は、能登半島におけるアエノコトとの関連性を思わせる。アエノコトは収穫祭としての田の神送りである。風呂への案内と酒食による饗応が行事の中心を成す。浦本の神迎えはこうしたアエノコトとの共通性をうかがわせる。神送り・神迎え行事と収穫祭には思いのほか近いものがあるのではないだろうか。

西頸城の根知や小滝では旧の一〇月一〇日をトウカンヤ(十日夜)というが、この日をまたカカセアゲ(案山子上げ)とも呼んでいる。案山子《かかし》はこの日田から引き上げて、高谷根ではテンジュクへ、小滝では出雲大社へ、または暖国へ行くと言っていることにも注目したい。十日夜の後は畔を歩いても田の水に自分の影が映らないのは、田の神様が留守だからという。案山子を田の神に見立て、田から引き上げることを出雲へ出かけるとするのである。

案山子上げはその後一か月遅れの一一月一〇日に行うことが多く、餅・ボタ餅を作るのが一般的であるということである。小滝ではどんなに忙しくても案山子様のお祝いだといって、何でもよいから丸めもんをする。橋立ではもし祝わぬ者がいると、一年じゅう田んぼに立ち通しに番をしていたのにと怒り、子どもを炉へ落として火傷をさせると伝える。

西海の刈り上げは毎年一〇月二八日と決まっている。これは伊勢皇大神宮の献穀田の刈り上げの祝いであるからである。他地域は自家の稲刈りがすべて終わった日とするので日は一定していない。下早川では最もみごとな稲穂を束ねて大神宮に上げ、仙納では稲刈り鎌を神棚に上げる。

十日夜と案山子上げが刈り上げ行事と同系統のものなのであるか否かはさておき、案山子や農具が祀り上げられて謝意を示す祭祀系の呪術によって形成されている。俗信として扱うものである。鎮守の祭礼のように感じられるヤッサヤッサは漁師の祭りとして成立している。このように多くの神送り・神迎えといった行事は呪術によって構成されていると考えられるのである。

賽の河原の怪

賽の河原は、島（引用者註―飛島）の西のはずれであった。死んだ人はみな行くと謂う。近くの山で草など刈っていると。いい声で唄を歌いながら、脇の径を河原の方へ通るのを聞くそうである。そんな時は、きっと村で誰かが死んだという。

賽の河原の手前にある、遠賀美神社の屋根葺き替えをしたのは、明治四十四年であった。その時秋田県由利郡の臼子から来た大工が、浜に小屋を差して八人泊まっていたが、しばらく経つと、どうにも辛棒が出来ぬと云うて、中途で引き払って、毎日勝浦から弁当持ちで通う事にした。大工たちの話に依ると、夜間に用足しに起きると、浜伝いの賽の河原で、何かひそひそ話し声がしたり、石の音がする。それが毎晩のようで淋しくて仕様がなかった。そうかと思うと、昼中太陽のかんかん照っている中を、白い着物の男がすーっと浜を横ぎって、河原の方へ行く姿をたしかに見たが、その日は、村で某の老人が死んだそうである。

村でも長寿で評判だった婆さんの死んだ時は、小屋の軒へ置き並べた材木の上をこつこつ杖で叩いて渡って行った。夜ではあったがまだ寝る前で、中に居た八人が、はっきりと足音まで聞いたという。

四十年ばかり前、ひどく烏賊《いか》不漁の年に、遠賀美神社へ村じゅうが籠もって祈禱をやった時、ちょうど真夜中ごろに退屈した若い者同志が、（引用者註—賽の河原の）石が濡れているいないを争って、ぞろぞろ出かけて行ってそこへ提灯をつきつけて見ると、ぐっしょり濡れていたのに吃驚《びっくり》して、吾がちに遁げ還ったという。亡者が海から上がるとも謂ったが、たしかな事は知らぬという。

可愛い子供か大切な人でも亡くした者が、そっと来て（引用者註—石を）積むような事はないものかと、遇う人ごとに訊ねてみたが、島にはそんな真似をするような者はないという。中にはもっての外というような顔して、じっと見返した女もあった。第一余り参詣もしなかった。賽の河原は、死んだ人は行っても有縁の者が来て詣る処ではなかった。

（『羽後飛鳥図誌』(18)　大正一四　早川孝太郎）※

山形県酒田市に属する、日本海の沖合四〇キロメートルにある飛島。賽の河原はこの島の南西部にある。賽の河原へ行く前に墓地と葬儀について見ておこう。この島では以前から共同墓地であったが、神主の一家だけは別の所に設けてあるという。神葬祭のためかと思われる。人が死ぬと村じゅう集まってまず棺作りをしたが、明治三〇年から村費で多数の棺を仕入れるようになった。

島の葬式では死人を納棺する際に白色の帷子《かたびら》を着せるが、それとは別に産着を一枚縫って入れる習慣がある。これをバの着物というのだが、しょうずかの婆《ばば》から借りてきたのを返すためと説明する。

葬儀に男は皆裃を着るが喪主だけはイローといってその上に、晒木綿で縫った広袖、腰丈のものを重ねて掛ける。また、近親者はことごとく額に三角の布片を当て、その上から細く切った白紙で鉢巻きをする。これを、ミカクシという。そして足袋のまま何も履かずに送る。棺担ぎや旗持ちなどは普通の服装に足半《あしなか》を履いて送るが、送りを済ますと履物は途中で捨ててしまうのである。女は帷子を被って送るが、被るのは左袖である。

墓地から帰ると、家の入り口に臼を逆さにして伏せた上に付け木にのせた味噌と塩を一口ずつつまみ、かたわらに置いてある手桶の水で口をすすいでから入り口の敷居をまたぐのである。

納棺の際に産着を入れるというのは再生を願うものであろうか。誰でも葬式を見た者は、浜へ行って塩水で眼を洗う風習があった。送りの帰りに履物を捨てたり、左袖の被り、家に入る時や浜での清めなど、いずれも穢れ祓いの呪法である。

こうした過程を経て、死者は賽の河原へ向かうのであろう。

賽の河原については、名称の由来、地蔵尊との関係、石積み習俗の意義という三つの問題が存する。一つ目の名称の由来についてはいくつかの説があるようだが、結論からいえば不明である。二つ目の地蔵尊については子どもの守り本尊とされ、賽の河原は子どもや若い男女の死と縁が深いものと信じられている。

なお、四国の『祖谷山民俗誌』[19]（昭和三〇）によれば、昔はまだ忌み明けのすまない子が死んだ時は、家の台所の隅や囲炉裏の下に埋めることがあった。忌み明け過ぎての幼児の葬式は地蔵渡しという。また、「祖谷山村の民俗」[20]（昭和一〇）でも、五、六歳までの子が死んだ時にお寺で拝んでもらうことを地蔵返しという。その年頃の子どもの葬式もこう呼ぶ。子どもが死ねば地蔵様の許に行くからこの名があるのだろうといわれる。

しかし、賽の河原と地蔵尊の関係を示す論拠は経典には見られないという。むしろ、子どもの死者を通して賽の河原の習俗と地蔵信仰とが習合したのだと考えることはできないであろうか。

三つ目の石積み習俗については、民俗学的な意義がある。石を積むことによって死者の供養をする―ということは、石を積むことが死の供養となるということである。その理由が石積み習俗の持つ意義である。

石は広く神秘的な力を持つと考えられた。様々な石を神体としたり、石を依代とする神は非常に多い。また、出産時の産飯の膳に置く河原石、いわゆる石のおかずと称される小石は、赤子の霊魂の象徴と考えられるものである。

安易な結論は控えたいが、石積みの習俗は死後の霊魂と何らかのかかわりを持つものではないかと考える。霊魂にかかわる習俗だとすれば、俗信として事例の分析や研究を進めることが可能になろう。

ふむし退散の御符

フムシというのはクサガメ（椿象）の方言である。稲がだんだん伸びるころになって、郊外を歩き廻っていると、大抵の田に挟んだ御符が立っているのが目につく。これがフムシ退散の御符である。

この護符を発している祈禱師に聞きえたところを書いてみる。

初めたのは大正十五年からで、従来天草では虫追いはやっているが、特に人々のフムシの害を除く祈禱をしてくれよとの所望によりかくのごとき符を発した。

さて人々の所望に任せて引き受けてはみたものの、一般の昆虫退散の祈禱はあるが、フムシだけの祈禱はない。そこで種々と昔の事柄などを調べたが到底駄目であった。そこで、上古大年神これは即ち野稲の神様、それから御年神これは即ち水稲の神様、それから若年神これは即ち青物の神様、この三人神様が田を作っていられる時、一匹の牛があってこれを御年神の御弟少名彦名命が殺し、その肉を、木を曲げたる器に盛り、この三神に供えられたところが大年神は大いにこれを怒り、たちまち多くの昆虫を生ぜしめ稲を枯らしてしまわれたため、これを和らげようとして、篠竹の一節そして枝の有るのに八百万神の霊符を挟んで祈られるとたちまちその功あらわれて稲が実ったと言うのがあるに気つけ、これを土台として工夫を凝らし、遂にこの護符を作った。
これは即ち太田神（山王様ともいう）、豊受大神、大地神、御年神、大年神、若年神の六柱の神の守護し給う護符で、これを前の例に倣って竹に挟み、それを田ごとの水口に田の中の方へ向けて立てるのである。
随分功験があるとて、年々多くの依頼を受けてこの祈禱を続けてきている。
（『天草島民俗誌』(21) 昭和七　浜田隆一）

祈禱師という民間の職業的宗教者による御符の作成という希少な報告事例である。かつての村落では鎮守の祭りのような村落公認の祭礼には神官や僧侶を招いても、日常的かつ個人的な場合には祈禱師や巫女など民間の職業的宗教者に頼ることが多かった。

稲を害するフムシすなわちカメムシに困り果てた農家の人々の相談に乗った祈禱師が上代の文献を渉猟して、独自の御符を作成したのである。そこには「国体八百魂大神　昆虫退散五穀甘菜　豊栄守護」とある。

祈禱の方法も見ていこう。場所は各部落あるいは区長の家で、まず、神の宿るひもろぎ（神籬）を立てて六柱の神を招き寄せ、祝詞《のりと》を奏上後、祈願者が玉串を奉奠《ほうてん》する。そして、あらかじめ用意しておいた各田からのフムシに対し、歯の虫の封じ、子どもの疳出しの封じ、もぐらの口どめの封じ、鼠の口どめの封じ、人体に及ぼす病気邪気の封じの五つをまとめて封じた紙を、くちなしの木の枝に刺し通す。それを前もって掘った穴に埋めて封印し、もとの座にかえって発声し、招いた神々を送り返すのである。

一見すると宗教行事のように感じられる。農作物にとって有害な虫を神の力によって排除していただこうという心情は確かに信仰的なものといえる。しかし、宗教的な裏付けを持たない護符や五つの封じは呪術的な方法である。つまり、この祈禱師による御符の作成や祈禱の方法は、信仰的な心情に基づく呪術的行為と位置付けられるものである。この事例は信仰と俗信の関係をくっきりと浮き上がらせている。

祈禱師による新しいお札の作成過程を見てきたが、寺社のお札を使う場合にはどうであったのかについても見てきたい。

広島県豊田郡の斎島《いつきじま》は瀬戸内海に浮かぶ小島である。「安芸国斎島民俗相」(22)（昭和一〇）によれば、島の西側と南側の海には昔から獺《かわうそ》が棲んでいて、人をだますと伝えられずいぶん恐れたという。以前の島は大部分が森林で覆われており、西側と南側には一軒の人家もなく夜などかなり寂しい光景だった。

獺の姿を見たという人はなかったが、海岸の砂浜で犬のような獣の足跡を見たとか眼球の周囲の部分だけが喰われた魚が海面に浮いていたとか、あるいは誰々が広くもない前の浜を終夜行きつ戻りつしていたという話があった。それらはことごとく獺の仕業だと信じられていた。

そこでこの怪物が峠を越えて北側の人家のある所に侵入してこないように、九月一六日の蛭児神社の本祭りの日に魔除けのお札を作る。内容は一枚目は倉稲魂命の名を冠した稲虫除け、二枚目は昆虫除けで、これを一メートルばかりの竹に挟んで西ヶ浜からシドノ浦への通路の峠と、狙からシドノ浦への通路の峠に立てるのである。

獺除けが目的で、魔除けの札を神社に求めたのであろうが、神社の出す「御祈禱御札」では獺といった個別の対応は困難だったのであろう。結果、稲虫除けといった既成のお札で代用したものと思われる。

この事項の後に、「なおこのお札は畑にも立てて昆虫の災害除けにもする」と報告されているが、お札の内容からすればこちらが本来的なものであった。

疱瘡神《ほうそうがみ》の白馬

モガミサマ（疱瘡神）は今では全く用のない神様となって、ただ九月の幣束まつりの時に神棚の一隅に一本赤幣をモガミ様といって上げるばかり、やがてはその存在も忘れられてしまいそうである。最上（山形県）の若木山は疱瘡神様で、奥詣りの時はここにも参詣して来たものであった。

疱瘡は子供の大厄でこれで死ぬ者は多かった。痘痕《とうこん》（あばた）は方言でジャバカ、ジャンカ、ジャバなど言うが、昔はどこへ行っても見られた。今より八十年前私（引用者註―岩崎敏夫）の父などがはじめて種痘をしたのであったが、そのころは誰も疑っていて、村でこれをするのは村役人の子供ぐらいであった由で、当時のうえ料は二朱であったという。

子供が疱瘡にかかった時はデイ（座敷）の正面に神棚をつり、法印様を請じて赤幣七本を上げ御祈禱してもらう。神棚には親戚や懇意な人より見舞として贈られた江戸絵を貼った。これがお棚上げである。かくて四日目には中行とて又法印をよんで祈禱を頼む。この時村の若者組をよんで酒肴を饗し、御棚ハヤシといって神様の御機嫌を損ぜぬようにぎやかに囃したてる。この御棚ハヤシの歌には次のごとき文句があった。

　七百余神のもがみ様よ、ほてるは三日で出来るは三日、水うみ三日にほんみは三日、かじけは三日で、十や十五でもながし申せ

七日目に御棚オロシをする。軽くてすんだ疱瘡の場合、その幣を貰って行く人が多かったのは今度も軽くてすむことの出来るためにである。紫疱瘡は重かったゆえに紫色を忌み、赤はよかったので縁起をかついで赤色はよく用いられ、赤頭巾を子供にかぶせ、又疱瘡よけの守り札の文字は赤字であった。

疱瘡の軽くすんだ時は、折を見て親戚・懇意・村の若者組を招いて酒と餅を振舞って、痘流しの祝いをあげたものだ。

（「磐城民俗誌」(23) 岩崎敏夫）※

痘《とう》流しは疱瘡から身を守る俗信である。疱瘡対策は特定の期日に行われる定期のものと、実際に罹病した時に営まれる臨時のものとがある。この地では九月の幣束まつりの折に神棚の片隅に赤い幣束を一本上げている。どういうわけか、疱瘡にまつわるものには赤幣や赤い文字など赤色が用いられることが多い。前掲の事例によれば疱瘡に赤色を用いるのは軽くすむようにとの願いが込められたことに由来するようである。

一般に定期的なものの場合、年頭に行われる。『信達民譚集』(24)（昭和三）によれば、「近年まで農家の門戸に疫病除けの護符として元三大師の像、蘇民将来の子孫なりなどと書いた護符や、

いかでかは御裳の川の流れくむ人にはのらず疫病の神

と書いた護符を門戸口に貼り付けられているのが見受けられた」とある。昔は疫病神《えきびょうがみ》という悪魔が人に憑依《ひょうい》して苦しめると信じられていたという。

ある人が熱病で床に伏していた。夜半にふと目が覚めると、枕もとに一人の坊主がいた。そこで枕刀を抜いて切り付けると悲鳴を上げて姿を消した。翌朝見ると、鮮血が滴っていたが、それからその人は熱も下がり治癒したなどと言い伝えられている。

疱瘡など大流行をもたらす病気はその威力が強いほど、病の背後に厄神の働きを感じ、「神」に祀り上げる風習は広く見られる。

一方、罹病の際の臨時に執り行われる儀礼を見てみよう。

罹病の直後にお棚上げと称して、座敷の正面に臨時の神棚を作り、法印を招いて赤幣による祈禱をしてもらう。四日目にも中行として祈禱を頼む。この時に若者組による御棚ハヤシを催し、疱瘡神の御機嫌をとる。病の収まる七日目に御棚オロシををし、軽くすんだ時には再び若者組を呼んで痘流しの祝いをあげる。

一見すると、御棚上げ・御棚ハヤシ・御棚オロシという形式が、神迎え・饗応・神送りという日本の神祭りの三要素と重なる。その上、法印という民間の宗教者を頼むという内容から、信仰に基づく儀礼と見る向きもあるかもしれない。しかし、疱瘡という病を神と祀り上げる考え方がすでに俗信なのである。

徳のある僧の像や、強力な武人の子孫を名のる護符を貼ることは、疫病の家への侵入を防ぐ呪法である。『檜枝岐民俗誌』(25)(昭和二六)には、疱瘡を疱瘡神として祀り上げる祭祀系統の呪法をより強力に神格化したものが見られる。

檜枝岐村の疱瘡神は鎮守の宮の左側の上手に祀られている。御神体は金の立像であったが、本物は盗難にあって現在は後に模造されたものであるという。

疱瘡神の傍らにある高さ約六〇センチ、長さ一メートルほどの木製の白馬の足には草鞋がはかされている。これは疱瘡神の乗馬で、天然痘が流行する時はこの馬で方々へ出掛けられるので、草鞋が必ずすり切れているといわれる。この疱瘡神の祭日は、鎮守のお祭りと同じ七月一八日である。

天然痘すなわち疱瘡はＷＨＯによって、一九七五年(昭和五〇)に根絶宣言が出され地上から消滅したが、今も全国各地に祀られた痕跡や伝承が残っている。

疱瘡は古くから疫病として猛威をふるってきた。病後にはあばたを残す恐るべき伝染病であるために、節分やコト八日などと同様に、年間の定期的な行事として、防塞を目的とする呪法を行ってきた。鰯の頭を臭気が鼻につくまで焼いて柊の枝に挿したものを、門口や出入り口に取り付けるヤイカガシは代表的な呪物である。

あばたを象徴する表面がでこぼこになった石を道辻に立てたり、神社の境内に小祠として祀っていることも少なくない。人々に災厄をもたらす疫病であっても、強力な威力をもつものであればあるほど、その背後に厄神の存在を認めて神に祀り上げたり、神聖な場に在所を設けたりしたのである。

この村の疱瘡神もその一つであるが、神馬を有したり鎮守の神と祭日を同じくしたりと神格化を進めて信仰に近づいた形式になっているが、疱瘡神はどこまでも俗信のカテゴリーにある。

ハヤリ神の宿

ハヤリ(腸チフス)は神様だと考えられていた。ヤク病などと言わずにオハヤリノ神様と言えば、一生の病に罹ることがないと言う。

ハヤリのある時は、カキ散ラスからとて隣近所では鍋釜の尻の墨をかくことも忌み、ハヤリの神様がよばれに来るとて、餅をつくことも小豆を煮ることも出来ず、神様の御機嫌を損じお怒りをかうからとて、下肥を汲みとり厩肥を出すこともならず、又村では打ち散らすから悪いというわけで太鼓も打てない有様でそれは不自由なものであった。

病家では法印山伏をよんで祈禱をなし、病人を折檻し、円座に赤幣を立て小豆飯を供え、病人に聞いて東か西かその言う方位の道の四辻に送り申すのであるが、それで治るもあり、又何か不足のことがあって行かれぬとて戻って来ることもあったりした。

正月七日は疫神様がその年の宿割を定めに歩く日であったから、子供など夕方遅くまで遊んでいられなかった。この朝早く羽織袴で道の四辻に出て、オハヤリノ神様今年は私の家で御宿を仕りますと言って、家に帰って神棚に灯明をあげ小豆飯を供えれば、決してその家にハヤリの入ることはなかったそうである。

（「磐城民俗誌」(26) 岩崎敏夫）※

腸チフス対策の俗信である。腸チフスの感染力が強いので、疫神、すなわち厄神の働きによるのだろうということからハヤリ神様と呼ばれる。それでも不敬だからということで、オハヤリの神様と言って罹病を避けようとする。

村人は腸チフスの感染力に幾度となく脅威にさらされてきたのである。ハヤリが近辺まで来ると、カミ散ラスから鍋釜底の煤を掻くことをせず、また打チ散ラスからと太鼓などの鳴り物も打たず、厄神の好む餅や小豆を煮ることも控えるという不自由な生活を過ごす。ハヤリ神が来るので、「……するな」という、禁忌の積み重ねによって困難な事態を避けようというものである。

病人が出るとその家では法印や山伏など民間の宗教者を頼んで祈禱をしてもらう。病人を折檻するというのは赤幣で打つのであろうか。赤幣に小豆飯を供え、病人の言う方位にある四つ辻に小豆飯を持って送るという。

いざ病人が出ると法印などを呼び、祈禱をしてもらい、四つ辻へハヤリ神送りの呪法を行う。

この事例で注目したいのは、正月七日の疫神様の宿割という行事である。当日の早朝に家の主人が羽織袴という正装で道の四つ辻に行き、ハヤリの神様にその年の宿を願い出て家に戻り、神棚に灯明をとぼし小豆飯を供える。そうするとその恩を感じたハヤリ神がその家に入ることはないというものである。

人の嫌がる厄神をあえて家に迎えて祀り上げ、現実的な災いを避ける祭祀系の呪術である。節分の折の「厄神の宿」と類型化できる俗信である。

『二戸聞書』(27)（昭和一八）には、しょうがん神と呼ぶ腸チフスの神のことが出ている。

大蒜《にんにく》とさいかちを入り口に下げておくとその家には入らぬという。

病気が流行すると小さい木でつくった剣と、杵と、さいかちとを家の入り口の所の道路の上に、縄を張って、それにつるしておく。

自分の家の病人が癒ると、しょうがん神送りとて小豆飯をつとに入れ、草履と共に村端の十文字目などに置いて来る。

疱瘡などを含めた多く見られる疱瘡送りと同じ系統のものである。報告内容からニンニクとサイカチを入り口に下げるのは、年頭行事の時と思われる。いわば定期的なもので防塞系の呪術である。

一方、流行時という臨時の場合には木で作った小さな剣や杵など攻撃やお守りの要素を加えた注連を入り口の道路に張る。そして、治癒するとそのお札に藁苞《わらつと》に入れた小豆飯や、片足の草履を村境の辻に置いてお引き取りを願うのである。

なお、「磐城民俗誌」には「泥棒送り」なるものが報告されている。

秋になって稲盗人が多くある時は、村では法印様を請じ番太を頼んでくる。麦藁で人形をつくり法印様に御祈禱をしてもらい、これを不動の金縛りとて手足を縄でしばりつけ、番太はこれを竹槍で突き通ししまいに川に流す。

この威力で盗人はなくなりしたものだという。がこの風習も今はない。

番太は村の用心棒的存在で犯罪者の捕縛などを受け持っていた。村内に泥棒が入ったことがわかると、泥棒に見立てた藁人形を作り、村境まで送ってそれをこっぴどく痛めつけるというものである。攻撃系の呪法が用いられる。泥棒も村人にとっては疫病と同じように厭わしいものだからである。

防塞・攻撃(祭祀)・鎮送はいずれも厄神に対する人々の呪術的な対応法である。

註

(1) 垣田五百次・坪井　忠彦　一九二五　『口丹波口碑集』　郷土研究社　大系第四巻所収
(2) 雑賀貞次郎　一九二七　『牟婁口碑集』　郷土研究社　大系第四巻所収
(3) 垣田・坪井　前掲書(1)
(4) 雑賀　前掲書(2)
(5) 中道　朔爾　一九三三　『遠江積志村民俗誌』　郷土研究社　大系第五巻所収
(6) 瀬川　清子　一九五一　『日間賀島民俗誌』　刀江書院　大系第五巻所収
(7) 沢田四郎作　一九三八　『飛驒採訪日誌』　私家版
(8) 大間知篤三　一九五一　『常陸高岡村民俗誌』　刀江書院　大系第八巻所収
(9) 武田　明　一九五五　『祖谷山民俗誌』　古今書院　大系第三巻所収
(10) 武田　明　一九四一　「父二峰村の民俗記」(『ひだびと』九—五)　大系第一〇巻所収
(11) 敷根　利明　一九三一　「鹿児島県十島村の民俗」(『旅と伝説』六—一・七)　大系第一〇巻所収
(12) 小池直太郎　一九二二　『小谷口碑集』　郷土研究社　大系第六巻所収
(13) 鈴木　重光　一九二四　『相州内郷村話』　郷土研究社　大系第八巻所収

(14)　松岡　利夫　一九五四『柚野民俗誌』　柳原書院　大系第三巻所収
(15)　寺石　正路　一九二五『土佐風俗と伝説』　郷土研究社　大系第三巻所収
(16)　西頸城郡郷土研究会　一九四一『西頸城年中行事』　西頸城郡郷土研究会　大系第七巻所収
(17)　中山徳太郎・青木　重孝　一九三八『佐渡年中行事』　民間伝承の会
(18)　早川孝太郎　一九二五『羽後飛鳥図誌』　郷土研究社　大系第七巻所収
(19)　武田　前掲書(9)
(20)　高谷　重夫　一九三五「祖谷山村の民俗」(『ひだびと』八―一一・一二、九―一)
(21)　浜田　隆一　一九三二『天草島民俗誌』　郷土研究社　大系第二巻所収
(22)　結城　次郎　一九三五「安芸国斎島民俗相」(『旅と伝説』八―二・三・四)
(23)　岩崎　敏夫「磐城民俗誌」(未刊資料)　大系第一一巻所収
(24)　近藤　喜一　一九二八『信達民譚集』　郷土研究社　大系第九巻所収
(25)　今野　圓輔　一九五一『檜枝岐民俗誌』　刀江書院
(26)　岩崎　前掲書(23)
(27)　山口弥一郎　一九四三『二戸聞書』　六人社　大系第九巻所収

第五章　疾病に対する俗信

めやみ地蔵尊（東京都足立区）
手前に輪廻車が設置されている。

鎮西八郎為朝の御宿

悪疫の流行時には家の入り口に柊《ひいらぎ》、韮《にら》などをつる。七ッ目の鮑貝に「鎮西八郎為朝」と書いて掛けたのも見る。杓子に鬼の面を書いたものもある。何にてもいかつい貝、魚類などみな家の入り口につるすふうがある。

（『壱岐島民俗誌』(1) 昭和九　山口麻太郎）

疱瘡が流行すると、佐賀辺からすぐ、ささのさいぞうのお札を持って配りに来る。ささのさいぞうには、お札と、人形のとがある。人形を持っている家は、時々ある。裃つけて笹をかたげた人が、前に猿をかかえた姿である。お札のは、猿を引いている。今もこんな唄が残っている。「ささのさいぞう猿ひきつれて、疱疽たやすく伽なさる」。

蜷《めいくこ》・鼠の糞などを湯にまぜて入れ、この湯を笹でかけてまじなうと癒る。

疱瘡子は睡らせてはならぬ。狐がかさを舐るからと言う。座敷に萱を敷いておくと、狐が這入れぬと言うているが、人を集めて騒いで、一週間以上も、一睡もさせぬ。だから費用がかさむ。疱瘡が一人出ると、身代に拘るというたくらいである。

疱瘡に罹った者があると、既にわずろうている疱瘡子のある家から、疱瘡神を迎えて来る。棚は竹から作る。麻の苧を貫いて綴って、これに晒のきれをかけ、二文を供えて幣を截ってもらう。神棚に張るしめのあしも、晒木綿でこしらえる。ささのさいぞうは、どう言う人かわからぬが、一般に、猿を飼う人だと考えているようだ。

又笹良三八郎宿と書いた札をはった家もある。とべらの枝と、萱の葉を出し、鮑貝に鎮西八郎御宿と書いて出したのも見うける。赤土は魔除けになると信じている。

牛屋に張る札には、「たかきありまのうし」と言う文句を書く。牛屋の壁・柱には、赤土を塗る。とりわけ、牛疫流行の時には、角にまで赤土を塗っておく。

（「壱岐民間伝承採訪記」(2) 昭和四　折口信夫）※

疫病、ことに疱瘡流行の際に村人のとる行動の様子である。まだ種痘が普及していない時代にはこうした呪術的な方法が行われていた。

村境に注連が張られ、各家の門や戸口にはとげのある柊や臭気の強いトベラの枝をさし、「猛犬注意」ならぬ「鎮西八郎御宿」と名高い武将が滞在中であることを示して疫病除けとする。

悪疫流行を聞きつけて、村外からも笹の葉を使って祓う人が訪れる。赤土による豚小屋の魔除けは沖縄地方でも見られた。

民間療法と呼ばれる一般の人々によって行われる治療法は、経験に基づく民間薬によるものと呪術的なものとに分けられる。たとえば、『壱岐島民俗誌』には次のような記述が見られる。

田虫ができた時にはその上に墨で鬼という字を三遍書く。ギシシギの根をすって付けたり、墨で黒く塗ったりもする。

経験に基づく民間薬による方法というのはこの場合、「ギシシギの根をすって付ける」ということであり、呪術的な方法というのは、「患部に墨で鬼と書いたり、黒く塗りつぶす」ということである。

ここでは同書から呪的方法による民間療法を抜き出しておく。

・生きた蘇鉄《そてつ》に釘を打てば歯痛がよくなるという。

・目の病気には目の字を年の数、耳の病気には耳の字を年の数書いてお宮やお堂に上げる。耳の病気には穴のあいた小石もあげる。

・疣《いぼ》は水の泡がついて出来ると云われる。これを取るには胡麻の花をすりつけたり、蜘蛛の糸を巻きつけたりする。

・目に犬の糞（霰粒腫）ができた時には草履の尻で指すと治るという。

・シビリ（しびれ）がする時には目の上に藁のシビを唾でつける。又眉に唾をつけてもよいという。

・頬腫れを病った時は、表の間との間の閾《しきい》の真ん中に摺鉢《すりばち》を伏せ、その尻に灸をすえるとよいという。

次に予防法を挙げる。

・馬のハミ桶をかぶるとハシカを病まぬという。

・墓草履を履いてあるけばヒラクチ（毒蛇）が食わぬという。

・幸木の魚（正月の掛け魚）を祇園の日に食えば流行病にかからぬという。

・四月八日の甘茶を目や顔につけると眼病にかからぬという。目を洗えば眼病を治すという。

・古墓の甕の水を飲めば肺病によいと。病気除けになるともいう。

病気ではないが、時には病気よりも辛い船酔いには、

・舟に酔わぬ法は、梅干しを臍の上にのせて寝ていればよいという。

こうした船酔いの予防に至るまでの呪法が用意されている。(3)

最後に、比較資料とするために、沖縄の呪術的な療法についても列挙しておく。

・手首が痛む時は末子に当たる者に手首を糸でくくらせると治ると云った。
・トーシンバイ（耳下腺炎）には小言好きの婆が使用する火吹き竹を盗んで来て、これで粥を焚いて食べると治ると云った。
・寝小便をする小児は他家に塩を貰いにやり、他家の者がその尻を手拭いで打ってやると治ると話した。
・フリー（おこり）は七節の葦の枝をついて川端で香をたくとすぐ治ると考えた。
・一種の皮膚病は何人も食べない先、熱い芋をくっつけると治る。因ってこれを俗に熱芋喰えとも称した。
・唖をなおすには大晦日の晩飯をかき混ぜぬまえ、杓子を唖者の口に押し当てた。そうすれば直に物言うようになると云われた。
・歯が抜けたり抜いたりした時は、上歯なら床下に入れ、下歯なら天井に上げる。
↓こうしないと歯が生えない。
・魚の骨が咽喉にかかった時は、茶碗に水を満たし、上に箸を十字に交叉して置き、四隅より深く水を吸いこむと取れる。
・たむしが顔に出来た時は、朝早く起きて本人の局所を足で踏むとなおる。
・マラリアにかかった時は、大木の枝に鉄を下げたらなおる。又病人の家より見えない所にある大きな松を小刀で切り、握り飯を示して「なおしたらやる」といって後ろを振り向かずに帰ればなおる。
・麦粒病になった後は、貝殻を豚小屋に吊り下げ、又は末子をして薬指で突かしたらなおる。
・麦粒病になった時は、拇指に×と書けば癒る。
いずれも根拠は不明としか言いようがない。

歯痛と二本松

田辺湾内神島の東に二本松という露出礁あり、中央部に二、三坪の粘土ありて草生えるが、以前そこに小松二本あり、二本松の名はそれより出たのであるが、二十年ばかり前一本枯れ、次いで十年ばかり前残った一本も枯れて、今は朽ちたる幹のみ立つ。

この付近の細野、池田あたりの住民は以前歯痛の時、二本松に向かい歯痛をなおしてくだされ、お礼に土を上げると祈り、治癒すれば粘土を少し持ち行きしと聞く。岩礁の上で土が少なく、松の木が土をほしかろうというところから起こったものか。

歯痛の時は患者の右足の裏の型を白紙にとり、これに目、鼻、口を描き入れ、これを釘で柱に打ちつけておくと癒ると言う。

又、その図の口の中に歯を描き痛むものに釘を打つもあり。又、歯痛は死んだ蠅を埋めれば癒るという。又家の出口へ二厘銭を埋めれば癒るという。歯の抜けた時は下歯ならば屋根へ投り上げ、上歯は雨垂れへ埋めねば跡へ新しく生えぬという。

(『牟婁口碑集』(4) 昭和二　雑賀貞次郎)※

この事例は歯痛に及んで路傍の神ならぬ路傍の二本松に助けを求めるというものである。困窮の事態にどうすべきか、この場合は我慢の限界かと思われる歯の痛みにどうすればいいのかという事態に対する地域の伝統的な方法が二本松参りであった。

二本松が歯痛の治療をしてくれるわけではない。土を持ってお礼参りをすると約束して祈願すればそれが叶うという呪術的な方法である。願掛けでもある。

沖縄地方では病人が出るとまずユタという職業的な巫女を頼って祈願をしてもらうということが一般的であった。『牟婁口碑集』によれば、和歌山県の田辺近在の農家でも病人があれば医師や薬よりもまずカミ巫女《みこ》のもとに走ったという。田辺地方には神社の祭祀に携わる一般の巫女のほかに、カミ巫女と梓巫女《あずさみこ》とがいる。カミ巫女は病気の軽重を占い、障りのある者からそれを取り除いて神に平癒を祈るものであり、梓巫女は死霊寄せのみをする。死霊寄せ、すなわち口寄せである。

カミ巫女は病人に供物を与え、当人の手拭いなど形代で病人の身体をなでた後、それを付近の川に棄てる手当を施す。

一方、この地では死者があれば四九日の間、あるいはまれに一周忌に必ず梓巫女によって死霊寄せをしたものである。それをしないと死者が成仏しないという。

当時、死霊寄せの梓巫女に対する警察の取り締まりは厳重で、発見されれば処罰されるというので、山林などで近親の者が寄りひそかに行ったという。一升枡に盛った白米に幣を立て、小さな弓に死者の衣類をかけてそれを弾《はじ》きつつ死者に問う。問《と》い口《くち》という問い人の問いに応じて語るというのである。

呪術的方法による民間療法をまとめておこう。

「滋賀県高島郡西庄村」(5)(昭和八)によれば、以前は長期の病気になると何かの祟りではないかと、よく見てもらった。人の霊がついた時には祈禱の満願の日にその人が何の用事もないのに、病人の家へ来るものだと信じられていたという。また、月がかりに発した病気は長引くし、月末に発病したのは早く治る。入院は月始めにするものではないという。

また、同書によれば、滋賀県ではマラリアに伴うおこりの呪法が多いという。以下にその主な療法の四点を掲げる。一つ目は、朝早く草履を履いて村境に行って脱ぎ、道を変えて帰る。誰かがその草履を拾って履けば自分にかわってその人が病むというものである。草履を媒介として厄病神が転移するという意識に基づくものである。二つ目は刃物を枕の下に置くというもの。厄病除けである。三つ目はニナという巻き貝を山椒の木に縛り、おこりが治れば解いてやる。ニナに対する取引条件となる。四つ目は水天宮や熊野牛王など神仏の御符を水に浮かせて飲むものだが、こうしたことを人に教えたり人に見られたりすると効果がないと信じられている。

その他の呪術的方法による民間療法を『牟婁口碑集』を中心にまとめておこう。まず予防としての呪法である。はしかの流行の時は、白紙の上に手の跡をつけて、それを家の入り口につりさげておく。また、南天の木で大きな横槌をつくって二つにさげておく。難を転ずる木製の呪物による防塞系の呪術である。

七七歳の老人に七月七日昼の一二時に、「七十七」と書いてもらうと中風にならぬ。

百日咳が流行ると「スルモドコ」（子ども留守）と逆さにして戸口に貼っておく。家《うち》に御用はありませんの意。

自分と同輩の人が死んだら、一升を四九切れにした餅を食っておくと災難を逃れる。

「羽後浅舞町近傍見聞書」(6)（昭和一四）によれば、大正七、八年ごろ「キチサンオリマセン」と書いた紙片を逆さにして門口に貼らぬと、八百屋お七の亡霊に憑りつかれて死ぬといわれ、浅舞町付近一帯では行わぬ家が一軒もなかったという。

また、近所や知人の同じ歳の児が死ぬと、自分の児の両耳に饅頭の類を当てさせて、これを川に流すという。耳塞ぎの呪法である。

次に実際の痛みやおできなどの呪法を見ていこう。

風邪にかかった時には、小さな人形を作って人知れず路傍に捨てておく。これを誰かが拾えば拾った人が風邪にかかって捨てた人は全快するという。家内に複数の風邪引きがいる場合には、同数の人形を作り赤飯を添えて、川のそばに捨てる。翌日それがなくなっていれば風邪は一日で全快、二日目であれば二日目に治る。厄病神の移動を願っての行為である。

また、風邪引きには女房の腰巻きを首に巻きつけて寝るとよいという地区もある。

目疣ができたら、小豆で目を二、三度なで、「目疣だと思ったら小豆だった」と言う。または小豆を三粒、人知れず井戸に落とす。

腫れものには、その場所の上に田の字を四隅に書いて「安平雲ケンソワカ…」を唱える。

カミ巫女のような民間の職業的宗教者による病気平癒のための祈禱などの多くは、呪術的な方法すなわち呪法が中心といえる。

漆樹《うるし》に酒樽を

○瘧《おこり》おとし

瘧は七、八月に最も猖獗《しょうけつ》する。これは薬によらず呪法《まじない》によって癒しうるとされる。

1、本人の知らぬうちに突然おどろかしておとす。これがうまくゆくと一度になおると云われておる。その実例もある。又驚かす方便に小児等の寝ているうちに灸《きゅう》を点じたりする。

2、田螺《たにし》をとって来て平皿に入れ棚中におきもし瘧をおとしたら皿から落ちていてくれと願をかける。私の隣家でこの法で癒った人があった。

3、十露盤玉《そろばん》をガチャガチャならせておとす法。私の母はこれでなおったことがあった。

4、人の知らぬ間に大黄《だいおう》(馬すかし)の葉に縫い針をさしおきて大黄に向かって言う。「大黄の神様神様、もしおこりを落としてくださったらこの針を抜いて進ぜます」

5、人の知らぬ間に卵子を夜晒《よさら》しにしておいて又人知らぬ間にこれを喰べる。

○腫物《しゅもの》

腫物を癒すには便所の外の雪をとって丸め雨板に二十一個だけ薙《な》げつける。

○漆《うるし》かぶれ

漆かぶれになった時は男ならば聟《むこ》、女ならば嫁支度で媒介人《なこうど》が伴いて漆樹に酒樽を運び樹前で酒宴をなす。その折酒を漆樹にぶっかけることをする。

○疣《いぼ》をもぐ法

腰巻をとって溝淵にゆき小豆三粒投げ込み、「溝の神様神様小豆三粒進ぜますから疣をもいでください」と云う。

○眼の黴粒

方言でめっぱつと云う。このめっぱつを揉《も》ぐには、

1、杓子をめっぱつの出来た眼に当ててその杓子の底に灸を三火点《みーひっ》ける。

2、櫛の棟《むね》を火に炙《あぶ》ってめっぱつに静かに当てる。

3、めっぱつの出来た側の手の人差指の関節に灸を点ける。呪法ではないけれども民間療治《しろうとりょうじ》として最上法とされておる。

4、井戸の中にもんどし(大笊)を半分被して、さて言う、「めっぱつの神様神様、めっぱつを採いでくださるとこのもんどしをみんな見せて進ぜます」

5、縫い糸を輪にしてめっぱつに擬し、「めっぱつ採ごうか?」と一人が言うと、めっぱつの出来た当人が、「採ごうば採げ!」と答える。この問答中、笑うことが禁物だ。めっぱつ採ごうか? と生真面目《きまじめ》に云われると笑わずにはおられぬそうだ。

○たむし

たむしは局部《それ》に墨黒々と鬼又は鴫《しぎ》と書く。大面村字蔵内の辰右衛門という戸隠神社の信者の足の親趾がよく験《き》いた。

○腋臭《わきが》

腋下に熱いご飯をお握りにして挟んでおいて、それをとって狗にやる。そうすれば狗は死んで腋臭はとまる。

(『越後三条南郷談』(7) 大正一五　外山暦郎)※

民間療法の報告である。著者は民間療法を民間薬を用いる治療法と呪術的な療法とに分けて考えている。もぐさなどを使用する灸は民間療法とし、鍼《はり》や整骨は専門職としてこの二項目とは区別しており、ここでは扱っていない。俗信として見ていこうとするのは呪術的な療法である。

まず、瘧《おこり》落としについて見ていこう。瘧とは隔日あるいは毎日一定の時間に発熱する病気で、マラリアを指すことが多い間欠熱の一種とされる。七、八月に猖獗《しょうけつ》、すなわち勢いが盛んになる。この熱に対する五つの呪法が掲載されている。

一つ目は突然驚かすことと睡眠時の灸である。どちらも本人の自覚のない不意の出来事によって熱を落とそうとするものである。驚かす対象は病人ではなく、厄病神に対してである。

二つ目は田螺に願を掛け、それが叶ったら皿から落ちることで知らせてくれるという、考えようによっては調子のよい呪法である。瘧が落ちることと田螺が皿から落ちることを重ねている。

三つ目はそろばんの激しい音によって熱にうなされている者の気を取り戻すという呪法と思われる。

四つ目の呪法については特に注目したい。大黄《だいおう》はタデ科の葉の大きな多年草で、黄色い根茎の外皮を取り除いて乾燥したものが生薬の「大黄」で健胃剤や下剤として使用される。その大黄の葉がなぜ使われるのかということはおいておき、葉に縫い針を刺したまま大黄に向かって、瘧《おこり》を落としてくれたら針を抜くと、強迫まがいの文言を吐くのである。

地蔵にぐるぐると縄を巻いて願いを叶えてくれたらこの縄をほどくという、縛り地蔵や縛られ地蔵に対する祈願法と異なるものではない。この場合、大黄の薬効に期待したのではなかろう。マラリア、あるいは瘧の内にそうした病をつかさどる厄神、すなわち病の背後にいるであろう神霊を大黄に見立てた呪法と考えることができる。なぜなら、疣をもぐ願いやめっぱつを取る願いの時などに「溝の神」「めっぱつの神様」と、神霊を意識しているからである。たむしの時には患部に墨で直接「鬼」と書くこともある。

呪術的な療法は、その病をつかさどる神霊や厄神に対して営む手立てだったのではないかと考える。その代表的な病が疱瘡すなわち天然痘である。「若狭大島民俗記」(8)(昭和一九)によれば、種痘をすると直ちに疱瘡の神を祀るといって、起き上がり小法師と赤紙、そして種々の人形などを棚に飾り供え物をする。種痘の八日目に大豆飯を炊いて供える。一二日目には疱瘡神を送るということで、桟俵の上に赤紙を敷いてその上に起き上がり小法師二体と小豆飯をのせて四辻に置く。

種痘をする前に疱瘡に罹った者が右のような送りをした時、まだ罹っていない者は、その中で最も軽くすんだ者の起き上がり小法師をもらうという。

種痘という近代医学の治療を受けてもなおかつ、疱瘡神の臨時の棚を作って供え物をして、病状に合わせて八日目に大豆飯、一二日目に小豆飯で送りをするのである。この地では起き上がり小法師を疱瘡神と見立てているのであろう。

こうした疱瘡神の祀り上げは、種痘という治療法の開発以前から行われていた。種痘が実施されるようになって病状に合わせる形式が整えられたといえる。いずれにしても、疱瘡に対する呪術的な療法は、疱瘡神を神格化することによって、神信仰のような様相を呈したのである。

ここでは病の背後にある働きを神霊、あるいは厄神と信じられている。

モノモライと七軒乞食

はやりめ（急性伝染症結膜炎）にかかった時には、一文銭に眼をすりつけて病を伝染し、路に棄てておくと、これを拾った者に感染し、自分のは治る。

眼瞼に「物乞い」の出来た時、又は息ざしの痛む時（肪間神経痛）には、篩《ふるい》を持って七軒の粉を貰って歩き、焼き物をこしらえて食べると治る。「物乞い」を七軒乞食ともいう。

鼻血は、ぼんのくぼの毛を三本抜けばとまる。

タムシや白雲（白禿瘡）には、茶碗の尻か何かを当てると、その丸さより大きく殖えない。

齲歯《むしば》については、大正十年十月三十日、鼠坂の県道筋の石垣に、「奉納腭無地蔵尊」と書いた紙片を、数多く張り付けてあるのを見た。多分齲歯の痛みの治ったお礼だろう。

大正九年四月十六日、愛甲郡平山の坂上の辻に、厚紙に左のように書いて棒にはさんで立ててあった。「おきのくにのあごなし地蔵様は、ことし二十六の男子のむしばをなおしてくださいました。方々へおひろめのため、お札せいさつをたてます。おきのくにあごなし地蔵様」。

いのご（淋巴腺の腫れたもの）には、灰の中へ足跡をつけ、その土踏まずへ灸を三つすえる。

疣には、盂蘭盆《うらぼん》に仏に供えた牛馬の茄子で疣をこすり、その茄子を地中に埋めておけば、それが腐る時治る。

千木良の原村にある諏訪神社の縁の下の土をつけると治る。

吉野町の遊廓の下にある小祠「疣神社」の側の水を「ここから上（西方）の水を飲みますまい」と云って汲んで来てつける。

更に子供じみているのはどぶの側へ行って、棒を疣に当ててその一端を溝の方へ向けて、「疣々一本橋ォ渡れ」と言って、最後にその棒を溝の中へ投げ込む。

カザウルシ（蕁麻疹）には、火打ち石で切り火をかけ静かに寝ていると治る。


（『相州内郷村話』(9) 大正一三　鈴木重光）

冒頭に提示した事例は呪術的な方法による療法であるが、この報告書では「禁厭」という項目に収められている。後に紹介する「民間療法」という項目には民間薬による療法をまとめている。

流行眼《はやりめ》、すなわち流行性結膜炎の治療法は厄年の際の厄落としなどと共通した心理がうかがえる。人が拾ってくれそうな一文銭に眼をこすりつけて病原菌を移す。それを道辻に捨てて、拾った人が感染すれば治るとするのである。厄年の者が蜜柑や餅、あるいは金銭を道辻に捨て、それを拾ってもらうことによって厄払いとするのと同じ意義を持つが、本来は困難な事態に対して、多くの人の力によって打開しようとする合力系の呪術である。

モノモライの七軒乞食も趣旨は同じである。七草粥の日に子どもがもらう七軒粥、嫁入りの際に近隣七軒からお歯黒の鉄漿《かね》をもらう七軒鉄漿は、合力による子どもの成長、合力による嫁となる娘の不安の解消という意味を持つ。モノモライの時の七軒乞食も合力系の呪法による療法である。

虫歯完治の路傍の制札、大正末期のものがあったという「あごなし地蔵尊」はおそらく流行神として、短期間に機能していたのであろう。

次に、「民間療法」という項目の事例を列挙するが、呪術的な療法も入り混じっている。

口の端にできた腫れものには、粗朶《そだ》を燃す時に切り口から出る泡をつける。また、膿が出ない腫れものには、山繭を飯粒で練って貼ったり、山女魚の皮を張ったり、田螺《たにし》と蕎麦粉を練ってつける。

足を踏みかえして痛めた時は、石湯といって河原の石を焼いて水を暖めて足を蒸す。この石は味噌の上にのせておいたものならば最もよいが、それがなければ水に塩または味噌を入れるとよい。

突き目には、鰻の頭をよくすりつぶし、人の乳にまぜて目に点じる。また、イラムシの巣の中にいるのを人の乳にまぜてたびたびたらし込む。

胞衣《えな》の下りない時は、柚子《ゆず》の種を飲ませるか、柄杓の柄を口に入れるとすぐに下りる。

解熱剤としてミミズの腹の中の汚物を洗い出して煎じて飲むか、「そまの骨」といって馬骨を煎じて飲んだ。

鮎のウルカ（腸の塩辛）の古いのは、下痢止め、虫歯、切り傷などにきく。

はやり目には、メギの根を煎じて洗う。

あせもまけには桃の葉を湯に入れて入浴する。

漆まけには沢蟹をつぶしてその汁をつけるとよい。

痰には爪まで黒い黒猫の肉がよい。


と、ここまでくると、限りなく怪異伝承に近づくかのようである。

註

（1）　山口麻太郎　一九三四　『壱岐島民俗誌』　一誠社　大系第二巻所収
（2）　折口　信夫　一九二九　「壱岐民間伝承採訪記」（『民俗学』一―三・四・五・六、二―二・三）　大系第二巻所収
（3）　佐喜真興英　一九二五　『シマの話』　郷土研究社　大系第一一巻所収
（4）　雑賀貞次郎　一九二七　『牟婁口碑集』　郷土研究社　大系第四巻所収
（5）　井花伊左衛門　一九三三　「滋賀県高島郡西庄村」（『旅と伝説』六―七、七―七、八―一二）　大系第四巻所収
（6）　寺田伝一郎　一九三九　「羽後浅舞町近傍見聞書」（『旅と伝説』一二―七・八・九・一〇・一一・一二、一三―二・三）　大系第一二巻所収
（7）　外山　暦郎　一九二六　『越後三条南郷談』　郷土研究社　大系第七巻所収

（8）鈴木　棠三　一九四四「若狭大島民俗記」（『ひだびと』一二―三・五、『日本民俗学』二―二）
（9）鈴木　重光　一九二四『相州内郷村話』郷土研究社　大系第八巻所収

第六章　怪異伝承と俗信

天狗面（山口県萩市）
神仏混淆の金毘羅社円政寺の拝殿に掲げられた大天狗。

河童の詫び証文

筑紫次郎と呼ばれた筑後川畔の村々はもちろん、あるいは池にあるいは濠に、又時としては山にすらも河童の出没した話が遺っている。

河童の身体は三歳か四歳位の小児程で、頭の頂に皿を有しその中に水をたたえている。築後の柳川付近では皿の数を三つと称するが、普通は一つに定まっている。そして頭からは髪を垂れ顔が青く、全身は黒くて顔には十文字に毛が生えており、全身もまた密生した毛に包まれている。眼は二つもしくは一つで嘴《くちばし》を持っており、背部には亀甲を負う。手が長く指が三本で爪がすこぶる長い。あたかも鮮魚のような一種の腥《なまぐさ》い臭気を身体から発散する。

河童は河、濠、用水池などに棲むものが普通であるけれど、また人の足跡の水溜まり、馬の足跡の水溜まりなどにも住み、殊に濁り水が好きで馬の足跡の水溜まりには千匹も河童が居るという。この点が身体の大きさと会わないけれど、河童はまた一面に姿が見えなくなるという特質がある。これらの水溜まりに水がなくなると死滅するが、しかし陸上にものこのこ歩いて来て冬は山中にも籠もる。

概して陸上では水中にある場合よりも力が弱いけれど、頭の中の皿に水をたたえている間はなかなか強い。最初他から自分の姿を見つけられると逃げ出すけれど、好んで人を求めて角力《すもう》を挑んでいる。この角力でこちらが負けてやると喜んで魚などを馳走してくれるけれど、本気で勝負して負かしてでもやろうものなら深くこれを恨みとし、その人を水中に引き入れる。

人を水中に引き入れることは最も著しい特性で、河童に引き入れられた者は一度水に潜った後また浮かび出て微笑し次に再び水にもぐる。そして水底に端坐しているが、溺死者と異なって水は少しも呑んでいない。こうして引き入れた人の尻からあるいは鼻からジゴ（筑後では腸のことをジゴと称する）を引き出して飽食する。時にはそれでも足らずに人里に出で厠の中に忍び込んで用便に来た人の尻を撫でたり、又はジゴを引き出したりする。肥前の三養基《みやぎ》郡基山村ではジゴでなくて肝をとると言っている。そして火であぶって食べるから、肝をあぶる火がなければ人里に出て家をゆるがすと称せられている。

（『筑紫野民譚集』(1)　大正一三　及川儀右衛門）※

九州地方には河童の話が多く伝承されていることはよく知られている。ここに取り上げた事例には河童の特徴が余すところなくまとめられている。やんちゃでいたずら好きの、そして時には人を水に引きずり込んで尻を抜く河童にも弱点はある。一般に流布しているのは、人の唾液と仏前に供えた飯、それに鎌などの金物である。俗信としての効能は、こうした妖怪の弱点を伝えて難を逃れることにある。

したがって、河童除けには嫌いな唾液を尻に塗るという方法がある。水に入る前に吐いた唾液が水面で広がらなければ、そこには河童がいるといわれたりする。また、鍋や釜の底についた煤を額に塗ることや、仏前に供えた飯を水に投げ込むことも河童の被害を回避する方法となる。築後の柳川では河童は胡瓜が嫌いだから、水に入る前に胡瓜のヘタを切り落として両踵にその香を擦りつけておけば引き込まれないと信じているが、有明海を越えた肥前の島原付近では、かえって胡瓜やまくわ瓜は河童の好物だといわれているという。

夜晒しにして夜露に濡れた着物を身に着けていると河童に引かれるが、水に入る前に「河童と倒角力《さかずもう》とれ」と言えば河童は恐れて姿をくらます。それにもまして、水天宮の御符は河童の難を避けるには有効なものであるとされる。

事例は少ないながら、悪さをして村人に捕えられた河童が涙ながらに、もう悪さは決してしない由の証文を書いて許されるという「河童の詫び証文」の伝承は全国に散在する。

肥前の三養基郡安楽寺村に伝えられる話は、馬の後脚にしがみついていた河童を捕えると、「河童は平伏して自分の罪を謝し、路傍の石を指して、これが腐れてなくなるまでは人を引かぬことを誓って助命を請い、危うい一命をとりとめて水の中へ帰って行った」と詫びる。石が腐ることはあり得ないので、絶対に悪さは致しませんということである。「炒った豆が芽を出すまで」や、「道端の石や岩が腐るまで」という例えは、日常の会話でもよく使われる物言いであったのだろう。詫び証文を書かないまでも誓ったのである。それから安楽寺村では河童に引かれるものはいなくなったとのことである。

また、肥後の飽託《ほうたく》郡石原村の話では、悪さをして片腕を引き抜かれた河童がもうしないことを誓って腕を返してもらう。それからというもの、他村では河童にとられる者があっても、石原村に限っては誰一人その害を受ける者がない。いつとはなしに、夏の土用の三日目に河祭りと称して酒・胡瓜・饅頭などを供えて河童を祀るようになり今でもこの村に続いているという。「河童のお詫び」にとどまらず、村ではこの河童を神格化して祀るようになったのである。呪的方法ながら河童信仰の成立ということになる。俗信から信仰へ格上げされたのである。

筑後の三井郡国分村日渡に、河童から伝授された接骨法を家伝とする接骨医があるという。そのいわれ話を要約して次に記す。

いつの年のことか田植えごろの出来事であった。泥土を軟らかにするために馬を御しつつ馬鍬を使っている老爺があった。老爺の休憩しているのをよいことにして、馬に目のない河童が田の中に入り込み、馬鍬を結び付けた縄を手繰って悪戯を始めた。馬はびっくりして駆け出したので河童は馬鍬とともに田の中を引きずり回されさんざんな目にあった。

老爺は怒りもせずに馬をとめ、河童の身体にからみついた縄をほどいてやったので、河童はその行為に感激し恩返しのためということで骨接ぎ法を教えた。これが今日まで伝えられている日渡の接骨法ということである。

山女郎の誘い

ヤマイヌサン—山犬と狼は同じもののようでもあり、又違うものだと云う人もあった。これも魔道にとりつかれた時「送って行ってつかわれ」と、頼むと出て来て家まで送ってくれる。山犬が先に立つ時必ず人間との間を二間程あけておかねばならぬ。犬が坐った時人も坐らねばならぬ。その間に魔道は逃げると云う。送ってくれた時は小豆を煮てやらねばならない。また山犬さんを見た事がないと云うと必ず一本橋のような外へ避けられぬ所へ、見てくれと云って出てくるものだ。大きい体をしているがカヤボー一本あれば、千匹かくれる事が出来る。伊勢の太神宮さんにお参りした人間は知っていて、道で会っても下へ避けるが、詣らぬ者にはソラ「上手」へ避ける。

狩人が山犬の子を猟犬代りに飼う事があった。小豆の飯を巣に供えて置く。鉢に子を入れて持って来てくれた。その時「大きいものばかり千匹とるように」と云っておかねばならぬ。そうでないと山犬は何でも千匹獲ると必ず主人にかかって来る習性があるからだ。大きいもの―熊等は千匹決してとれない。

ヤマジョロ―綺麗にこしらえた女で、山中で男に限って出会う。つれそうて行こうと云う。

昔イソダとイセキチと云う二人の男が剣山へお詣りした帰り、向こうから美しい女が来るので近付いてよく見ると、雲つくような大女になり、馬鍬のような歯を出して笑った。二人は剣山を心で祈ると懐中からサスガの包丁が落ちた。これを見てヤマジョロも退散した。

ヤマジョロは、行方不明になった女がなるかと云う人もあった。ヤマジョロではないが源内さんの娘が昔行途不明になった事がある。こんな時は屋根に登って箕を逆にしてオーイオーイと呼ぶとよい。娘は数日してどこからともなく帰ってきた。

オギャアナキ―夜道で赤児のような鳴き声をたてる。行ってみると姿が見えない。時には負うてくれと言って出て来る時もある。その時負い縄が短いから負えぬと云って断らねばならぬ。だから負い縄は片方を短く片方を長いように綯わねばならない。


（「祖谷山村の民俗」[2] 昭和一〇　高谷重夫）

「妖怪の話は採集することが次第に困難になって来ている。祖谷山のごとき山村ですら、もはや今日では、一人が話し出そうとするとそんなものはおりませんと真顔で打ち消す老人もあった。しかし中には山中で逢った妖怪変化のことを実感でもって熱心に話す人もある」、「子供が夕方などにいつまでも外で遊んでいる時に、ガンゴが来るから帰れ、ガンゴウジがくるなどと言う。祖谷山ではお化けを普通にマド・マノモンなどとよんでいる。ガンゴウラとは祖谷では河童の事である」とは、『祖谷山民俗誌』[3]（昭和三〇）の中で筆者武田明が述懐する場面である。

日常生活ではマノモンやガンゴウラが、殊に子どものしつけにはよく登場することはあっても、伝え語る伝承としては希薄化しているという実情がうかがえる。

そうした中でも、事例として取り上げた「ヤマイヌサン」や「ヤマジョロ」「オギャアナキ」は比較的多く口の端に上るもののようである。

祖谷山地方に伝承されてきた妖怪を大まかな分類によって紹介したい。

①実在の動物にまつわるもの。「ヤマイヌサン」がその代表である。明治二四、五年頃まだ鳴き声が聞こえたという「オオカミサン」は人に害を加えず、かえって山道で魔道に取りつかれたような時には送ってくれるという。

その他、節分の晩に通り、四辻に行くと見えるという首のない馬「クビキリウマ」や、六、七年前に葬式の真似をして火をとぼした「タヌキ火」などがある。

②人間にまつわるもの、「ヤマジョロ」をはじめ、祀り手のない仏あるいは飢え死んだ仏が峠などで人にとりつくという「ガキボトケ」がある。これはダリにつかれたという所もあるが、体がひだるくなって冷汗が出る。こうした時、ガキボトケサンおあがりなさいといって御飯を道端に供え、柴などを折って手向け自分も何か口にするとよいという。無縁仏への施しと似ている。

また、人の息の切れる瞬間に飛ぶヒトダマ。火の玉があがるといって夜間の提灯の火のようなもので動くという。

③葬送にまつわるもの。葬式の時雷がなるとクワシャが来たという。通常「火車」と呼ばれているものか。クワシャは猫だという人もいて、猫が死人に近寄ることを忌む。野辺送りの途中の場合には、僧の七丈を棺に掛ければ防げる。日常、「お前が死ぬときはクワシャが来るわ」と人をののしることもあるという。

夜間に草履を新しく下ろす時は必ず鍋墨を付けないと変化《へんげ》に出会うといわれているが、葬式時にはこれを付けない。

この草履を「シリワリゾウリ」という。変化に出会わぬ呪いとしてはこのほかに、ろうそくの尻につばをつけておくとよいという。

④その他、人の気持ちや体調によるもの。「オギャアナキ」はここに入るかと思う。

「シバテング」は山にいてバリバリと木を伐り倒す音をさせたり、山崩れの音をさせるという。日比原の老人によれば夜分に祭りから帰ってくると家の前で山崩れの音がした。その時は狸に化かされたのかと思ったが、あとで考えるとシバテングがまわった時分の音だとわかったという。

また、西祖谷後山のクニヤは夜中になるといつもシャリシャと箸を洗う音がする箸洗い渕というのがあるという。山の尾根が里近くまで続いている所や、山の尾根の先端などはオザキといい変化《へんげ》の道でウワバミや天狗の通り道となっている。こうした所へ家を建てるのはよくない。あるいは、今耕作はしているがその地を買うと家の者が死ぬとか、病気になるとかいわれている場所もある。

狸のお仕事

ぼんぼり松

三好郡白地《はくち》村の北名《きたみょう》で、馬路《うまじ》川に流れこんでいる呉石渓の中流、渓を隔てて東西に相対する屋根に、各々一本の大きな傘松がある。その間の距離は三町、あるいは四町もあろうかと思われるが、この二本の松の間に、夜中、ちょうど球燈を引き連ねたように、雪洞《ぼんぼり》様の狸火が行列することがしばしばある。それでこの一対の傘松を、この地方の人はぼんぼり松と呼んでいる。

小豆あらい

名東郡八万《はちまん》村に冷川《つめたがわ》という小さい、しかし清らかな小川がある。そこに冷橋《つめたばし》という橋が架かっている。この橋の附近に小豆洗いという狸がいて、夜更けになると、時々小桶で小豆を洗うような音をさせる。その日の夕方などに、土地の者がその橋の下あたりで、豆とか米とかを洗うと、その晩は必ず小豆洗いの音がはっきり聞こえる。しかし人がその音を慕って近づくと、その音はいつしか遥かな向こうの方へ移って聞こえるという。

火消し狸

三好郡白地《はくち》村の、旧伊予街道に当たる千田峠には火消し狸というのがいて、夜間人が提燈に火を点して通ると、必ず消される。もっとも明治三十三年に新道が出来たので、ここを通る人は稀になった。自然この噂もだんだん立ち消えになりつつある。

素麵食い

大正四、五年のころ、三好郡三縄村字川崎の岡本某という二十六歳の女、狸に憑かれて久しく煩っていたが、験者を招いてきつい御祈禱をすると、ついに口走っていうには「わしはこの辺に居る狸じゃが、この家で素麵を食うているのを見て、素麵が欲しゅうなってこの女に取り憑いたんじゃ、わしを去《い》なしたけりゃ、素麵を一貫匁煮《た》いて食わせい。そしたら去《い》んでやる」という。そこでそのとおり素麵を一貫匁煮いてやると、みんなは食わなかったが、それでも大方平らげてしまった。

その翌日、近隣に住む小川某という者が、一匹の狸が腹をふくらしてよろよろしているのを見付けて、すぐに撲り殺した。そうして皮を剝いだついでに、あんまり腹が大きいので何を食っているかと思って、腹を裂いてみると、腹の中からたくさんな素麵が出て来た。

間もなく、女の病は、嘘のように治ってしまった。

（『阿波の狸の話』(4) 昭和二　笠井新也）

ここに提示した事例はすべて『阿波の狸の話』からのものである。その編集意図について筆者笠井新也は次のように述べる。

・阿波における狸の怪異ないし迷信に関する民間の伝説を集録した。
・狸に関する伝説は、主として現在国人の間に物語られ、あるいは信ぜられているものを採った。
・記述はなるべく敷衍・修飾を加えないで、伝承のままに筋をはこぶことに力めた。

伝承のままに記録するという民俗学の基本姿勢や方針に基づいた調査であることが理解できる。そして、
・阿波における狸に関する伝承は、その分布の密度において、平野地帯は、遥かに山岳地帯を凌駕する。
・その構想・形式などの発達しているものも、多くは平野地帯に分布している。
・されば、動物としての分布はともかくも、伝説としての狸の分布は、大体において文化の程度に比例するということが出来る。

と、その成果によって一九二六年（昭和元）という極めて早い時期に、村人の口頭伝承を基軸にした研究展望を持つに至ったのである。ただ、当時はまだ民俗学としての学術用語の統一はなく、「迷信」や「伝説」といった用語の使い方には注意を要する。

この項では、冒頭に掲げた「ぼんぼり松」以下の伝承と関連性を持つものを要約によって紹介することにする。

「ぼんぼり松」は三、四町ほど離れた二本の傘松の間に雪洞《ぼんぼり》を持った狸火の行列が出るというもの。傘松は枝が四方

に広がり垂れた松のことで、祖谷山では天狗さんの腰かけといい、木挽きなどは決して伐らないという。狸火というテーマのもとに美馬郡三島村大字小島《おじま》の山手に住む人たちの話を紹介したい。

昔は夜が少し更けると小島の田んぼにはいつも燈火が遊行していた。多い時には五〇も百もの火光が、くっついたり離れたりしながら遊行する。そうした遊行はほとんど毎晩だったので、そのことを疑う者は一人もいなかった。しかし、ここ二、三〇年はこのような火が見えないので、今の若い者らがこれを疑うのも無理はないと土地の年配者はいう。

「小豆洗い」は、「小豆磨《と》ぎ」としてもよく知られている妖怪談の一つ。音をテーマとするものとして類似の伝承を見ていくことにする。

徳島の城山の森林には多くの狸がおり、今でも時々悪戯をやるそうだが、昔はそれがなかなかはなはだしかった。その中にいろいろな物音を真似るに巧みなのがいた。

当時城山の徳島橋付近が材木の揚げ場になっていて、木挽きが毎日大鋸で木を挽いていたが夜になると狸がその真似をして、シャッシャッという勇ましい鋸の音を響かせていた。また、付近に普請があれば大工の真似をして槌《つち》の音や手斧の音、板を削る鉋《かんな》の音が夜の静けさを破った。

ある時のごときは、夜中に城山の御馬舎からおびただしい馬の足音が聞こえた。付近の人は馬が逃げ出したといって大騒ぎになった。ところが御馬舎には何の異常もなかったので、またまた、狸にだまされたかと苦笑いして引き取ったという。

次の「火消し狸」は「ぼんぼり松」と同様、火がテーマであるが、自らの火を点《とぼ》すのではなく、火の提燈を取り上げるというものである。

麻植郡木屋平《こやだいら》村の谷口から川井へ行く途中に奥の宮という所がある。その付近にぼんぼり岩という岩がある。そこに棲む狸がいたずらをする。夜、人が提灯をさげて通るとその岩の上にぼんぼりが現れ、人は無意識のうちに提灯を取られ、ぼんぼりを持たされている。

何歩も進まないうちにうちにぼんぼりは消え、提灯はぶらぶらと動きながら岩の後ろへ隠れてしまう。こうして、その人は真っ暗な道を探り探りたどらねばならないのである。

最後の「素麵食い」は何かにとり憑かれた女性が修験者の祈禱によって、狸憑きになったことが判明し、その狸が近隣の人に撲殺されることによって快方されたというものである。動物霊が人に憑くという考え方が土台となって生じた伝承である。

ここは類似の伝承を取り上げるのではなく、祈禱する修験者が狸にだまされるという怪異伝承を紹介する。

明治初年のころの話である。三好郡山城谷村字瀬具名に西岡山という修験者があった。俗に瀬具法印と呼ばれ、諸方から祈禱に招かれていた。ある時、馬路村字深川の中山某方へ、狸憑き患者の祈禱に招かれ、祈禱が終わって夕食を御馳走になり、それから三里余の道程を自宅へ向かう。しかし、行けども行けども自分の在所に戻らない。夜は次第に更けて周囲は真っ暗になる。不意に額にぶつかったものがあるので、驚いてさわってみると大きな立ち木であった。右に行くとまた大木、左に行ってもまたぶつかる。自宅までの間にこんな大木のある所はないのだがとあちらこちら歩くうちに夜が明けた。見ると、そこは自宅とは全く反対の二〇町もの坂道を登った雲辺寺の背後の森林の中であった。これは雲辺寺の狸にだまされたのだ。

修験者が狸落としの祈禱に行って、その帰り道で狸にだまされたとはいかにも馬鹿馬鹿しい話じゃと、当時やかましい評判であったという。

通り神とヒダル神

ただ専ら祟るものとして怖れられているものに通り神がある。非持山に北原今朝吉という人があって、高遠へ薪売りにいった帰途、非持の城の頭という所で馬から落ち、直ちに医者に診てもらったが、何の怪我もなく病気もないといわれ帰ってきたが、それがもとで死んでしまった。これは通り神の祟りだろうといっている。

通り神は山のオネに居るからそこへ休んではならぬという。岳へ登って泊まっている時など、いわれのわからぬ音がするのを通り神が通るのだという。悪い心の人は岳へ登ると通り神に谷底へつきおとされるともいう。大木の東側に出ている枝の上にはこの神がいるといって、そういう木を伐ることをきらう。枝の垂れさがった古木も通り神の休み木といって忌まれる。

渡り神とか渡りとかいうのもおそらく通り神と同じものであろう。子供が病気でもなくただ朝おきてみたら死んでいたということがあると通り神のせいとして、ワタリにあったなぞという。この時不思議に鼻汁を出して寝床から少し出ているという。ウブヤッコ（嬰児）がワタリにあわぬためには唐傘をひろげて寝ている児の天井に吊るしておくとよいといわれる。

（『黒河内民俗誌』(5) 昭和二六　最上孝敬）

通り神・渡り神・ワタリなど様々な呼び名を持ち、山路や野道を歩いていると不意に寒気がしたり頭が重くなったり、体がだるくなるといった症状を起こさせるモノとされる。空中に浮遊する霊的な力で人に触れるとその人は身体の調子がおかしくなることから行き会い神と総称することもある。日本では古くから人に災いをもたらすモノではあっても、人の力が及ばないものや威力のあるものにはその背後に神霊の存在を感じカミとしてきた。

『壱岐島民俗誌』(6)(昭和九)にはヒダル神として、食事をせずにひだるい思いをしているとヒダルゴが憑くといい、食事の後に茶を飲まないと、コーケ神が憑き、いくら食べても足らぬようになると伝えている。また、『越前石徹白民俗誌』(7)(昭和二四)にもガキとかヒダル神とかというものは人に憑くとある。上在所へ行く途中の墓の傍らに大きなしなの木があって、この木の下にガキがいてその木の下を通ると、きっとさもしい気持ちになったという。そういう時にはツバを吐くとよいといった対策も伝えている。

『日間賀島民俗誌』(8)(昭和二六)には八一歳の老婆の話として、「八十九峠にあるダリ仏は、道倒れを祀ったものであるが、それにとりつかれると、だるくて、動けないようになる」とある。ここでは不慮の死を遂げた者の霊が「仏」となっているのであろう。

『三州横山話』(9)(大正一〇)では「魔」として筆者早川孝太郎の子どものころの噂話が出ている。「私が子供のころ、それは秋のころと思いますが、その日の午後、西の方の空へ向けて魔が通ったと云って噂していました。何者とも知れぬ者が、空を空車を挽いて走って行くような音をさせて過ぎたと謂いました。その日は薄曇りした静かな日でした」とあり、「薄曇りした静かな日」が印象的だったことを思わせる。また、早川文六という男の経験談にも言及する。この男が暴風雨の折に縁側に立って見ていると、空を大きな材木のようなものが飛んできた。家の上を通ったなと思ったとたん屋根の瓦がガラガラと崩れ落ちた。家内の女と二人、はっきり見たという。暴風の時には風に乗って魔が通るという。それがぶつかると、立木が折れたり家が倒されたりするのだといわれている。

不意に祟るモノは行き会い神に限らない。黒河内の祟り伝承を見ていこう。

溝口宮ノ窪の高見重衛家の桑畑の隅に名もない石棒がある。かつて同家に病人が絶えず八卦見に見てもらったところ、この石棒に肥がかかるからだといわれ、その付近を少しあけてものを作らぬようにした。重衛氏の妻女が嫁入りをした当初、何も知らずにこの石棒にさわって手にぶつぶつが出来たこともあったという。

中非持に御神木として、伐ったり掘ったりするをつつしんでいた松の株があった。神の祟りなんかと威張っていた行者がその根を掘って持ち帰り灯火として焚いたところ、まもなく熱病になって亡くなったという。

経塚松と呼ばれている松の木が溝口原にある。かつてこの辺りを掘ったところ経文が書かれた石が七百個ほども出土した。この松は枝を折っても腹をヤマスといわれ、周囲はよい所だが荒らしたままにしている。かつてこの持ち主がこの木にからまっていたトコアカを伐ったところ、洪水の時に流されて溺死したという。

三峰川の上流、浦の奥地にあるみこ淵という淵は網を入れると大荒れが来るといって網を入れない。同地の小松マキの人々はここはもと小松の先祖の漁場だと伝えている。

天狗の神隠し

隣村日連《ひづれ》村青田《おうだ》に天狗坊《てんごんぼう》と云う大深淵がある。この淵の深浅に依ってその年の作物の豊凶が判るそうで、砂利を盛って浅くなっている年は穀相場が高いと云うことである。

余り古い事ではないらしい。野良坊と言って鰻捕りを業とする者が、この淵に鰻が多く居るときいて、置き針を置いたが、いつもいつも餌を奪られるか、糸を切られるばかりであるから、様々に工夫をして、堅固な針を拵え、水面近くまで引きあげたが、やはり逃げられてしまった。これがこの淵の主であって、この主の姿を見た者はこの野良坊ばかりだそうだ。

この時野良坊が余念なく釣りをしていると、水中から大きな蜘蛛《くも》が出て来て、履いている鼻緒結びと云う草履の鼻緒の結び目に、糸を懸けては水中に引っ込もうとする。余りうるさいから追い払うと、又来て糸を懸ける。そのうちにどこともなく「天狗坊の何太郎」とか云う声がきこえてきたかと思うと、魚籃《びく》に入れてあった鰻が残らず失せてしまった。そこで野良坊もさては先程のがこの淵の主であったかと、初めて気がついて、それっきりこの淵へ釣りに行かないそうだ。

又この淵で鰻をたくさんとって帰ろうすると、山の方で「テンゴンボウ」と呼ぶと、魚籃の中の鰻が「さらばよー」と答えたから、魚籃を投げ捨て急いで逃げ帰ったと云う話もある。

この主の鰻はかつての大洪水の時、流れ出してどこかの河原へ打ちあげられたが、その背にテンゴンボウと云う字が現れていたとも云う。

（『相州内郷村話』(10) 大正一三　鈴木重光）※

いわゆる淵の怪異の伝承である。舞台となる天狗坊という大深淵は土地の人にとっては聖域とされる。その淵の深浅、すなわち水量の多少によって、その土地の作物の豊凶を占う年占の場であるからである。普段から人のあまり立ち入らない場所に、鰻捕りを生業とする野良坊なる人物が入り込んで、様々な怪異現象に出会うというものである。淵の主は鰻なのか大きな蜘蛛なのか。天狗坊という山に因《ちな》む名からいえば蜘蛛なのかも知れないと推測するばかりである。いずれにしても、この場所にはむやみに立ち入ってはいけないという伝承の趣旨が隠れているように思われる。

ここでは天狗のつながりから、天狗の怪異を見ることにする。土地の天狗談には実に様々なものがある。間の山の御料林が樅《もみ》松などの大樹で昼なお暗く繁茂していたころは、薪採りに行くと大きな木を伐る音や大勢の人声がしてすさまじいので逃げ帰ったことがある。しかし、木を伐ったのでもなければ何でもなく、天狗の悪戯《いたずら》であったことがたびたびあったという。

また筆者鈴木重光と同じ村の人で、しばしば天狗にさらわれたといって、諸所の霊山へお詣りしてそのお札を土産に持って帰る者がいた。その人の話に高いところを飛ぶ時に目を開けて見ると、星などが大きく見えたとのこと。このことがあってからは村にいる時でも素足で篠の藪を歩いても大丈夫だったという。

次の話は現存している人が実際に遭ったというものである。その人が若い時のことであるが、千木良村で用事を済ますと帰りが夜になった。途中若柳下の寺尾の渡船場付近には天狗が現れるという忠告を振り切って、そんなもんが出るならぜひお目にかかりたいなどと大言を吐いて出た。しかし、渡船場へ下りる坂道にさしかかると、風もないのに路傍の楢の木が両側から道をはさんで動き出した。バッタンバッタンとまるで麦穂打ちのようで、前に進むことができない。

さては天狗のしわざかと恐れをなし、平伏して先の大言をわびた。無事に渡船場も超えて坂を上り始めると、ハァと息を吹きかけられた。その生暖かい息が当たった時に、思わず尻餅をついた、その時の恐怖は今もって忘れられないと、昨日今日のように語ったという。

この体験談で注意する点がいくつかある。まずこの体験をした当事者の素性がはっきりしている点。天狗が現れる場所が特定しており、そのことが村人に共有されている点。そして、出現する時刻が夜間であるということ。さらに、当事者主体の語り方で一貫しているということである。つまり、実話であり、夜間に寺尾の船着場に近づくと危険であるというメッセージが無意識のうちに込められているのである。こうしたことから、この伝承が伝説や文芸化された語りとは大きく異なることが理解できる。

後日譚に移るが、天狗にさらわれて途中で空腹になると、天狗はどこかの御馳走を持ってきて食わせるが、とられた家ではその不足に気付かないという。また、天狗にさらわれることを「神隠しにあう」といって、鉦や太鼓で「お出しゃれ、お出しやれ」といいながら歩く。さらわれた人が木の上などから落ちた時は、たいてい馬鹿のようになっているのだという。

東京府の多摩川郡川口村の今熊山は昔から「呼ばり山」といって、そこへ上って天狗にさらわれた人の名を呼ぶと、その人の足が止まって見つかるといわれている。

「能登島採訪録」[11]（昭和四）によれば、石川県鹿島郡能登島では狐や貉やその他天狗のようなものでも、皆太鼓の音を嫌う。そこで人が神隠しにあったりすると、幾人もの人が神隠しにあった人の名を呼びたてて幾つも高張りを灯《とも》し、太鼓を叩きながら回り歩く。するとそのうちに見つかるという。

人が神隠しにあって行方がわからないという非常事態に対して、呪文や当人の名前を唱え太鼓など大きな音を立てながら練り歩くという呪術的方法、すなわち呪法で対処するのである。

ザシキワラシと河童

私の村に近い綾織《あやおり》村字日影に、佐吉殿《さきちどん》と云う家《うち》がある。ある時この家で持ち地の山林の木を売って伐《き》らせたことがある。そのために家の座敷には、福木《ふくこ》挽《び》きと云う浜者と、某《なにがし》と云う漆掻きの男とが、来て泊まっておった。

するとどうも毎晩、一人の童子《わらし》が出て来て布団の上を渡り、又は頭の上に跨《また》がって唸されたりするので、気味悪く且つうるさくて堪らなかった。漆掻きの男は、今夜こそあの童子を取り押さえて打ち懲らそうと、待ち伏せしていて角力《すもう》を挑《いど》むと、却って見事に童子に打ち負かされてしまった。その翌夜は同様にして、木挽きの福もその者に組み伏せられたのである。二人の男はいよいよ驚いて、その次の夜からは宿替えをしたと云うことである。

もちろんこの家には昔からザシキワラシがおって、それが後ろを流れている猿《さる》ヶ石《いし》川の河童《かっぱ》だと云う噂があったのである。今でもこの家の脊戸《せど》には佐吉殿《どん》の淵《ふち》という淀《よど》みがある。てっきりその物の仕業《しわざ》だろうと、福木挽きの直話《じきわ》だそうである。

（『奥州のザシキワラシの話』(12)大正九　佐々木喜善）

姿のない妖怪とは異なって、ザシキワラシやクラワラシの場合は何人もの目撃談が聞かれる。赤顔垂髪《さげがみ》の三歳から五、六歳ぐらいまでの子どもで、土地の由緒ある旧家の奥座敷などにいるという共通点をもつ。そして、ザシキワラシがいなくなると、その家の家運も傾くという。

筆者佐々木喜善は幼い時にザシキワラシについて祖父母からよく聞かされていたという。初めはただ恐怖をもって聞いていたが、齢《よわい》が長けてくると妖怪変化という心持ちではなく、「何かしらその物の本来が私たちの一生の運不運と関係があるようで、畏敬の念さえ払うようになった」と、心境の変化を語る。さらに「世間でもどこの何某《なにがし》の家にその物がおると謂えば、他では羨望に類した多少の畏服を感じ、又本元《ほんもと》でも吉瑞《きちずい》として、ひそかに保護待遇に意を用い、決して他の妖異におけるがごとく、駆除の祈禱や退散の禁呪などは求めぬのである」と、ザシキワラシに対する当時の村人の実感について述懐する。

ようである。この村のキンシという酒醸造家は四、五〇年前までは非常に栄えた旧家で、この家の奥座敷には座敷小僧が住んでいるといわれており、雇い人などが夕方雨戸を閉めに行く時など、時々姿を見かけたという。一〇歳くらいの子どもだったということは聞いたが、その家は没落して今はないという。

栄えている家には福をもたらす神霊が滞在しているが、出ていくとその家の運は傾くという観念が働いたと考えられる。座敷童と座敷小僧という名称、滞在する家は栄えるという共通の伝承があり、この両者はよく似ている。

怪異伝承として分類したザシキワラシの話は旧家の盛衰とも結び付いている。ということは、「あの家が落ちぶれた」、「そういえばザシキワラシがいなくなった」というザシキワラシの存在が家運の盛衰を占うものとして、語り継がれるという側面もあった。現にザシキワラシがある家からある家に移る様子を見たという伝承もある。

筆者佐々木喜善は、柳田國男の『遠野物語』の原話を語った人として知られている。ザシキワラシと関係のありそうなものを七項目にわたってまとめている。(イ)オクナイサマ、(ロ)オシラサマ、(ハ)悪い畳、畳ころがし、(ニ)幼児の霊魂、(ホ)念仏童子、(ヘ)類似の名称、(ト)近隣民族の類似信仰、がそれである。

ザシキワラシの出自については後の研究に委ねるとして、「盛岡地方では、ザシキワラシのことを、ザシキボッコとも謂うておる。おおよそ五、六歳ぐらいの皿子頭の童子で、多分狢《むじな》などが化けたものだろうとも謂ったそうである」という、その盛岡生まれの人の話は、ザシキワラシと化け狢の伝承が融合したものであろう。

前掲書によれば、栗橋村字栗林の小笠原喜兵衛という家にも、ザシキワラシがいるという。このザシキワラシは西《にし》郷《ごおり》の勘左衛門という家にいたものである。

西郷の家は裕福な家で七〇頭ほどの馬を所有していた。ある日前の河原で馬を放していると、馬がいきなり暴れ出し馬小屋の中に駆け込んできた。その日の夕方、下男の一人が飼葉をやるために馬小屋に行くと、飼葉桶がひっくりかえされ、そこに河童が潜んでいた。

河童はたちまち捕われて、人々に悪戯を問いただされると、馬が好きで曳いたが馬の力の方が強いのでここまで来てしまった。どうか生命は助けてほしいと詫びた。

この家の主人が、これからはこのような悪戯はしないという証文を書けば許すというと、河童は左の腕を咬み切って、指で詫び証文を書いた。今もこの家に保存して訪問客などに見せているという。

この河童は川から上がって、この家の座敷に入り、そのままザシキワラシになったということである。その後西郷の家の運勢が傾きかけた時に、嘉兵衛という別家《べっけ》に住み替えたのだという。

悪戯好きの河童が、詫び証文を契機にしてザシキワラシとなり、その家に尽くすが、その家の家運の傾きとともに、別家に移ったという伝承である。

河童は馬を好み川に引き込むという話は定番といってもよい。この話では河童の行動の特徴はわかるが、姿形については言及していない。

悪戯好きの河童が人に捕らわれて命乞いをして詫び証文を書く。こうした河童の詫び証文の伝承は少ないながらも、広い地域に散在しており、丸い印のようなものを並べた証文も実在している。河童に限らず、まむしの詫び証文という話もある。

遠野地方には名所化した河童淵があるように、河童の伝承やザシキワラシの話が盛んに語られた地域である。この事例はザシキワラシの由来を説くという形で、河童とザシキワラシの両者が融合したものと考えられる。

ばりよんの怪が出るという。夜間行人があるとその背中に跳びのって頭を噛《か》じる。だから夜の道行には金鉢を冠るのが安全だという。ばりよんとは負われたい！　という方言である。ばりよんの怪物を家まで持ってゆくと金甕《きんおう》だったという話もある。

松原と呼ぶ淋しい山道にオーイ、オーイがいた。維新前後ことであった。雨のそぼふる夜なぞ私（著者註―外山暦郎）の村までこの淋しい呼び声がきこえた。塚の中の死んだ武士衆の叫び声だと亡くなった老人たちは言った。それは北方に向かって叫んだという。

大面村大字帯織の旧家滝沢家に昔「油なせ」という怪物がいた。家人が灯油を粗末に使うと油なせ！（油を返してくれ！）と云うのだ。病死したその家の次男が化けたのだという村人の説である。

本成寺村字袋の名主長橋家に小豆磨《と》ぎがいると云われた。今はもうないが数年前まで何百年を経た樅樹が枝を交えて茂っていた。その一本の幹に洞穴があってここに小豆磨《と》ぎが住んでいると言われた。雨のふる日、「小豆磨《と》ごうかや人とってかもうか」と叫ぶという。かもうというのは「噛む」というより「いじめる」という方言の方かと思う。子供のころ学校帰りにこの樹の傍を通るので、雨の暗い日なぞ下駄をぬいで一散走りした記憶がある。

明治二十年代のこと。本成寺村字袋の金八という家の前を某（坂井村？）が通ったら蓑虫《みのむし》にとっ憑《つ》かれた。自らの着ていた蓑から滴りおちる雨滴が火の子になって見えた。狐の仕業かという。金八という家は今は別の家族が入っておる。

（『越後三条南郷談』(14)　大正一五　外山暦郎）※

新潟県南蒲原郡の本成寺《ほんじょうじ》村と大面《おおも》村に伝わる怪異談である。

ここではそうした怪異談の成立や拡がりの要素について考えてみたい。

本成寺村の権五郎というものが旅の博徒と丁半を争って連勝し、勝銭を持って夜の畦《あぜ》を走っていると、後ろから博徒が追いかけてきて殺してしまったということがあった。この事件は昔のことではあるが、権五郎の遺念は今でも燃えている。この火が燃えると雨が近いというので、火を見ると百姓たちは穂架《ほざ》を外して家に取り込むという。

殺害事件と権五郎火と雨―落語の三題話のようであるが、これを逆さにすると話の成立が見えてくる。急な雨によってせっかく乾かしている稲穂が台無しだ。そういえば雨の前に怪しげな火を見た。そういえば昔のことだが村では珍しい殺人事件があった。火はあの時殺された権五郎という人の怨念によるものではないかと推測するのである。

明治になってからも筆者外山暦郎の村では狐の嫁取りがあって、多くの人が見ていた。最近、大面村の矢田の人が、その当時狐の嫁取りを外山家であったのを見たといっていた。そのころ外山家では味噌倉の床下で狐が子を育てており、家人が飯を持っていけば食べるほどに慣れていたという。

この話も狐の嫁取りという怪火と床下にいる野生の狐とが結び付いている。

本成寺村の刈谷某は常々天狗様になってみたいと口癖のように言っていた。ある日家人と茶を飲んでいると、彼を戸外に呼び出すものがあった。それきり彼は戻らず、家人が心配して捜索すると背戸の大けやきの下に下駄がきちんと置いてあった。刈谷某はけやきから天狗になって昇天したそうだ。彼の法会は今もそのけやきの下で営まれているという。

天狗になりたいという願望を持つ男の行方不明が、天狗の神隠しという伝承と結び付いた話のようである。行方不明になったという現実に対して、そういえばいつも天狗になってみたいと言っていたという日頃の言動がその原因として位置付けられたのであろう。

これまで取り上げた三話に共通するのは、今の不思議に対して過去の事象に原因を求めることである。「そういえば」という思いが今と過去を介在しているのである。

一八八四年（明治一七）の晩秋のことだが、筆者外山の母の誕生日に庭先で狐がコンコン鳴きをした。皆はこれを吉兆とした。狐はまたクワイクワイと鳴くともいう。この方は凶兆なのである。

人をよくだます狐の鳴き方によって吉凶を占う場面である。「射水の俗信」(15)（昭和一七）は富山県氷見郡神代村を対象にした報告である。それには、狐の鳴き方で「コンコン」「カオカオ」と鳴くとその付近の家はだんだんと繁昌する。また「クヮンクヮイ」と鳴くと棺桶を呼ぶのでその付近に死人が出るという俗信が掲載されている。この話と同じ系統の俗信は越後地方にも流布している。

家の中で深夜イタチのような動物が米搗きの音を出すことがある。外山家では祖母が聞いた。裏口から入って米搗きをするのを吉兆とし、表口から入るものを凶兆とする。

イタチの陸搗きなどという話である。イタチは小坊主に化けたり首を締めたり、ろうそくの灯を取るともいわれる。また、砂撒きイタチも出る。こうしたイタチが晩にキチョキチョ鳴きをすると翌日は大暴風雨だという。動物などの動作によって物事の吉凶や天候の予報を押しはかることは珍しいことではないが、狐やイタチなどよく人をだますという動物の場合の通常と異なる動作には、ことに敏感であったのであろう。

河童はよく胡瓜《きゅうり》畑に入っていることがあるがその足跡は桃実の形だ、と小学校の時、南入蔵村の生徒が教えてくれた。泥川で水泳をしていて上流から婆胡瓜（胡瓜の大きな黄色く腐りかけたもの）が流れてくるとそーら河童が来た、というので急いで岸に上がったものである。

川に行くなら河童に気をつけろと周囲の人に注意されるが、どうしたらいいのか。夏が近づけば小学生の間でも話題にのぼる。そんな時、すでに知識を持つ少年が得意気にその知識を披露する。学校は一つの伝承の場でもあった。郷土の学校は方言養成の場であるとは今日でもよく言われるが、妖怪や幽霊話などは子どもたちの興味をひくものである。

本成寺村の長嶺の山に三九郎狐という白尾の有名な狐がいた。明治になってからのことだが、その巣穴は殊更大きなものだったが、後に小さくなり草などが生えだした。村人が不思議に思って巫女《まんち》に見てもらったところ、長嶺の茶屋栄助の次男が北海道に稼ぎに行くのに三九郎も伴って渡ったということであった。

巫女や祈禱師などの職業的宗教者は多方面にわたって村人に頼られる存在であった。しかし、その反面、不思議を増幅する場合も少なくない。話の拡がりは様々な局面で見られるのである。

幽霊と褌

幽霊の一種に「ヒチマジムン」というものがある。この話は琉球到る処で聞く幽霊で、道の辻々に居て、道を通る人を迷わすものだといわれている。走る事風のごとく、水面を駆け廻る事や、小岳河川を跋渉《ばっしょう》する事は実に速く、国頭地方で迷わされたものが、一夜に二、三十里も離れた処に捨てられていたと言う話を、まま聞く事がある。

なお人に赤飯か白飯のどちらかを一つ撰ばせて、ふるまおうと言うそうである。その時赤飯が欲しいという人には赤土を食わし、白飯を望む者には、海に連れて行って浪の泡沫を食らわすという事である。

又これに出逢うた時には褌《ふんどし》を取って頭に鉢巻をするか、女は腰巻を取って頭から被れば迷わされたり、連れ出される事はないと言われている。昔からこれに迷わされた人は数多い。今その例話を述べよう。

昔、首里の某家の人が辻町（遊廓）へ行くのに、那覇潟原で道を迷わされ、辻町とは反対の国頭街道を通って牧港の港内を歩き廻っていた。それが漁猟をしていた漁夫に助けられて帰ったという話がある。今でも潟原には、このヒチマジムンが居ると言われている。

（『山原の土俗』(16)　昭和四　島袋源七）

村人が共有する名称を持つが、姿や形がわからず風のそよぎや光によってその存在を知る妖怪、多くは夜間の出来事、村人あるいは村に出入りする誰々とはっきりしている妖怪と出逢った当事者、村内や浜辺に妖怪が出現するとされる特定の場所があること、妖怪と出逢うことのない用心や、出逢った際の対策などがそろった話を、著者はその村の怪異伝承と捉えている。伝説や説話、昔話などといった文芸化されやすいものと区別するためである。妖怪譚や幽霊話は平安の昔から語られ、殊に近世ではその創作が盛んに行われた。

本書で取り上げる民俗誌にも伝説や昔話などが含まれているものもあるが、前述の条件に当てはめて生活に密着していると思われるものを、妖怪変化伝承として採用している。

ヒチマジムンは一種の幽霊とされているが、幽霊とする要素は見当たらず妖怪の仲間と考えてもよさそうである。

前書によって国頭郡羽地村の伝承を見ていこう。

伊差川という小邑がある。そこに見目《みめ》良き女が居た。ある夜諸用を済ませて我が家へ帰って来る途中道を失い、当て途なく彷徨《さまよ》うた。ある時は岩石の屹立《きつりつ》している処かと思えば、ある時は深山の奥、又ある時は浪音高き磯辺を、幾回となく巡り巡らされた。

家族の者も、娘の帰らぬのに気が付き、親類の者どもを集めて尋ね求めたが、その様子がいっこうに知れない。一週間も経ち、やがて二週間目になろうとするある日、尋ねの人々が墓地を通っていると、ある荒墓の中で人を呼ぶ声が聞こえるので、開けて見るとそこに、尋ねあぐんだ娘が半死半生の体で呻っていた。そこにはもちろん人の出入りする程の開いた口もなく、ただ小さな穴があっただけだったらしい。今でも人々は不思議な話だと思っている。

行方知れずの乙女がいたのが荒墓で、しかも人の出入りできるような入り口もない所という、いかにも幽霊と結びつくような話である。通常、人に害を及ぼす幽霊は生前の思いを残していたり、横死など無念の死を遂げて成仏できないという事情を持つ。ヒチマジムンにそうした背景はない。

次に、同書の俗信の項目にある事柄を見る。

・夜幽霊に会うなり、又は「シチ」に会うた時は、自分の褌で鉢巻をするか、又は手に持って打ち振らなければならぬ。

↓そうしなければ霊を奪われ又は道を迷わされてしまう。

という、ヒチマジムンに出会った時の呪法はよく知られている。

・夜幽霊に会うたらこれを先に進ませて、自分は後から行くべきもの。

↓幽霊は後になりたがる。そして霊を奪う。

・幽霊に会うたら鶏の鳴く真似をすれば逃げ失せる。

これは、一番鶏が時を告げ、夜明けを知らせたと幽霊が勘違いするということであろう。

・幽霊に追われた時は網の中に入るか又は簾《すだれ》の掛かった家に這い入れれば良い。

↓網は魔よけだ。

夜道を警戒する俗信も多い。

・夜道を通る時怖ければ、唾を眉にひき人差し指と小指を延ばし、右手を前、左手を後ろにして行けば、化け物は逃げてしまう。

・幼児を連れて夜道を行く時は、幼児の額に中指で鍋底の媒をつけるか、又は唾をつけながら「母と《あんまー》見る《みー》誰見らん《たーん》どー」（母より外に誰も見てはいかぬ）と云うて、連れて行く、又「サン」（藁を結んだもの）を子供に持たせて行くべきもの。

↓化け物に出会わない。
・夜道を筵を持って行くものではない。
↓「ヒチ」に連れられる。
・夜道で提灯の火が消えるのはキジムナーが通るからだ、だから出る時跨いでおけば取りえない。
妖怪が活躍する夜間や夜道を舞台にした俗信を抜き出したものである。妖怪に出会った時の対応策が伝えられている。怪異談に伴う対応策が超自然への順応の方法といえる。対応策を供えた怪異談は俗信と考えられる。

死神と食べ物

大正六年五十七歳で没した田辺の広畠岩吉氏に聞く。首つりとか投身とか、自殺者を見付けた時は単独で救助するのではなく、必ず二人以上で助けねばならぬ、それは自殺者には死に神が憑いているが、死に神は救助者が一人であったらその妨げられたを怒り、反って救助した者に憑くからだ。

かつて泥棒があって、ある家の二階へ夜忍び込んだ。するとその家の妻女が首をつりかけている。それは非常に面白そうで誰も相手がないのに、誰か相手があって戯れているようで、やがて梁に帯をかけたが何者かあるごとく、するすると帯が延び行き容易にかかった、泥棒は己が身を忘れて妻女の自殺を止めたところ、妻女は初めて夢覚めたごとくであった。

家族を呼び起こしてかくと告げたので家族も喜んだ末、泥棒にはお礼の意味で少なからぬ金を与えたが、泥棒はその金を懐中に入れたまま翌朝同家を去らず門前で首をつりて自殺していた。これは妻女に憑いた死に神が妻女を離れて泥棒に憑いたからだ。しかし二人で助ければ、死に神はどちらへも憑くわけにはいかぬので事無きを得ると。

（『牟妻口碑集』(17) 昭和二　雑賀貞次郎）

死神が憑いたから自殺するという考えを信じる時代があったことを思わせる伝承である。前掲書に、「大正四年故楠本松蔵君に聞く、田辺の老人いう、『無常の風』は休み休みに時々吹く。吹きだしたらたいてい七日位続く、人の死ぬのはこの風の吹く時に限る、故に幾日も続けて死ぬときもあり、一〇日も一五日間も死人の無い時もある。」といった記述が見える。「死に神が憑く」とか、「無常の風にあたる」とか、死については目に見えないものが何らかの作用をした結果であるとされたようである。

『壱岐島民俗誌』(18)（昭和九）によれば、峠の食事をとらずにいて、ひだるい思いをしているとヒダルゴが憑く。また飯の後にお茶を飲まないとコーケ神が憑き、いくら食っても満腹になることはないという。

峠などで歩んでいる旅人がいきなりはげしい空腹感に襲われ身動きがとれなくなってしまう現象を、西日本ではヒダル神に憑かれたなどという。壱岐ではこれをヒダルゴというのである。こうした時には、米一粒でも口にするとよいといわれる。

冒頭の事例に戻ろう。「同氏又曰く」と続く、死神に憑かれても食事をすれば、死神は離れる。こんな話があるとさらに続く。

以前のことだが、日高郡南部町の某家の使用人が、新城村へ夜間三里の道を経て使いに行く。その途中磯山を越えるころ、首を吊って自殺をしたいとしきりに思うようになった。いつもはさびしい場所なのにその夜はなんとなくはなやかだった。

しかし、主人の指示があるのでまずその用を果たしてから、さあ帰ろうと新庄まで来ると、折しも年の暮で餅搗きをしていた。そこにいた人々は使用人の様子を見て、ここまで来る間に何があったのか、顔色がとても悪いがと口々に言う。

早く別れて首を吊ろうと思うが、強くとめられ餅をすすめられてご馳走になると、気持ちがすっかり変わり、磯山を越えるのが恐ろしくなってしまった。人々に事情を話して一泊し、夜が明けてから帰ったと筆者雑賀貞次郎が若い時に聞いたが、これは餅を食ったために、死神が離れたのであると。死神が憑けば死ぬのが面白くなるらしいと。

では、人は死んだらどうなるのか。『壱岐島民俗誌』をひもといてみよう。

人は死すれば魂は寺に行き、また旅路にある者の霊は郷里の家に帰ってくる。ウーメンという青い火の玉で、光線が散らず、ふらふら浮遊する。増えたりも減ったりもするが、これが人の霊魂だと信じられヒトダマともいわれる。

また、水死者の死体をエビスといっているが、このエビスに行き逢えば拾い上げて葬ってやらねばならぬと考えられている。これをひそかに葬ってやれば、豊漁など福運に恵まれるものだともいわれている。

こうした海で死んだ人の霊はユーレーとなって出るというのである。島、軍艦、和船などの形となって現れる。初めはザーザーと浪が立っているが、すぐにそれらの形となって現れる。帆船は風に向かってでもどんどん進んでくるという。

夜間、大勢が乗り組んでいるようにエイヤ、エイヤと掛け声をそろえてやって来るのもある。アカトリを貸せといってくるのもあるが、その時は船に潮を汲み込むものだという。

大きな火の玉が船の後ろからやって来て、船に乗りかかろうとすることもある。水竿で突き飛ばすとパーッと消えるがまたやって来る。こういう時は水死者の霊だから、米や茶で祀れば自然に消えるものだとも聞いたという。

寝宿と海難法師の宿

島は火山島であるから川はあるが無きに等しい。島の人々は崖下などにわずかに滴り出る泉を求めて居をなした。四、五町、八、九町の道はいとわず、頭上に桶をのせて水汲みに通う。泉は貴重である。まず大きな水溜まりをこしらえ、そこで石を畳んで、大きな蓋をつけ、その蓋に小さく汲み出し口をつけて貯水設備を作る。島人はこれを「井戸」と呼ぶ。村はこの井戸に近く発達する。井戸の水は主として煮炊きに使い、普通の洗い物などは雨水を貯えておいて用いる。

昔は若い者の寝宿《ねやど》というのがあった。これは一種の行儀作法を習うため―親たちのあらわに言われない事などでも教えるために出来たもので、自分の子を依托して、しこんでもらうのである。寝宿は方々にあって神着村内だけでも十四、五軒はあったろうか。一人二人ずつ集まる家もあり、大勢集まる家もあった。

寝宿をやる家は村内でもいい家のほうであった。夕飯をたべると、すぐ若い者は寝宿へゆく。そしてその家で夜業をするのである。女はまわたをむいたり、よりこを紡いだりして、朝はその家の掃除をしておいて帰ってくるのである。

女は十四、五からお嫁にいく、男も嫁をもらうころには引っ込む。嫁なども、その宿をやっている者が世話した。けれど、別に宿へお礼などださなかった。

寝宿はなかなか厳格だったが、だんだんくずれてきて弊害もでてきたので、神着村では、私（著者註―話し手の浅沼竹次郎さん）の十七の時（明治十一年）に止めてしまった。阿古村では最近まであったそうである。

（「三宅島見聞記」[19]昭和九　向山雅重）※

島では水が乏しい。屋根に降った雨水を導くだけでは不足なので、南瓜棚や椎の木などのものも導く。南瓜棚の場合、その棚の主な柱を伝って落ちる雨水を受けるために、柱に藁を巻き、それから桶を通して井戸へ導くのである。「前の井戸にて洗濯せぬこと。洗濯の場所は井戸より七間以上離るること。午前中に限る云々」。これは雨水の貯えがなくなって、井戸へ洗濯にくるについての注意書きだという。

寝宿はその後、若い者組合に変わったようであるが、その第一の仕事は船の上げ下ろしで、貨物の取り扱いは若い者でなくてはならなかった。また、道作り、お祭り、神輿など村内の協力事業の中心になって活動する。若い者組合は義務として、女は一五歳から二七歳まで、男は一六歳から四〇歳までである。

集会は正月と七月。正月は初寄り合いで、頭《かしら》宅へ集まり一年の事柄を決める。七月は盆の一四日ごろで、その他の決め事をするが、一種の点呼のようなものだったという。

役員は頭二人、世話役や四人、書役一人で、入会時にはにごり酒を一升持参したが、今は芋焼酎になった。明治九年に書かれた「若い者組合の規則」が読み聞かされる。今では青年団となって内務省の方針の下にあるが、心持ちは昔と変わらないという。

ところで三宅島は流刑地でもあった。流人の生活を地元の方の耳目を通した記述は貴重な報告となっている。

流人の生活は、農業の手伝いをしたり、網引きの手伝いをしたりしたわずかな報酬によって暮らしていたという。

村役人が流人を取り扱っているが、流人仲間から最も信頼出来る者を流人頭として世話人に頼む。新しく来た流人は勧進と称するもらい物をすべて頭に渡す。さつま芋や餅のかけらなどであるが、それを頭が分配してくれるので食した。

流人は一村に六〇人、三宅島五か村で三〇〇人ぐらいはいたようである。流人の取り締まりの中で一番厳しいのは抜船《ぬけぶね》をたくらむ者に対することである。舟のための日和を聞いたりしたらすぐに「御用」となる。いきなり殴り倒し、息を詰めて殺してしまう。そして、四斗樽に入れて無縁墓に送り、役所には持病の癪だぐらいに届けておくという有様であった。流人の墓は無縁墓で、多くの場合流人仲間によって葬られる。

流人でも島の女と一緒になったり、そうした女の家に入る者もいた。明治になって皆赦免になった時に島にいつい た者もいたという。

三宅島には天草を採る四月から九月の間に、房州の館山や伊豆の下田付近から海女が入ってきた。一七、八歳から三〇歳ぐらいで月収は七〇円を欠けることはなく、よく採れる五月には一〇〇円以上になった。神着村の湯ノ浜には溶岩の間に、掘っ立て柱に萱の屋根という簡単な海女小屋があった。ここで採れた天草は浜で乾かされて、信州の諏訪に送られて寒天の材料となるのである。

八丈島を除く伊豆諸島では正月二四日の夜間、海を渡ってくる悪霊の害を避けるために日忌祭りという物忌行事が営まれる。『伊豆大島図誌』(20)(昭和一一)によれば、昔乱暴な代官がいたのを島の若者二五名が正月二四日の夜陰に乗じて打殺し、丸木舟を作って海へ逃げ去った。しかし、途中風波のために船が転覆して全員溺死してしまう。その亡霊が海上から来るのだと伝えている。この海を渡り来る悪霊を海難法師または海難坊と呼んでいるのである。

では当日の物忌はどのように行われたのであろうか。前掲書に所収された「伊豆大島要覧」には当日は夕刻になると総ての家畜類を山間其他に隠蔽した。戸締りを厳重にし火光の外部に洩れるを防ぎ、入口には鉈鎌は云うに及ばず一切の切れ物を研ぎすまして列据え、屋内には餅二五個を供え是を徹夜して番を成し、此の夜に戸外を覗き或は物音等を聞く者は必ず変事があると云い伝えて居る。昔は二三、四、五の三日間は村内に他の者を入らせぬ。若し不案内の者が禁を破って入込むと、頭から袋を覆せ打敲いて追返したと云う。

厄神来訪を伝える大晦日や節分、小正月などの年の境、さらにコト八日に、厄神の侵入を防ごうとする人々の備えの行為と寸分たがわぬものである。ここでは海難というイメージから二五霊を水死者の怨霊と信じ、祟りを怖れたのであろう。悪霊除けのための防塞系の呪術による呪法である。

付記された「泉津村誌」には物忌とは異なる趣旨の行事が紹介されている。

二十四日晩には二五霊が舟に乗り五色の旗を立て泉津を訪れると云い、旧家門井家の主人が深夜衣服して独り浜に至り、其処に神酒を供え、二十五の霊を迎えると云う。門井家は二五霊の宿と云われて居る(今はなし)。

二五霊を悪霊として追い払う一方で、二五霊を迎え祀る行事である。前述の厄神や鬼などに対しても追い払う趣旨の行事だけが存在しているわけではない。

疫病神や鬼など厄神の霊威に対して迎え祀る祭祀系の呪術も見られる。年越しや節分の夜の「厄神の宿」や「鬼の宿」がそれである。「二五霊の宿」は「厄神の宿」と同系統の呪法、すなわち俗信であったのである。

雪女の正体

――雪女は又の名を巳の子《みこ》という。美しき女の貌《かたち》して幼児を懐いては雪の夜に出で、人を見れば、この児を抱いて――

よと乞う。人その請いを容るれば児は急に天にまでもとどくよう大きくなる。さりとてその請いに応ぜざればその人は死ぬ。

女子は日常必ず櫛と簪《かんざし》とを髪にさすものぞ、雪女に頼まるる時は口に櫛をくわえ、手に簪を提《たなげ》て児を抱きてやるを得るが故なり。かくすれば子も長《お》がる事なく、己が身も安全なればなり。

雪女は年とりの晩に、即ち大三十日《おおみそか》より元日へかけての夜出で来たり、巳の日になれば天へ昇り去る。天より来て稲の種子を喫《く》うと。この物は一日に稲の花三石二斗を喫う故に永く滞在する時は稲は不作なり。この物の滞在日数を知るには暦による。今正月元日を巳《み》の日とすれば滞在日数は一日なり、即ち稲花も三石二斗の損失にてやむ。又元日を午とすれば巳の日は正月十二日となる、即ちみのっこは十二日間滞在するなり。従って稲の花は三石二斗の十二倍を喫わるるなり。

正月元日が巳《み》の日に当たるを「立ちかえり」と云い凶年の兆しとしてはなはだ忌む。又八日が巳に当たれば「世をくう」即ち不作という。七日に当たればやや凶、九、十、十一、十二日に当たれば却って吉兆として喜ぶ。二、三、四、五、六日に当たるもまた佳という。みのこ、みのっことは巳《み》の子という事なり。

（『津軽口碑集』(21) 昭和四　内田邦彦）※

地元では「雪女」と「巳の子」を同一と思っている人も別のものであると考えている人もいるという。

雪女は突然現れて子抱きを迫る。抱かれるとその子は天にも届くかと思われるほど大きくなり、抱いた人の喉笛にかみつくなどという。まず、雪女の要求に応じた話から見ていく。

昔、弘前の武士がこの雪女に出会い、児を抱いてと頼まれた。その武士は口に短刀をくわえて児の頭に刃先が触れんばかりにして抱くと、児は成長せずにいた。そこで雪女に返すと、雪女は礼をいって様々な宝物を武士に与えたという。

まるで度胸試しか知恵競べのような内容で、勝利者には宝物が与えられている。次は要求を拒んだ話である。昔、ある侍が城の堀端で雪女と出会って児を託された時に、刀を振って雪女を殺そうと争い、精力が尽き果てようとした。その時小柄《こつか》の鶏が城の松に向かって飛び立ち、鳴くと雪女は消えたという。鬨を告げた鶏によって、侍は殺されずに済んだというのである。雪女出現の時のための対策がある。刀を持たない女性は用心のため常に櫛と簪を髪にさしておく。雪女が出現するという事態に対して、櫛や簪といった呪具を備えておくという呪術的方法である。『檜枝岐民俗誌』[22]（昭和二六）には「オボの怪」が紹介されている。オボというのは難産で死んだ女の霊であるとか、現世で子を産めず浮かばれぬ妊婦で、あの世でお産をする者がオボに化けるのだと信じられている。

この村ではオボが出現する場所は鳴滝へツリで、ここを夜の暗い時刻に通ると、オボが赤子を抱いて現れ、「アカ（赤ん坊）を抱いてくれ」と頼む。また、赤子を背負って現れ、通り合わせた人をくすぐるともいわれている。抱いてやる時は必ず向こうにむけるもので、普通の抱き方をすると、その赤ん坊が喉笛にグワッと喰いついてくるという。

雪女もオボも、産女《うぶめ》の子抱かせ説話と非常によく似た伝承である。産女は産死した女の霊が化した妖怪である。赤子を抱いて晩方に現れ、通りがかりの男に赤子を抱いてくれと頼むまでは、雪女の話やオボの話と変わらない。しかし、後半は赤子がしだいに重くなるが、我慢をして抱いていると産女が帰ってきて大いに感謝し、お礼に千人力を授けたり金銀財宝を与えるというのは、雪女の話と同じである。

なお、オボにくすぐられた時は男ならば鉈につけてある紐を切り取ってオボに投げ与える。女は被っている御高祖《おこそ》頭巾《ずきん》や手拭いの端切れ、湯巻きの紐など身に着けている布片を投げ与えると、オボはその紐を解こうとするから、その間に逃げ出せばよいといわれている。今でも檜枝岐村の男たちは大刀《おおかたな》と呼ばれる山刀《やまかたな》には「シッピー糸」と称する下紐の一種を一寸ほど長く着けておくのだという。

次に、巳の子の話に移ろう。雪女がオボの怪や雪女の子抱かせ説話と酷似している点から、雪女と巳の子は別の伝承であることは明らかであろう。

巳の子は年取りの晩に訪れるという。雪女と違って具体的な姿形を現すことはないが、稲の種子や花を一日に三二斗ほども平らげる。この大食漢の滞在日数はその年の暦によって決まるので、巳の日の位置による吉凶の年占が営まれる。これは卜占という俗信である。

雪女は子を抱いた美しい女という姿で現れるが、巳の子は姿不明という妖怪の特徴を備えており、出現も年取りの晩という定期的なものである。大まかな捉え方をすれば、巳の子は年の境やコト八日などに訪れる厄神系統の妖怪で、幽霊系統の雪女とは一線を画するものではないかと推測している。

三　動植物系

草木の言い分

一　ひわ（檜葉）の木は、飯のたぎる音の聞こえる処には栽えぬ。柊《ひいらぎ》や、とべらは、門口に栽えておく。魔厭《まえん》よけである。

大正九年は、疱瘡がはやったので、軒ごとに、鮑貝に柊（ありどおしの事を、壱洲で柊と言う）を添えて出したとて十年の夏には、まだ郷野浦一帯に残っていた。芦部では、とべらと萱の葉とを出した。それに鮑貝を添えた家もあった。

いおずらは、花の咲くかずらである。とべらは神職の家などには、大きなのがよく栽えてある。臭い匂いをと、べらのごとあると言う。魔厭除けである。牛屋厩にさしておく。神功皇后御津から住吉の社地にお移りの時、靡かぬもののなかった草の中で、たった一つ靡かなかったのは、このかずらであった。それ故、草刈りを許さぬ事になっている忌みの間でも、いおずらだけは、切ってもよいのである。但し、この草は、牛馬も喰べない。草が靡いたので、草刈りはせぬのだとも言う。又、神功皇后の御馬の飼い葉がなかったので、和布《め》を馬が喰べたら、七日の間草は刈らぬことにするとおっしゃったところが、和布《め》を喰べたので、なごしから七日間は、草は刈らない。

箱崎辺では、よその畑の生薑を盗むと、かったい、になると言っている。

（「壱岐民間伝承採訪記」(23)　昭和四　折口信夫）

庭や畑などに植えるものではないとして避けられる草木や野菜がある一方で、門や戸口に挿したり吊るしたりして魔除けの役割を果たす植物がある。前者は通常栽培禁忌として扱われ、後者は呪術的な行為に用いられる呪物として分類される。いずれも俗信の範疇にある。呪物や呪具は特定の植物に限られるものではなく広範囲にわたるが、この事例では鮑も厄病除けの重要な呪物である。

『壱岐島民俗誌』(24)（昭和九）によれば、鮑をイソモンといい、鮑貝の目のいくつかあるものはオマブリ（お守り）になるといって門に吊るす。その小さなものは子どもの着物にもつける。牛屋の壁に鮑貝を塗り込んだのを見たが、蛇をよけるものだと言っていたという。

また、同書には、植物に関する詳細な報告が記載されている。禁忌的な事項を含む植物についてまとめておく。

梅について

火に焚くことを忌み、種子は海に捨てることもせず一定の場所に納め、そこを足で踏むことも避けて正月に祀る。花は仏様にはあげないが、梅のよい年は米が豊作だという。

枇杷《びわ》について

飯の吹き上げる音が聞こえるところに植えるものではない。枇杷の木は植える日も伐る日もないといって忌む。焚けば火があばれるという。枇杷の木から落ちるとその日のうちに死ぬともいわれる。枇杷のよい年は麦が豊作だという。

柿について

柿の木を焚けば、その火が赤牛と一緒になろうといって忌む。火事が起こりやすいという意味のようである。柿の種子を火に入れると盲目になるといわれる。

南天について

便所の側にはよく南天を植える。祝事の贈物には南天の葉を下に敷いたり、上にのせたりする。南天で作った小さい横槌は魔払いになるといって子どもの着物につけてやる。

蘇鉄について

民家に植えるものではない。生きた蘇鉄に釘を打てば歯痛が治るという。

椿について

椿で祝事用の道具は作らぬ。葉や花は墓、仏前には挿すが、神様には上げぬ。

植えてはいけない木、すなわち植栽禁忌に対して、神の木として伐ってはいけないという伐採禁忌とでもいうものを見ることにする。九州からは遠く離れた愛知県及び静岡県の事例を「参遠山村手記」(25)（昭和二）に採る。

この地で「シメフジ」とは立木を柱として巻き上がる藤が、別の木に絡みかかるのをいう。伐ることはもちろん触れることすら忌む。木から木に絡み上がるものでも、根元が水辺から出て川をまたぐものが最も尊いとされる。シメフジをあやまって伐り、災いを受けた話がある。

数年前、三河北設楽郡豊根村字曾川《そかわ》の清水定吉という若き杣《そま》、隣村黒川のヒヤシ谷という山に杉の伐木に雇われて入り、過ってシメフジの柱となれる木を伐りしがその夕方よりにわかに発熱し、一夜にして顔面腫れて鬼のごとく、ついに気狂いて二、三日にして狂い死にたり。人々山の神の罰なりとて怖れたり。

幹の途中で両股になって南北に分岐した木を「ヒドオシ」すなわち日通し木といって、これも神の木として忌む。杉や檜にもあるが松の木が多い。ヒドオシとは太陽が木の股の上を通ることから起こった名だというが、朝日が股の間を射通すことからだともいわれている。杣は職業上、時としてこの木に出会うことがある。その折には酒を買って祀ってから伐るが、後々までも気にかかるという。

「天狗松」は諸国に多い名だが、この地方でも同じように言う。松の枝ぶりが傘のように張っていたり様子が著しく変わっているものをいう。神様が憩うものなので、この木の下に行けば時に神の話し声が聞こえるなどともいう。また、年越しの夜か正月十日の神送りの夜には必ず聞こえるといわれる。北設楽郡豊根村の分地《ぶんち》峠にある天狗松は、しばしば天狗が現れて行人を悩ました。

昔（六、七〇年前という）分地の一つの城といえる家に、又平とて大力の男あり。ある夜その下を通りかかりしに、松の枝より鼻高き男現れ、一個の印籠を示し力競べして勝ちたらば与えんと挑むに、又平大力自慢の者なれば、すぐに木に登りゆき、しばらくその男と格闘せしが、ついに力及ばずして木より下に振り落とされ、腰のあたりを劇しく撲ち、それが因となりて、間もなく病みて死にたり。

次は木とは直接関連性はないが、禁足地として猪がのた打つノタ場である。そこにも神在りとして近寄ることを忌む。殊に婦人は不浄の者としてつつしむ。かなり前のノタ場でも大小便などを避けなければ、農作物を荒らされるか身の上に災いがあるとされる。

ノタ場の神は山の神なので、耕地に近い所で新たにノタ場を見つけた時は注連を張り、まず立ち入るのを忌む。ノタ場に山の神を祀れば感応多しと伝えられている。信仰心が神霊に通じて、何らかのしるしが顕れるということなのだろう。

牛と天気

猫の話

猫に鏡を見せるな、見せたら不幸が来ると云う。家内に病人があるとき、もし猫が死骸を見せてどこかで死んでいれば、その病人は直らない。死骸を見せずに死んでいれば、病人は全快すと云われている。

猫に関しては又こんな話がある。西別院村字神地の府道の傍、五、六間程下に一つの墓がある。この墓には長く髪を垂らした女に化けた、俗に髪結び猫と云うのが出ると云い伝えられている。去年の春も墓の松の木の二股の所に、現れたのを見たという人もあった。その時は墓の上に一つの火の玉が見えたと思ったら、すぐその下に十七、八の若い女が、しきりと、長い髪を垂らして髪を結うている。例の化け猫であったのだそうだ。

狐の話

曽我部村字法貴の丈右衛門と云う人が、山から帰る途に美しい女に会い、連れ立って帰ったが、「疲れたから手を引いてくれ」と云うので、狐が化けているのだなあと思って、強く手を握りしめて歩いたところ、手が痛いから替えてほしいと云うので、手を持ち替えて、家に着くなり「そら狐じゃあ」とど鳴りながら庭に叩き付けた。がらんがらん、と云う音によく見れば、狐だと思ったのは木の端くれだった。手を替えた時に巧く騙したのだろう。これは丈右衛門の孫に当たる人に聞いた話である。

狸の話

西別院村大字犬甘野には、白狸と呼ばれる狸が居ると云う。この狸は人を化かす時には必ず大入道となって、通行する人の前に立ち塞がったり、前途の見通しの利かぬようにして、持っている魚などを盗むと云う事で、その被害も多数あるとの話である。

（『口丹波口碑集』[26] 大正一〇　垣田五百次・坪井忠彦）※

猫は身近な動物だけに、猫が前足で顔を洗うと雨が近いとか、猫を殺したら猫の死霊にとり憑かれる、側へ行って見たり助けてやろうとして猫の死霊に憑かれるなど、様々ないわれようである。死との結び付きを連想させる話も多い。死の床に近づけてはいけないという禁忌は広く分布している。墓に死体を奪いに来るカシャという妖怪は猫まただという伝えもある。『牟婁口碑集』(27)（昭和二）には、猫は執念深い、ある人が猫を殺して埋めたらその猫の口から南瓜の芽が生えて成長し毒のある南瓜が成った。殺された人に食わせて怨みをはらすつもりだったという話がある。

狐の話は東丹波地方で多く聞かれたが、どんどん減少する傾向が見えるという。全国的な傾向ともいえる。

女狐が鳴くと雪が降る。日暮れに新しい草履をはくと狐に化かされる。だから竈の墨を裏に塗ってはけばよいともいう。また、子どもの生まれる時に、牡の狐がコンコンと鳴けば男の子が生まれるし、カイカイといって牝狐が鳴けば女が生まれるなどの判断にされる。

口丹波の船井郡の豊田村には、昔のことだが、山で狐の隠しておいた山鳥を盗んで食ったために狐に化かされて、山鳥だと思って食ったのは赤子であったなどの残忍な話も伝えられている。これは狐にあたん（報復）されたのだという。残酷な話であるが、他の地方でも語られているのでパターン化したもののようである。

狐は狸と違ってあたんをするから、殺すなら夫婦親子ともにことごとく殺してしまわなければ、後のあたんが恐ろしいと考えられている。狸はあたんをしないものだそうだから、狸が穴にいるのを見つけても家に帰ったら話すなという。もうその穴にはいないということである。

狸には種々の名称があって、ハチとかムジとか藪クグリとか呼んでいるという。ハチは額にハの字の模様があるもので、普通の狸のこと。ムジはいわゆる貉のことである。ハチの肉は不味くて食えないが、毛皮は高価なものとして売れる。ムジはその反対であるらしい。狸は砂を撒くといわれている。貉《むじな》も木登りはうまいし、穴掘りもうまい。時にはムジの掘った穴にハチが入り込んでいるという。

亀岡から樫田に行く下三谷という所には、お嬢さんに化ける豆狸がいるそうで、通る人の話相手になって家まで送ってくれる。家に着いて何か好きなものをお礼に上げると喜んで帰っていったという。

こうした心温まる話とは別に、『熊野民俗記』(28)（昭和一八）には、「狐狸に呼ばれたときは、それに負けないようにより返せば、ばかにされない」という俗信が掲載されている。

『口丹波口碑集』に拠って牛の話も見ておこう。

牛小屋には「申」という字を書いて貼っておくのが普通で、これは干支の丑から数えて七つ目が申に当たるからだという。筆者の垣田五百次は、自分の干支から七つ目を守護神とする江戸時代に流行したことからきているものと考えている。

猿は牛を使うことにかけては名人で、猿に牛を追わすとどのような難所でもこなしてしまうという。牛の前で「明日はこの牛が死ぬ」といえば、牛は元気をなくして仕事をしなくなり涙を落としてやがて死ぬものだといわれている。

牛についての俗信も多く、牛が元日に寝ている方角がその年の明の方だともいわれる。また、牛に乗れば天神様の罰があたるとして乗ることは禁じられている。なお、丑の日に炬燵を用意するのを忌む。

天気と牛とは密接な関係があるともいわれ、牛が夜大きな眼を光らせ、その光が見えたら明日は雨降りだという。牛が盥《たらい》を舌で舐めると翌日は雨だともいう。また、牛という字を書いて川に流し、それが流れたら明日は天気、あるいは牛という字を百書いて川に流すと、明日はきっと天気になるものだと信じられているという。

牛との関係性はないが、『口丹波口碑集』には、天気についての呪術による気象支配の事例が掲載されている。

明日はお天気になってほしいと思う時には綿か糸屑を布に包んで木に吊り下げる。そして、それに向かって、「もし明日日和になれば、酒を飲ませて川へ流してやる。雨だったら小便かけて便所に捨てるぞ」と言ってやればきっと天気になる。そして、約束したとおり流すか捨てるかするという。また、粽《ちまき》に黒砂糖か人形を包んで、南天の木に吊るしておく、そうすれば明日はきっと天気だともいう。てるてる坊主の脅迫バージョンではないかと思えてくる。

もう一つ。雨の降った夕方に、明神様のかたわらで梟《ふくろう》に対して「ホロット返せ」と言う。これは今日は雨で皆が困ったから、明日はコロット晴天になるように頼むことだという。村の人たちはこれをホロット返しだと言うのだそうである。

いずれの場合も、綿の包み・粽と人形、そして梟を天候を支配する天の神に見立てて、条件を提示したり命じたりと見立て系の呪術を駆使するものである。

鳥獣のしぐさから

昔はこの辺にも狼がたくさん居たそうだ。今の築井橋の近くの生物沢《なまものざわ》と云う処は、相模川を流れて来た人馬の骸《むくろ》を、この獣が搬んで行って喰うため、生々しい骨など絶えた事がなかったから、地名になったのだと云う。この河原をヤメーノ河原と云うのは、多分山犬河原の訛りであろう。ある晩ここを通りかかった人が、人の死骸を背負った狼に出会ったので、木に逃げ上って、と息つき思わず咳ばらいをすると、狼は背の死骸が生き返ったものと思い、これを卸してその咽喉に噛みついたと云う話である。

人の死骸を墓所に埋葬しておくと狼が来て掘り出すから、古は上へ大きな平たい石を載せたものだ。

狼は牛の糞を怖がると云う。牛の糞がつくとそこから腐るからだとも言い、一説には牛と狼とが闘う時、牛は狼を腹の下に搔い込んで暖《ぬ》くみのある間は放さないから、それで怖れるのだとも言う。それから又狼は塩が嗜《す》きだから、夜塩を持って外出するなと言う。

狼が子を産んだ時は、その穴の前へ赤飯を入れた重箱を持って行って置いてやると、その晩重箱に兎や雉子などを入れて返礼するそうだ。送り狼と云うのは、これに送られた時、もし途中で転んで黙っていると、死んだと思ってすぐに飛びかかって喰いつくから、そう云う折には「アア履物が切れた」とか何とか言葉をかけるがよい。一定の場所まで来ると柔順に引き返すそうだ。

　狼のことを山犬又はお犬様と云う。武州三田村御岳山の大口真神（通常お犬様と云う）のお札を借りて来て、盗賊除けや野廻り（五穀豊饒のため）にする。又狐憑きなどのある時にも借りて来る。お姿でなく真物を借りて来ることも出来るそうである。又この御岳山の大口真神社の傍にある粘土をいただいて来て、作物の害虫駆除にも使う。

（『相州内郷村話』(29)大正一三　鈴木重光）※

　現在は絶滅したといわれる日本狼。一九〇五年（明治三八）奈良県での記録を最後に、生存は確認されていないといわれるが、それ以前からの狼に関する伝承を記録する民俗誌は関東・東北地方に多く見られる。そうした狼を祀ることで知られる御岳山の大口真神社がある。

　東北地方の狼の様子を『信達民譚集』(30)（昭和三）によって見てみよう。

　昔は宮城県南西端の七ヶ宿や茂庭の山奥に棲んでいて、人里まで下ってきて飼い犬などを襲ったという。冬季山に雪が積もってしまうと、狼は夜間人家に近づいて襲うのである。

　狼が犬に挑むと犬は必死に咬みつく。餓えた狼は初めはただ急所を咬まれないようにして犬のなすがままにする。すると狼の毛が次第に犬の歯牙にからまる。犬の疲れたところを見計らって急所を攻めて倒す。殺してしまうと運ぶのに窮するので、半殺しにして口にくわえ、背負って犬の後足に歩ませて持ち去ったという。

筆者近藤喜一の村にも冬になると狼が山を下りて飼い犬と格闘した話が残っているという。

「伊豆内浦雑記」(31)（昭和六）は一九三〇年（昭和五）の静岡県田方郡の報告である。海辺部落の海瀬善右衛門さんは、この地方の狩人の最古参で、豪勇の聞こえも高かった。この人によると一般にヤマイヌと呼んでいるものには二通りあって、一つはヤマイヌ（山犬）すなわちオオカミで、今一つはノイヌというもので、猪鹿または人家の犬などを襲うものはこのノイヌであるという。

ノイヌの性質は獰猛《どうもう》であるが、本来地犬の種で山に棲むようになったものだからめったに人に襲いかかることはない。尾色も一定せず、白・赤・白黒の斑などがある。

ヤマイヌすなわちオオカミには趾《あし》に水掻きがあるので、雪中などの足跡を見れば心得た者にはすぐわかる。またヤマイヌは神様であるから深山にいて、決して人に姿を見せることはないという。

たまたま病気になるとヤマイヌ（病犬）になって、里近く出てきて人に噛《か》みつく。ヤマイヌに噛まれると、すぐに病気が感染して起居動作がすっかり犬になる。小便をするにも片足を上げる。その挙句、必ず死に至る。これを治すには人糞を喰えばよいといい、現にこれを喰って治った人もいる。

病犬は不動様を祀っている村には決して入り込まぬので、病犬の害のある村では必ず不動様を祀るのだという。

村落生活を存続させるためには自然環境に順応することが、自分や家族の大事な要件であった。順応するために必要なことはまず自然への観察である。町の生活に比べて自然条件に左右される率の高い村落生活の場合、周囲への目配りや異常への気づきは必要不可欠のことである。

ここでは生活圏の鳥獣に対する観察の仕方や対応策について見ていく。

狐がコンコンと鳴くのは喜び鳴きであるが、ギャアギャアと鳴く時は火の用心をしろといわれる。日が当たっているのに雨が降るのを狐の嫁入りという。狐が人をだます時は、小便を酒、ミミズをうどんに、馬糞をぼた餅とし、野中の糞止めを風呂にするのだという。また、狐火というものが遠くに見える時には、狐は見る人の身近にいるものである。

狐が女に化ける時は二匹でする。寒いある晩のこと。山小屋に一人の女が訪ねてきた。炉辺であたたまっているうちに、その女はいい心地で居眠りを初め無作法にも陰部を出していると、そこへどこからともなく小さな虫が飛んできた。すると今まで陰部と思っていたところが突然口を開き、その虫を捕らえて食ってしまった。これを見て山小屋の主は薪を取るや否や殴りつけると、二匹の狐が姿を現して逃げ去ってしまったという。

狐はろうそくを好むから、夜間提燈をとぼして山路を歩くと、風もないのにろうそくの火が下手に吹きつけられて消され、あっと思う間にろうそくを奪われる。好物の油揚げや魚などを夜中に持ち歩く場合は付け木を添える。硫黄を嫌うからだという。

狐にだまされる時には盆の窪《くぼ》が寒くなり、辺りが真っ黒になると今まで聞こえていた人声などもわからなくなるので、この時は落ち着いて小便をしたり煙草を吸ったりすると正気に戻る。俗信的対策である。

産着を夜干しにしたり、風で飛んでしまったりしたのに狐が寝たりすると、その子どもは夜泣きをするという。産着はそれを着る子の形代という考え方である。

イタチはよく後脚で立って振り向いて、人の顔をしげしげと見るものである。この時眉毛を数《よ》まれるとだまされる。そんな時は眉に唾をつけるとよいというので、人がいぶかしい話をすると、眉唾ものだというのであろう。

貉はどうかすると人のようにオーイオーイと呼ぶことがある。人がこれに応じて返事をすると、どちらか早く根《こん》の尽きたほうが死ぬという。また、貉は死んだふりをする。筆者鈴木重光の中風で足腰のきかない祖母が一人留守番をしていると、貉が来たので近くにあった菓子箱を投げつけた。すると死んだようになったが、祖母の立居振舞の不自由なのを知って逃げたという体験談がある。

身近な猫であるが、赤子が生まれた時に犬猫をもらうと、勝ち負けができるといって嫌う。犬や猫の鼻筋が白く通ったのは、「八割れ」といって飼うのを避ける。大病人のある時に飼い猫が死ぬと、猫が身代わりになってその病人は本復するという。猫は月の上旬に生まれたものはネコといってネズミを捕り、中旬に生まれたのをトコといって鳥を捕り、下旬のはヘコといって蛇を捕るという。猫を飼っている家では、家人が死ぬとすぐに籠伏せにする。もし猫が死体を跨ぐと死人がよみがえる。そして、台所の流しへ行って水桶の水を柄杓で飲むと、千人力を得て「猫股」になってしまうというのである。しかし死人が起き上がった直後に箒で叩くと倒れる。それゆえに、柄杓で水を飲むな、箒で人を叩くなという。不祝儀の作法から生じた禁忌である。

村人は鳥の様子にも気を配っていたようである。

軒下に毎年のように巣をかけるつばめ。一軒の家に一〇年も巣をかけると、そのお礼として巣の中に薬になる貝を入れていくという。また、例年は巣を作るのに、巣を作らない年はその家に何か凶事がある前兆だという。いつも通りに巣作りがなされなかった異常事態を凶事の起こる前兆と解する伝承である。なお、つばめの肉はリュウマチの薬になるとも伝える。鳥に関する伝承はいつもとは異なる行動に対して何らかの前触れと解する場合と、その鳥の肉が何らかの薬になるという民間薬の役割を語り伝えが多いように思う。

そのほか、せきれいは神の使いだから捕るものではないとか、うぐいすの初音を聞いたのが右の耳だとよいが左だとその年はひだるいなどというのである。

身近な鶏の伝承には、次のようなものがある。

鶏が宵のうちに鳴いたり牝鶏が関《とき》を告ぐと災いが来るといって、殺したり社に奉納する。一方で、宵鳴きは「良い鳴き」に通ずるからと喜ぶ者もいる。水死人があった時は鶏を板の上に乗せて流すと、沈んでいるところに来ると鳴くという。

女性が鶏卵の殻を跨ぐと長血になるとも伝えるが、「跨ぐ」という行為に下に見る、馬鹿にするといった意味が付加されているような事例である。他の地域ではあるが、産婦が卵を跨ぐと難産になるという俗信もある。

狐の法とカマイタチ

狐は仇をする獣だと謂って、狐に悪戯《いたずら》をしたり、陰口などつくと、アタン(仇)をすると謂って怖ろしがったものでした。又狐の糞を踏むと、足が痛くなると云って、子供の時など足が痛いなどと言えば、どんな所を歩いたとか、狐の糞を踏んだのではないかなどと訊かれたものでした。

夜、狐が人家の棟に登ると、眠っている者が魘《うな》されると言って、夜梯子を屋根に立て掛けておく事を戒めました。又狐が鶏を捕る時は、外に居て戸の隙や節穴から鶏の巣を覗いて、法を使うので、鳥が巣から飛び出して捕られるのだとも謂いました。又ある所で、子供が夜泣きをして仕方がないので、ある晩男がそっと裏口へ廻って見ていると、狐が裏の縁側へ登るとはげしく子供が泣いて、下に降りると静まるので、その狐を追い払うと、夜泣きが止んだなどの噺がありました。

狐は火を燈すと云います。狐の火は、青い色をしているとも、又特に赤色をしていて、輝きがないとも謂いますが、狐は油や蠟燭を好むから、夜油を持って歩くと、不思議に奪われたり零《こぼ》したりすると謂います。又提燈を燈して歩く時、前に提げると蠟燭を奪られるから、後ろに背負えばいいなどと謂います。

村の早川虎造と云う男は若いころ、悪い狐の住んでいると云う馬崩れという処を通る時、いつか持っていた提燈をカゾー（楮）の株とすり替えられながら、家まで持って来ました。そして家の者に言われるまでは、それが明るいと思っていたと謂いました。

狐に管狐と云う一種があって、単にクダともクダン狐とも謂います。鼬《いたち》によく似て、鼬より体が小さく、毛の色が心持ち黒味を帯びていると謂います。狐使いの家などで使うのはこの類で、様々な通力を持っていると謂いますが、これに、白飯に人糞をかけて喰べさせると、通力を失って馬鹿になると謂います。

（『三州横山話』(32) 大正一〇 早川孝太郎）※

三州横山は山地が深く続く土地柄だけに野生の動物にまつわる伝承も豊かである。怪異伝承という項目に当てはめるために、自然の生態ではなくその動物の不思議を事例に求めた。そうした意味ではやはり狐が常に上位を占める。ここでは仇を討つ狐、夜泣きをさせる狐、ろうそくを奪う狐の話を取り上げたが、一般的には人を化かす話が多い。横山辺りでは狐が人を化かすには尻尾で化かす。しかし用心深くて化かす機会がない時は、足もとに近づいて足袋の紐を解く。そして人がその紐を結んでいるすきに化かす。

明治三〇年ごろ、村の早川徳平家の下男留吉が盆の一五日の夜友達と三人連れで豊川稲荷へ参詣に出かけた。その途中、傍らの畑の中に若い女と男が二人風呂敷包みを背負い、尻を端折って妙な格好をして歩いている。不審に思って見ていると、近くの畑の肥溜めの屋根に白い狐がいてしきりに尾を振っていた。そこで狐に化かされているのだと感づいたので、三人で大声で怒鳴ると狐は驚いて逃げ去ったという。

仇を討たれた話も伝わる。当時五〇幾歳になる早川丑太郎が二〇歳くらいの時の話である。峰村へ行って仕事を済まし、その家の狐が憑いているという婆さんの枕辺で、子どものころ狐に化かされた腹いせに散々狐の悪口を言った。そのあげく化かせれるものなら化かしてみろと言い置いて、夜遅く帰る。途中分垂《ぶんだれ》という所の橋を半ば渡ってふと気がつくと、自分は黒い川に立って橋がその横に見える。これはと思ってその方に歩くと、たちまち川の中に落ちたというのである。

狸についても多くの話がある。山仕事をしていると「狸が呼ばる」といって、タンタンと音がして向かいの山で木を伐ってはホイと呼ぶ。うっかりこれに返事をしてそれが狸だと気付いたので、仕事を中止して帰ってきたとか、夜狸と呼び交わして自在の茶釜を飲み干したとか、木魚を返事の代わりに叩いて夜を明かしたなどという話がいくつもあるという。

イタチの鳴き声で吉凶を占う風習があって、一声鳴きは凶事の前兆とされる。また、イタチが行く手を横切った時は行く先に凶事があるので、三歩後ろに戻って呪文「イタチ道チ道チカ道チガイ道、ワガユク先ハアララギノ里」を三度唱えて行くものという。

両頭蛇は蛇が蛇を呑んで、呑まれた蛇が飲んだ方の腹を喰い破って出来るといい、この蛇を見つけた時は、中央から二つに切ってやると思うことがかなうと言われている。

昆虫であるが、フタマタ(双尾)のとかげを見ると思うことが叶ったり、これを捕えて飼っておくと金銀が自然に集まってくるともいう。

最後にカマイタチについて、カマイタチは旋風に乗って横行し、人々の生血を吸うといわれる。また飯綱《いいづな》ともいって昔飯綱師が弟子に法を伝授する時に、封じ方を伝えなかったために横行して悪者になったとか、飯綱師ではなく尾張鍛冶だとも伝えられている。

クダ狐と狼

狐がつくこの思想は一般固く信じきっている。狐につかれた時はその容貌が変わってきて、他人が行くと蒲団の下に隠れる。そしてとりとめもない譫言《うわごと》をいうようになる。又狐の好むという油揚げや小豆飯などを喜ぶようになり食事の時も暗い方に向いてする。譫言には「どこの森のだから、弁当を拵えてくれたら帰る」とか、「自分が子を育てかけているとお前らが通って吃驚させたから憑いてやった」とか口走る。

この狐つきの狐をのかす方法としては、病人に弁当を持たせて道まで伴れ出し、不意に肩口のあたりで発砲して病人を驚愕させて倒したり、又蒲団の中へもぐり込んだのを炬燵に蕃椒《とうがらし》の粉を燻すべて、病人の苦しむのを見て、苦しければ帰れとか言って怒鳴りつけたり滑稽なことをやる。

いったん狐につかれると稲荷下げをせねば平静にならぬといって、軽いのは泉州の田山の稲荷に参詣し、重いものは伏見の稲荷に参詣して、稲荷下げの大祈禱をする。現今もなおこんな暴行が公然行われているのは由々しい問題である。

（『紀州有田民俗誌』(33) 昭和二　笠松彬緒）※

人に憑くと信じられている動物はいろいろあるが、最も広い分布を示し多く語られるのが狐である。生霊や死霊など人の霊が人に憑く、動物や植物の霊や精が人に憑くという伝承は多様だが、その根本には人間を取り巻くモノの霊がヒトに乗り移る憑依現象を無意識のうちに信じているからであろう。

近畿地方ではそうした人に憑く狐をクダ狐と呼ぶことが多く、狐持ちの家というように特定の家に付いていると信じられている。

『牟婁口碑集』[34]（昭和二）によれば、クダ狐は管の中にいる間はその人の思いをよく聞き、吉凶はもちろん金をも集めてくれるが、絶えず管から出してくれとせがみ、しまいには出さずにはいられなくなる。しかし、出すと子が増え、孫が増して食物を要求するようになり、食物を与えないと人に憑く。しかも管に入れたままならば伏見稲荷へ戻せるが、いったん管から出してしまうと野狐と交わるので戻すことはできず狐持ちの家になるほかはないという。

一九一四年（大正三）に六八歳で亡くなった田辺江川浦の平田某という盲人は占いと祈禱をなりわいとしていたが、いつも目をクシャクシャ動かして絶えず何事かを聞かねばならないことに堪えかねていたようであった。これはクダ狐を使う平田翁が管から出して眷属が多くなり、それらが絶えず報告するためであるといわれていた。

平田某の場合以外には狐が種々の報告をするということは聞かないので、平田翁が失せ物や家出人などを占ったことから生じた話ではないかと、筆者雑賀貞次郎は述べている。また、田辺町では稲荷を祀る家では毎年師走に祭礼を行い「稲荷下ろし」をして、新たな年の吉凶を占うことが一般的であるという。クダ狐伝承の背景にはこうした稲荷信仰が影響しているのかもしれない。

なお、以前のことだが田辺地方では狐の落ちにくい時は最後の手段として、十津川玉置山から狼を借りてきたということである。この狼は借りた人と一緒に来るが姿は見えない。しかし、途中川などを渡ると水から上がってしばらくの間は水にぬれた狼の足跡がつくので、ともに歩きつつあるのがわかるという。狼が来れば狐はたちまち落ちるが、それは狼が山の王であるからだ。狐が落ちればすぐ玉置山へ帰るという。

狼が実在していた時のことか、言い伝え上の虚像だったのかは定かでないがそうしたものによる狐落としは呪術的方法である。

祈禱師によっては狐を落とすと称して理不尽な暴行を加え、時には死に至らしめることもある。また、狐持ちの家とされると一般の家との婚姻や交渉を回避されるなど社会問題ともなり、俗信とは一線を画する迷信の典型例として取り上げられる。

オカべの撃退法

狼のことをオカべと言っています。又はオイヌとも呼びます。深山よりは里山や原野に居たようでありました。明治期になってからも私の村で馬を狼に喰われた話が相当あります。

放し馬を狼が襲うと、後脚に喰いついたりして、次第に泥土の深い谷地湿地へ追い込むのだそうです。そして一群集まってその馬を生きながら食べてしまうという凶暴性を有し、人々は極度に恐怖していました。

狼は人間や馬を襲うと、後について歩いて来て、だんだん頭上を飛び踰《こ》えなどして、有名な「狼のチガイ屁」をひっ懸けると、たちまちこのチガイ屁を懸けられたものは目が眩《くら》み、首筋などに喰い付かれたと言います。その折「脇差《わきざし》」とか「キリ刃《は》」を持っていれば頭上に立てると狼は腹を裂くとか危険と知って遠退くかすると言われます。人などはよく山の往来筋で襲われた話があり、昔の夜の往来は恐いものだった話がたくさん伝えられています。

私（著者註—田中喜多美）の隣の古館と言った老人は明治十年ごろの軍人でありますが、盛岡の帰りに狼につけられて、生きた心地がなかったと述懐していました。夫婦二人で夜になってから約三里ばかりの山道を、狼につかれたので、褌《ふんどし》と帯を結び合わせ後ろに引きずり通したと言われます。こうすればいかに狼でも前に進めないそうであります。

（『山村民俗誌』(35) 昭和八　田中喜多美）※

絶滅したといわれる狼にまつわる話である。狼ではなく山犬ではないかという話もあったようだが、当時の老人たちは実際にいたものだと主張したという。

明治期になっても放し飼いの馬の被害は相当なものだったという事実や、山の往来で狼特有の襲われかたをしたという体験談などをどのように考えればよいのであろうか。

襲われた時の防御方法として、脇差やきり刃など実際的な物は前代から伝えられてきたと推測できる。脇差などは明治期以前のものだからである。

しかし、古館夫妻が行った褌と帯を結びつけて後ろになびかせる方法には、どのような意味があったのであろうか。身体を大きく見せるという意味があったのかも知れぬが、長い布を後ろに引きずるという方法が個人の思い付きであったのか、どこかで耳にした伝承であったのか、興味をひかれるところである。

仮に窮余の一策としての思い付きで対処したにしても、この体験談を聞いた村人にとってはその後の生活の知恵として身に付けたはずである。

困難な局面に遭遇した事態を切り抜ける呪的方法の始めには、こうした思い付きによるものがあったのではないかと考えさせられる事例である。

なお、「玉川部落の話」[36]（昭和一七）の舞台は秋田県仙北郡田沢村であるが、黒森山のふもとでは狼祭りがあった。昔時、マタギの大シカリであり九一歳となっても壮年を凌ぐ田中三之助翁の話によると、明治三四、五年ごろまでは毎年の四月八日に、そこに酒と赤飯を供えたという。

詳細は不明であるが、おそらくマタギ仲間が自発的に城長根と貝吹長根の間の一定の場所に集まって営んだものであろう。祭りといっても神官や民間の宗教者の影は見当たらない。

ここで、マタギの俗信を見ておきたい。前の事例の三之助翁の話として出てくるものである。

雪崩除けの呪文は、「山ノ神頼むこのヒラマエ（斜面）を、アンノン（安穏）に通らせ給え　アブラウンケンソワカ」。この「アブラウンケンソワカ」は三唱する。

崖で雪が自然に締まる時は、ジーンと、それこそ心身ともに締まる感じがする。その時は雪に小長柄を立て、膝ついて山の神を祈る。

また、

途中でもし火（産火など）が悪いと気付くと、自分で笹垢離《こり》といって、笹の葉に水をつけて身体に振り掛ける。

前の三例は雪崩や雪の状態により悪い結果を避けるために、山の神に祈るというものである。前者は呪文に依り、後者は小手斧を山の神に見立てて祈るという呪法である。

塩をサッツラ、米をクサノミ、水をワッカなどと呼ぶなど山言葉も数多いが、山でもし里言葉を使うと、「三間イタチ潜り」という刑罰を受けるという。それは裸体で深雪の中を三間も潜行させるもの。また、罰として垢離をとらせる時は、ワッパ（曲げ物）で冷水を頭から一二回かけるという。

産火による食物などを口にした時の笹垢離や、三間イタチ潜り、ワッパによる水垢離はいずれも穢れを払う潔斎系の呪法である。山言葉と里言葉の使い分けといい、村人ことに山民にとって山空間と里空間は異空間あるいは他界という離隔概念であったと考えられる。

註

(1) 及川儀右衛門　一九二四『筑紫野民譚集』郷土研究社　大系第二巻所収
(2) 高谷　重夫　一九三五「祖谷山村の民俗」(『ひだびと』八―一一・一二、九―一)　大系第一〇巻所収
(3) 武田　明　一九五五『祖谷山民俗誌』古今書院　大系第三巻所収
(4) 笠井　新也　一九二七『阿波の狸の話』郷土研究社　大系第三巻所収
(5) 最上　孝敬　一九五一『黒河内民俗誌』刀江書院　大系第六巻所収
(6) 山口麻太郎　一九三四『壱岐島民俗誌』一誠社　大系第二巻所収
(7) 宮本　常一　一九四九『越前石徹白民俗誌』三省堂出版
(8) 瀬川　清子　一九五一『日間賀島民俗誌』刀江書院　大系第五巻所収
(9) 早川孝太郎　一九二一『三州横山話』郷土研究社　大系第五巻所収
(10) 鈴木　重光　一九二四『相州内郷村話』郷土研究社　大系第八巻所収
(11) 中村　浩　一九二九「能登島採訪録」(『民俗学』一)
(12) 佐々木喜善　一九二〇『奥州のザシキワラシの話』玄文社　大系第九巻所収
(13) 早川　前掲書(9)
(14) 外山　暦郎　一九二六『越後三条南郷談』郷土研究社　大系第七巻所収

(15) 奥田　慶信　一九四二「射水の俗信」(『旅と伝説』一五—九・一〇・一一) 大系第一一巻所収
(16) 島袋　源七　一九二九『山原の土俗』郷土研究社　大系第一巻所収
(17) 雑賀貞次郎　一九二七『牟婁口碑集』郷土研究社　大系第四巻所収
(18) 山口　前掲書(6)
(19) 向山　雅重　一九三四「三宅島見聞記」(『島』昭和九年版) 大系第一二巻所収
(20) 山口　貞夫　一九三六『伊豆大島図誌』地人社　大系第八巻所収
(21) 内田　邦彦　一九二九『津軽口碑集』郷土研究社　大系第九巻所収
(22) 今野　圓輔　一九五一『檜枝岐民俗誌』刀江書院
(23) 折口　信夫　一九二九「壱岐民間伝承採訪記」(『民俗学』一—三・四・五・六、二—二・三) 大系第二巻所収
(24) 山口　前掲書(6)
(25) 早川孝太郎　一九二七「参遠山村手記」(『民族』三—一) 大系第一一巻所収
(26) 垣田五百次・坪井　忠彦　一九二二『口丹波口碑集』郷土研究社　大系第四巻所収
(27) 雑賀　前掲書(17)
(28) 松本　芳夫　一九四三『熊野民俗記』三教書院　大系第四巻所収
(29) 鈴木　前掲書(10)
(30) 近藤　喜一　一九二八『信達民譚集』郷土研究社
(31) 早川孝太郎　一九三一「伊豆内浦雑記」(『郷土研究』五—二) 大系第一一巻所収
(32) 早川　前掲書(9)

(33)　笠松　彬緒　一九二七『紀州有田民俗誌』郷土研究社　大系第四巻所収
(34)　雑賀　前掲書(17)
(35)　田中喜多美　一九三三『山村民俗誌』一誠社　大系第九巻所収
(36)　武藤　鉄城　一九四二「玉川部落の話」(『旅と伝説』一五―一〇)大系第一二巻所収

第七章　俗信とその周縁

恐山の賽の河原（青森県下北半島）
30年前には、数多くの石積みがあったが、現在はまばらである。

梅干しと天神様

この島の氏神様は、猫は好くが犬は大嫌いで、犬を愛する人は、必ず目が悪い、という事である。迷惑なことではあるが、島の人たちはそう決めて諦めているので島には猫が多い。夜のくもは、死んだ親に見えても火を見せよ、と云って、必ずマッチで火を見せてから追う。むかではびしゃもんのお伴だからと云って、殺さぬ。蛇・猫を半殺しにすれば祟る、と云って、子供の悪戯《いたずら》に気にやむ母親がある。大火には火鳥が火をくわえて他に移す。鳥には、喜び鳥と憂え鳥がある。これは島人の心にかかる動物である。

松の木など、細葉の木は、病人のうなり声が好きである。家よりも高い木を植えると繁昌せぬ。ケシの花は好かん、蕗《ふき》は繁昌だが、絶えると、家が絶えるそうな。植物についても島人は、こんな風に噂をしあう。若い者は一笑に付するが、年寄りの心が許さぬのである。

ユルリの縁を叩くと、父の頭を叩いたも同然、髪・爪を焼くと気がふれる。大火ははらみ女に見せるな、手をやった所に痣《あざ》が出来る、産後アオイオ・クロダイ・カボチャ・ナスビ・ゴボウを食わぬ。梨を食うと子の目が悪くなる。卵殻を踏めば婦人病になる。幼児三歳までは鏡を見せぬ。オドケて虫を起こすから。夜口笛を吹くと家が絶える、北向きのクドはいかん。ブンヤ—月事中の別家—のクドも南向きにするように気をつける。新衣を裁つには、日柄を見て、氏神様の方を向いてマメソクサイと云って裁つ。

こう云う数々の心がけを私に云って聞かせる老人たちは、常々、本能的な感覚をもってこれを守っているのである。信じないまでも、決して違反するようなことはない。することが出来ないのである。板子一枚下が地獄の危険を冒して、今日のかてを大海に求める船人たちは、より以上に敏感な神経をもって海の禁忌を遵守する。
（『日間賀島民俗誌』[1]　昭和二六　瀬川清子）

日間賀島は漁労という死と背中合わせの生業を中心とする地域だけに、穢れの回避や禁忌を守るということに対して、細やかな神経を使っていると思われる。ここでは禁忌について見ていくことにする。

まず、神社など信仰とのつながりによって特定の動物や植物に対する禁忌が存在する。島根県松江市の美保神社領城の鶏飼育の禁忌はよく知られている。『遠江積志村民俗誌』[2]（昭和八）によれば、氏神がある種の動植物を忌み嫌うというので氏子が飼育しなかったり、禁食したり、禁作したりする例は少なくないということである。下大瀬の鷺宮の神様が嫌うのでキリギリスやイナゴなどの昆虫は育たず、橋爪（大社神社）では麻は作らず、半田（六所神社）では紺屋が栄えないという。この地の近隣の長上村小池ではそら豆を作らず、豊西村末島《すえとう》では庇《ひさし》を出さない。

『美濃徳山村民俗誌』[3]（昭和二六）には、「白山様は船がきらいで、徳山に船がいる内は天気が悪いと云っている」という記述があり、『三州横山話』[4]（大正一〇）には鶺鴒《せきれい》はゴシンドリと呼んで庚申のお使い鳥なので、この鳥を殺せば神罰があると伝えられているという。また同書に、一三段の斑がある山鳥が夜、山から山へ越す時は人魂のような長く尾を引いた火に見えるとある。山鳥については、その尾が魔除けになるとよく門口に挿してあるのを見かけるだけでなく、一三段の斑があるものは、井戸を掘る際にその場所に立てて置くと、一夜の内に水のある深さまで露が昇っている。つまり斑の一〇段目に露があれば、一〇尋《ひろ》の深さに水がある兆候だというのである。

『飛騨採訪日誌』[5]（昭和一三）によれば、瓜田村では不動明王や御岳の神を信仰する家では、葱《ねぎ》・ニンニク・ラッキョウ・アサツキなどは一切作らず、四つ足のものと同様に食べないという。

板子一枚下が地獄という危険を乗り越えて大海に向かう船人やその家族の海の禁忌の遵守には厳格なものがある。次は瀬川報告に基づいて見ていこう。

船人は船を屋敷より大切なものとして、漁船の上の土足は禁じ、出船に際しては子を泣かせたりボタンを付けたりするのはもちろんのこと。鍋釜の蓋はとっておく。家にホーロクを掛けておくと漁がないなどと細かい決まりごとがある。

船人はまた、血の穢れは極端に嫌う。梅干しの種は絶対に海に捨ててはならないとする。それは天神様の頭だとも御紋だとも、天神様がお好きなものだからともいう。『飛驒採訪日誌』によれば、丹生川村では月経の時は梅漬けを食べることを禁ずる。梅漬けは天神様の紋だからもったいないと日間賀島と同じ理由である。また、月経の時は灯明の油やお神酒を買いにいくことを忌み、神仏への供え物や参詣は遠慮する。

再び日間賀島に戻るが、焼き味噌を船中に持ち込むことを忌み、船中では野猿やナガモノの話を嫌う。より深刻なのは金物を海に落とした時である。海にはりゅうごん様がいるからである。こうした時には、御岳行者などに作成してもらった流し札をし、御詫びの祈禱をしてもらう。『美濃徳山村民俗誌』によれば囲炉裏にすえてある金輪《かなわ》を叩くとカイナンボウが出るという。海難坊とは人のないもの持たぬものをくれといって、せびり困らせるものだという。また、金輪を叩くと荒神様が怒るともいう。海村でも山村でも金輪にまつわる禁忌があることに着目しておきたい。

盆の一六日には亡者船が出るから、髪の毛を燃すか肴を焦がすとよいという。嫌な臭気によってそれを防ごうとする防塞系の呪術である。海でも亡者が憑くと腹がすくので、「腹へらかした人がついたで」と言って飯を海に投げて食べさす。また、カワコゾウはシリゴを抜くので水死人には穴があいているという。

こうした禁忌を伝承するものは、「信じないまでも、決して違反するようなことはない」村落共同体を形成する人々の心持ちなのであろう。

百坊の犬

秋の日に焦《や》けると石仏でも惚れぬ

秋の日に面焦げたる人をば石ぼとけすら厭うと、太陽の威力秋に強きをいう。

朝草三駄《だん》

朝食前に草を三駄刈ることは、昔、常人のするわざなりき。

一六、本納、二七、長南、三八、大多喜、四九、茂原、五十、一の宮

市のたつ日を示す歌、数字は月の第何日かをあらわす。

おおめさんとめ着た思い

愉悦の大なるにいう。おおめは武蔵の青梅なるべく、さんとめは織物の名なるべし。文久元年に死去せし老婦人生前によく口にしたりと。

をやだは負けこなし

苗代田は二重どり故、豊凶に拘らず必ず定額の年貢を地主に納むべしとの不文の習慣なり。負けこなしは負くる事なしとの意。二重どりとは稲苗をしたつる事と秋の収穫をいう。

女の子なら踏みつぶせ、男の子なら産み落とせ

往古堕胎のはなはだしかりし代のある歌の一節ならん。近時まで長生郡の地は他よりも死産率大なりしとなり。

かつて故老にきく。人産婦の家族に嬰児の事を問えば問わるる人は答うるに児の名は梅之助あるいは梅子をもってせりと。

上総の逃げ坊は銚子にゆく
むかしこの地方の逃亡者は多く銚子をさしてゆきたり。これ銚子の醬油屋にてはかかる浮浪者をも厚遇せしが故なり。されば逃亡者あるごとにこの土地にては必ず人を銚子に派してこれを索めしめたりという。

かびたり餅食う
かびたり餅の語今はただ泥まみれになること。

疱瘡神さまのお茶番
疱瘡に罹らぬ人をいう。

百坊の犬
かなたこなたの家に往きて食を得る人をいう。百坊とは百個の坊の意なり。長生郡長柄村字道脇寺に往昔巨刹ありてここに一匹の犬いて、毎日百坊に食を乞いたればなり。又「百軒のぞき」の諺もあり。

(『南総の俚俗』(6) 大正四　内田邦彦)※

大正四年に刊行された前掲書の「俚諺」という項目に収められたものから、地域の生活との結びつきが見られる諺を選出した。諺とは適格な比喩を当てはめて、生活の一断面における知識や教訓、諷刺などの意をリズムのある短文に凝縮し語り伝えられたものといえよう。

古くは言《こと》の技《わざ》をもつ言語の技術で、教訓的な効果や満座の笑いを催す効能をもっていたが、次第に笑いだけを目当てにするようになったといわれている。基本的には相手を説得する目的をもつものという理解をしておきたい。

諺を取り上げた理由は、自然環境や社会環境、そうした生存環境に順応するための知恵や方法である俗信との違いを明確にしたいからである。報告書の俗信の表記が諺化し、民俗学での扱い方も諺化したものが当たり前のようになっている。俗信表記を一行詩のようだと表現する研究者もいる。確かに「烏鳴きが悪いと人が死ぬ」とか「産湯を金神様の方角に棄てると夜泣きをする」など、諺のような短句になっている。

諺は早くからリズム感のある短句が特徴となっていた。諺の命は適格な比喩とリズム感のある短句ともいえる。必然的に多くの諺は地域的な生活とは離れ、普遍性を持つものだけが流布し、語り継がれてきたと言っても過言ではないであろう。

俗信資料が生活と切り離されて断片化すると、理由の部分が欠落するようになる。理由の部分は土地の人々には共有されているからこそ、省略しても通じ合える生活認識があったからである。気象予知や民間療法などそれだけで完結するものは、断片化する性質を持っている。しかし、多くの場合生活と離れ断片化し諺化していくことによって、世代が変わったり生活様式が変化したりすることによって共通認識が通用しなくなる。このようにして、俗信と人々の生活が乖離していくことに注意を払いたい。

人々の生活から生まれ、生活と結び付いた俗信資料をあえて「生活俗信」と呼び、生活から切り離され記号化した俗信資料を「記号俗信」として区別したいと著者は考えているのである。

ここで、『常陸高岡村民俗誌』(7)（昭和二六）の生活俗信を見ていこう。

ムシオクリは日は不定であるが、七月に、稲粟稗などすべての作物を一本ずつ集め、それを藁で竹の先端へ結びつけ、部落境の川下へ行って流すことが行われている。

七月に作物に害を及ぼす虫を村境まで送る虫送りの事例である。耕作する作物の一本ずつを代表させて藁とともに竹の先に結び、おそらく鉦や太鼓、唱えごととともに送る鎮送系の呪術であることが理解できる。

歯の抜けた夢を見ると、縁起が悪いというので、足駄の歯をぬいて河に流す。身代わりになってくれるという。

歯が抜けた夢は凶事が起こる前触れという言い伝えがあって、そうした困った事態に身代わりになる足駄の歯を抜いて川へ流すというものである。前半を重視すれば予兆、後半を重視すれば呪術という範囲に入る俗信である。

ジュードノ様は、昔ささげの蔓につまずき、胡瓜の幹で片目を指してメッペーになった。だからその氏子は今でもささげと胡瓜は植えぬ。またその氏子は片目が小さいともいう。

ジュードノ様というのは十殿様のことで、この村の鎮守である。その神のいわれ話によって氏子である村人はささげと胡瓜を植えないという植栽禁忌があることを示す。片目の神や一つ目の鬼、あるいは一つ目小僧について全国に広がる一つ目伝承と同系統のものと推測される。

シノマキというものを風邪流行の際に三叉路に立てる。箸に線を巻いたものと、ナンバンと、ミミジロ銭とを篠竹に結び付けたものである。風邪神を送りだすためとも、入れさせないためともいう。

風邪の神や疫病神など人に災厄をもたらす厄神を、村に入る道辻にナンバンと呼ぶ唐辛子やねぎ、耳白銭すなわち文銭《ぶんせん》を竹に取り付けたシノマキと呼ぶ竹を立てて、その侵入を防ごうとする防塞系の呪法である。

わずか四例だが、生活と密着した俗信の例である。これらが、仮に諺化した形で報告されたとすると、村人の心意を理解するのには困難になろう。

呪歌の威力

「唱えごと」に属するものと思われる、当阿蘇郡に伝承されている、呪言・呪歌をば次に集録しようとするものである。当地方にては、この唱えごと一般の概念に対して、「うたよみ」との言葉が存し、——例えその形態はことごとく、三十一文字ではないにしても——、かくかくの場合には、かかるうたよみを行えば、その危難をば避けえらるると信じて、順次、次より次へと世を継いで、口承を経て来ているものである。

彼ら常民のこのうたよみに対しての感情は、その根底がかなり深いように思われる。「力をも入れずして天地《あめつち》を動かし、目に見えぬおに神をもあわれと思わせる」とのやまとうたの持つ徳によって、この唱えごとも、その多くが、この三十一文字の詞型をもつために、悪の範疇に属するものをば、この一首一句のもつ、ことだまの微妙なる呪力によって、威服せしめんとの心根より、出でたものと思われる。

なお、このうたよみを行う時の儀法としては、当郡古城村北坂梨にては、必ずこの呪歌呪句をば三度唱えて、最後にアブラウン(又はオン)ケンソワカとの真言を加え、口より息をフッフッと出して吹っかけるのであるが、この最後の行為は、確かに、息吹き、又は唾液の有する呪力によったものであろうと考えられるのである。

(「肥後国阿蘇郡俗信誌」(8) 昭和一一　八木三二)

熊本県の阿蘇郡を舞台とする唱え言の特集ともいえる調査報告である。唱え言といえばよく呪文と比較される。呪文は本来特定の集団に秘伝的に伝わる呪術的な短い詞章で、祈禱などの際にはしばしば印を結ぶといったような所作を伴う。それに対して唱え言の多くは、言霊という観念を基盤として五音や七音を中心とする音調を繰り返し、超自然を含む自然環境や社会環境に順応するための定型句である。真言や和歌などの形式をとって広く暮らしの中に溶け込んでいる。ここでは和歌の形式をとる唱え言である。筆者の八木三二は四〇もの歌詠みを(イ)「衣に関するもの」、(ロ)動物に関するもの」、(ハ)「身体に関するもの」、(ニ)「異変に関するもの」、(ホ)「夢に関するもの」、(ヘ)「其他、くさぐさ」の六項目に分類して解説している。

著者はこれらの歌詠みの意義を明らかにするため、①禁忌を犯した場合、②悪い前触れを感じた場合、③怪我や病気などの場合、④火事や地震などの場合、⑤用心のための場合、の五つに類型化した。結論からいえば、禁忌以下五つの事態に対してリズム感のある言葉による打開法を唱えている。しかも、それは呪術的な内容である。筆者の解説を加え、できるだけ多くを見ていきたい。

①禁忌を犯した場合

この地方では「寅と八日にもの裁つな、いつも袖に涙あふる」という俚諺があって、その日を忌み、「酉の羽重《はがさね》」といって酉の日を選ぶ。ただし織りをおり上げた日はいつでもよいが、どうしてもこの裁ちの悪い日に布を裁たなければならない時には、次の歌詠みをして難を逃れる。

佐保姫の教え始めし唐衣《からごろも》、時をも日をもいとわざりけり

元来、投げ捨てた櫛を拾えば縁が切れるといわれるが、次のように唱えて拾う。

悪事災難のがるべし

②悪い前触れを感じた場合

便所で時鳥の啼き声を聞くと、必ず大病になるか死ぬかといった難があるが、それをのがれるために、

ほととぎす、今日は初音と思うなよ、昨日もきいた　今日の古声《ふる》

また初時鳥の声を聞くのを忌むが、それを避けるためにこの歌詠みをすれば、その年の難をのがれる。初音を座して聞けば、その年は楽に暮らすことができ、寝て聞くとその年病多く、便所で聞くのが一番悪いとされる。

③怪我や病気などの場合

子どもが何かに、その頭を打ちつけた時は、

　アブラモンケン、蕎麦、猫、八幡大菩薩、と三度なで、フッフッと息を吹き付ける。

咽喉へ魚の骨を立てた時は、

　天竺《てんずく》の七ツが池の白鯰、鵜の咽喉《のど》通る鯛の骨かな

と三度唱えてアブラオンケンソワカと唱える。

妊婦の後産《あとざん》すなわち胞衣《いや》が下りぬ時には、次の歌詠みを三度してから、その腹を撫でまわすと、立派に下りる。

　天神の梅のこぶくに胞衣《いや》かけて、吹き来る風は今もいや

④火事や地震などの場合

火の玉を見た時には、

　人の玉か我が玉かはしらせども、つなぎ留たる下前の褄

と唱えて、三針縫う真似をする。

火事のある時には、神棚におまつりしてある伊勢大神宮のお守り札を下ろして、

　伊勢の神風、ホーイ　ホイ

と唱えて、それであおげばこちらへは倒れない。

⑤用心のため

子供が寝入ってから便所に起きる癖を止めるために、囲炉裏《ゆるり》の自在鍵《じぜーかぎ》の上部の竹に藁をゆわいつけて、

　どうぞ起きまっせん如《ご》ッ起きまっせんならこれを解きます

と、御願立て、この悪癖がなおるとこれを御願ほどきに解く。

火の用心の歌詠み、弘法大師作という。

　霜柱、氷のはしりに、雪の桁　雨の垂木《たるき》に、露の葺草

と三度唱え、アブラオンケンサワカを唱える。

　浮草の一葉なれども磯隠れ、心にかけて、浮きつ白波

と紙に記して財布などなくしやすい物に入れておく用心の歌詠みである。なくした時は手に唾をのせて、

　スズムシ、スズムシ、ノウナッタガ　ドチイタロカ

と唱えながらその唾をたたき、それの飛んだ方向をさがす。また、道に迷った時も同様にして定める。

このようにして見てくると、歌詠みは困難な事態に陥った時に、和歌的な形式で呪術的な方法を示すものだということが理解できる。

③の「体調に対して」と名付けた項目は、民間療法の呪法そのものであった。こうしたことから著者は和歌形式の唱え言を呪歌と呼ぶことにしたいと考えている。

イタチ寄せ

これは、病人が回復するか否かとか、天候や作物の豊凶やその他必要とされるあらゆることの卜占のために、

動物のイタチの霊力をかりる方法なのである。このイタチヨセの方法というのは、準備としては、鎮守様の前に燧ヶ丘の神前（祭場）を臨時にしつらえる。ここがイタチヨセの場所である。中央にヨリ（イタチの神霊がのり移るべき者）を坐らせておく。ヨリの周囲を五人なり十人なりの人々が囲んで立ったまま、イタチの神を拝んでいる。（引用者註―イタチをよせる人が印を結びながら）「だいけんにっそん日のう神、だいじょうがっそん月のう神、しんとうかじ」と呪文を唱えていると、ヨリは両手をはげしくぶっつけ合ったり、坐ったまま飛び上がったりするなど、神懸り状態に陥って託宣をするのであった。

　イタチヨセの神託卜占は、今から百年ほど前までは、内川の法印が来て行い、その後、法印が来なくなってからは、村人の中にそれをやる人がいたが、燧ヶ岳に参詣して信心をこめてやっても行《ぎょう》が足りなくてなかなかイタチがつかなくなり、最近次第にすたれてしまった。

　また、イタチよせの時は、村の人たちは野鉄砲とよばれている植物の幹で地面を叩きながら行ったともいわれている。託宣が終わった後は、再び前の呪文を唱えて、ヨリに憑いたイタチの霊に立ち去ってもらい、ヨリは再び常態にもどるのである。

（『檜枝岐民俗誌』[9]　昭和二六　今野圓輔）※

　イタチに対して、当時の人々はどのような気持ちを抱いていたのだろうか。『相州内郷村話』[10]（大正一三）によれば、次のようなイメージを持っていたようである。

　イタチはよく後肢で立って振り向き、人の顔をしげしげと見る。この時眉毛を数《よ》まれるとだまされるから、イタチのに出会ったときは眉に唾をつけるとよいという。

イタチは身体が非常に細く柔らかなので、小さな穴にも出入りすることができる。竹筒の中に這入って方向を変えて戻るとさえいわれている。敵を防ぐためという最後っ屁は、食物を蓄えておく時にも奪われないように臭気をつけるといわれる。その臭気は最後っ屁であるから、それを放ったイタチは仲間をはずされるという。

イタチの肉は冷え性の薬になるとされる。また、その皮は高価に売れるが、尾は白粉《おしろい》用の刷毛《はけ》になるという。イタチは人家近くに棲んでいて、よく糸繰り場をのぞくので尾の先が焼けているということである。

こうしたイタチの特性にあやかって、その霊を呼び寄せる呪術的方法がイタチ寄せなのであろう。イタチ憑きといえば通常、イタチの方が人に乗り移って、すなわち憑依《ひょうい》して悪戯や悪さをする意として受け取られ、乗り移られた人には何の意識も意図もないとされる。イタチ寄せは村人の困り果てた状態を何とか打ち破るために、積極的にイタチの霊を呼び寄せる行為を表す語として使われている。

その初めは法印の祈禱の手段として用いられたようであるが、法印が来なくなると村人の手によって行うようになる。村人の中に器用でそうしたことに関心をもつ人がいても不思議はない。民間の職業的宗教者はそうした人が何らかの切っ掛けを経てなることが少なくないからである。

祭場を鎮守前の広場にするといってもよいが集まりやすい場ということであって神信仰と関係をもつものではない。法印という民間の職業的宗教者を拠り所として成り立ち、村人による呪法へと変質したのである。野鉄砲による地面叩きなどは、小正月や亥の子のもぐら打ちを連想させる。この場合、場を盛り上げる厳粛な効果音なのかもしれない。また、イタチ寄せに参加する者は男性に限られ、女性は一人も加わらなかったようである。

以前から俗信は信仰や宗教の零落したものという捉え方がある。そうした事例もないわけではないが、むしろ民間の宗教者や芸能者などからの影響を見逃すわけにはいかない。

こうした行事が村のものとして次第に伝わることを、付記の野口長義「南会津の民俗」が教えてくれる。以下、そのまとめを記す。

二、三〇年ほど前まで、若者たちが面白半分にイタチ寄せをした。ヨリニン(依人)を定め、皆でそろって「オンシヨウシヨウソワカ、オンキリカタヤソワカ」と繰り返して唱えるうちにイタチが寄ってくる。ヨリニンはひざの上に両肘をついてしゃがんだままで飛び回る。そうして周りの人たちとの間で、「どこから来たイタチだ」「何々の沢から来た」などという問答が始まるのだという。

この事例は行事における民間の宗教者の影響や、次代への伝承など多くの示唆に富む。

丑の刻参りと呪いの木

昔からよく聞かされている話であるが、これは例の日独戦争のころにあったという実際談という話。

久玉村の権現山に毎晩白装束の女が通ったというのを見た人の話では、髪を振り乱し、頭上に六本の蠟燭を点じ、口に鼈甲の櫛を啣えその両端に又蠟燭を一本ずつ点け、背には一丈余りの晒しの布を母衣のように靡かせ、手には我がのろう人の人形を持って、一本歯の下駄で、頂上目がけて人に知られぬように駈けのぼる。

もしその姿を見つかったら、また日を改めてやり直さねば駄目である。又いちばん効験の多いのは、相手が病気の時である。

(『天草島民俗誌』(11) 昭和七　浜田隆一)

人を詛《のろ》うには生木に釘を打つ。この詛いがしてある木を伐れば、伐った当人が祟られるという。又その人の名を紙に書いて、それに本人の寝息をかけ、これに釘を打つ。人を詛っても対者の勢いが強ければ、詛いはかえって自分に帰って来ると云う。

ある女が、自分の夫が他に女を持っている事を親しい女友だちから聞き、非常に恨みに思い、川の水を汲みつつも一柄杓ごとにその女を詛う言葉を口ばしった。そのために、当の女とその事を知らした親しい女とが、二人とも病ったという。

これは女の詛いの言葉を川の神様が聞いてとりつかれたのだと聞いた。

（『壱岐島民俗誌』(12) 昭和九　山口麻太郎）

丑の刻参りは好ましくない相手を苦しめようとする意図を持つ呪術的方法としてよく知られている。呪《のろ》う相手に見立てた人形に釘を刺すという方法ならば刺す木の方にも意味がある。草木も眠る丑三つ時に、修験者や死に装束を思わす白装束を身にまとい、女の呪物としてよく用いられる櫛を口にくわえ、天狗を連想させる一本歯の下駄で権現山を駆け上がる。それに加えて、凄まじい形相であったことが想像される。

釘を打ち込む人形に呪う相手の髪の毛など身体の一部を入れたとすれば、それからその人に詛いが及ぶと信じた感染系の呪術ともいえる。そうでなければ攻撃系の呪術である。

二つ目の壱岐島の事例も攻撃系の呪法であるが、川の神という神の介在を信じたものである。

『筑紫野民譚集』(13)（大正一三）の事例では人形が刺される木、すなわち呪いの木に焦点を当て、その木にも意味があることを物語っている。

筑後三井郡御原村稲吉にややひろい溜池があって、その東岸に俚俗呪いの木と称する注連縄《しめなわ》をめぐらした径三尺ばかりの松の老木が茂っている。昔から、この木はよく人の呪詛《じゅそ》をかなえてやるという恐ろしい奴である。さて誰でも深い怨みを構えた相手を呪い殺そうとするものは、深夜人の寝しずまるころを見計らってこの呪いの木にお百度を踏むので、白衣の装いに身を固め小さい桶をさかさに冠って面を隠し、その内側に蠟燭を点じ、人目を忍んで呪いの木を訪れるのである。そしてかねて用意したテルテル坊主のような紙人形か、あるいはただ紙の上に憎い相手の五体を書いたものをとり出し、それに釘を当てて呪いの木に掌をもって打ちつける。もし一心不乱で呪詛の趣が容易に聞き届けられそうな場合には、あたかも槌で打ち込むようにどんどん幹の中に入って行く。

かくのごとくして、誓っただけの丑の時詣でが果たされると、呪われた者は苦しみ出して死んで行くが、しかし呪いの木の方でも初めの程は蛇を出したり百足《むかで》を出したりして、呪詛する者の胆力を試みる。呪詛する者がもしもこれを恐れるような小胆者であると、呪詛は却って反撥して来て、自分にあたり自ら命脈を縮めることになると言われる。又もしこの丑の時詣での途中で他の人に出遭うならば、その呪詛は全く効力を失い初めからやりなおしをしなければならぬ。

憎い相手を苦しめる呪いの藁人形の話はホラー映画の定番でもあるが、二〇一七年（平成二九）一月三一日の朝日新聞の朝刊で大きく取り上げられた。

釘を刺した人形で女性を脅したとして、脅迫容疑で男が逮捕された。丑の刻参りで知られる「呪いのわら人形」・呪いは犯罪か。

これがその記事の冒頭部分である。これまでも一九九八年（平成一〇）に、愛媛県で町長選で当選した町長の後援会幹部に釘を刺した藁人形を送ったとして、元町長が書類送検されたという。二〇一七年（平成二九）に、名古屋市で女性宅の敷地に藁人形を置くなどしたとして男がストーカー規制法違反容疑で逮捕されたということがあった。いずれも脅迫の具として使用しているが、それだけ藁人形に釘を刺すということの意味が知られているということである。

同記事によると、一九九〇年（平成二）ごろから「呪いのわら人形セット」の通販が登場し、東京の銀座には藁人形に五寸釘を打ってストレスを解消する「五寸釘バー」が二〇〇〇年（平成一二）ごろに出現した。さらに近年は呪いの代行業者がネット上に現れたという。

俗信は、人が生活していく上で支障を来す自然環境や社会環境に順応するための知恵や方法である。特定の個人を対象とする「呪いの藁人形」は俗信とは真逆の、社会に弊害をもたらす迷信として位置付けられる。

犬神持ちと祈禱師

今は昔、当国に犬神というて、他国の狐憑《きつねつき》と同じく、他の人に憑りて色々な祟りをなすものがあった。多くは女子などにその犬神を持つ常習者あり。他よりあの女は犬神持ちと呼ばるるが、栄養不良に神経衰弱的の顔色をなし、常に物思わしげに病的の相貌を備う。いったん何か悲しきか羨ましきことあれば、直ちにその目的の人に憑り、種々の業をなす。憑られたる人は俄かに容貌顔色変わり、今まで身に覚えなきことを口走り、犬神持ちの本人の言いそうな為しそうなことをなす。

かくて神官、山伏、祈禱師を呼び来たりて加持をなし、いずこより来たれる犬神か、いずこに来たりしか、その希望をいえというて、病人より希望をきき、その希望を叶えるようにいたし退去せしめるなり。譬えばその希望に菓物鮨を食いたしといえば、これを供給するに、病人はこれを喫してこれにてよしというて犬神は退散す。さてその後にて本人は茫然として虚脱し、今までの事は何事も知らず、夢の醒めたるごとくなるなり。たいてい犬神持ちの人は定あり。又これに憑らるる人も定あり。心なき人は少しも感ぜず又冒さるる事もなし。何某の祈禱にて退散せしむることもよく定あり。無論結婚などには、これを持つ人は犬神持ちの統として嫌わるなり。

（『土佐風俗と伝説』[14]　大正一四　寺石正路）

箕浦某とてかかる病気を能く治する人あり。先づ病者を裸体として体内に膨れたる所を見出し、犬神は此に居るとてつまみ出し、多くは爪の下より抜け出て治することあり。又成人の某の犬神持の家に行き、転寝して物語したるに、ふと覚えず倶に眠りたり。其人驚き醒むるに主人眠り居るに大き鼠ばかりの姿したる者枕辺に遊び居たり。あたりに竹のあるを取り叩かんとすれば、主人の鼻の穴に隠れぬ。これ即ち犬神の精にて、主人の眠りたるまま形を現はし遊び出たるなるべし。

（『土佐風俗と伝説』[15]　大正一四　寺石正路）

人に憑くと信じられている動物は少なくない。狐・蛇・犬神はその代表ともいえる。犬神現象は九州・中国地方に伝わる。家系的に継承していると信じられている犬神持ちの現象と、個人が実際に憑依する犬神憑きの現象とがある。

「祖谷山村の民俗」[16]（昭和一〇）によれば、スイカズラは讃岐で犬神をいう言葉である。鼠よりやや大きいくらいのもので、その家筋の女性には二匹、男性には一匹ほどがついている。しばしば囲炉裏の傍に来て暖まっているなど、その姿を見ることがあるともいう。自分の怨みのある人の所へ行ってとりつくと、その人は病気になり急に犬のまねを仕出す。その上精神面が鋭くなって自分のまったく経験したことのない昔語りをやり出す。また襖の向こうのことを言い当てる。

スイカズラを追い出すために太夫さんを呼んで拝んでもらっていると、どこの太夫さんが来ているとか、今何の掛け軸を掛けたかなどを言い当てる。一匹が人にとりついている間はもう一匹は気が抜けたようになっているから、捕えて黒焼きにして飲ませば退散してしまうという。

『祖谷山民俗誌』[17]（昭和三〇）には、菅生の不動の祈禱師の話として、犬神憑きの家が祖谷山にはなかなか多いという記述がある。犬神憑きの家では小犬を壺や桶で買っており、普通の家とはあまり通婚することはない。何かちょっとした争いごとがあっても犬神に追いかけられるからと、恐れられているという。

不動の祈禱師は追いかけられた家に頼まれて行く。病人に向かってお前はどこから来たかと問い詰めると、おおかた犬神憑きの家の方を指すという。何の怨みかと聞き、男の人の怨みの場合には左の乳、女の人の怨みなら右の乳を病人が示す。早く帰れと言うと、「帰るからいなあしてくれ、戸を開けてくれ」と言う。戸を開けると病人が起き上がって外へ走り出る。と同時に倒れ込む。それで犬神が落ち、全快するのである。

犬神のほかに、長虫（蛇）が祟った時にも祈禱師は頼まれる。大蛇は竜王さんだから祟らぬが、小蛇に祟られてよく寝込む人があるという。しかし、犬神のように蛇を飼って追いかけるということはない。狸憑きということは稀にあるそうだ。

犬神に追いかけられた人は着物の袂に犬の毛、狸神に追いかけられた人は狸の毛入っているなどという人もいる。ドンベ（トウビョウ神）に追いかけられた人に頼まれた祈禱師が拝んでいると、ニワの葉を積んである隅から小蛇が顔を出したので、家人に湯を掛けさせるとトンベが落ちて病気が全快したという。

ただ、祈禱師などの活動がそのまま憑き物の減少に結び付かないのは、憑き物と判定するのもそうした民間の職業的宗教者による場合が多いことと無関係ではない。

いずれにしても、犬神持ちの家系は婚姻の障害など差別されやすく社会問題にもなっている。丑の刻参りなどと同様、迷信として俗信とは一線を画するものである。

註

（1）瀬川　清子　一九五一『日間賀島民俗誌』刀江書院　大系第五巻所収
（2）中道　朔爾　一九三三『遠江積志村民俗誌』郷土研究社
（3）桜田　勝徳　一九五一『美濃徳山村民俗誌』刀江書院　大系第五巻所収
（4）早川孝太郎　一九二一『三州横山話』郷土研究社
（5）沢田四郎作　一九三八『飛驒採訪日誌』私家版
（6）内田　邦彦　一九一五『南総の俚俗』桜雪書店　大系第八巻所収
（7）大間知篤三　一九五一『常陸高岡村民俗誌』刀江書院　大系第八巻所収
（8）八木　三二　一九三六「肥後国阿蘇郡俗信誌」（『旅と伝説』九―五）大系第一〇巻所収
（9）今野　圓輔　一九五一『檜枝岐民俗誌』刀江書院　大系第九巻所収

(10) 鈴木　重光　一九二四『相州内郷村話』郷土研究社
(11) 浜田　隆一　一九三二『天草島民俗誌』郷土研究社　大系第二巻所収
(12) 山口麻太郎　一九三四『壱岐島民俗誌』一誠社　大系第二巻所収
(13) 及川儀右衛門　一九二四『筑紫野民譚集』郷土研究社　大系第二巻所収
(14) 寺石　正路　一九二五『土佐風俗と伝説』郷土研究社　大系第三巻所収
(15) 寺石　前掲書(14)
(16) 高谷　重夫　一九三五「祖谷山村の民俗」(『ひだびと』八―一一・一二、九―一)
(17) 武田　明　一九五五『祖谷山民俗誌』古今書院

附章　村落生活の諸相

秋の白川村（岐阜県）

シマの光景

アラグスク（引用者註―新城のこと）のシマは那覇から四里、首里から三里離れた処に在って、今日は沖縄県中頭郡宜野湾村の一字《あざ》となっている。二、三十年以前は路という路は首里に通ずる一筋の石っころの坂路があったばかりである。

（引用者註―部落を）通俗にはシマ（島）と称した。当時島は経済上から見ても、社会組織の上から考えても一つの単位を成し、外他のシマと対立し内自治権を行使して特異のシマ生活を形成した。

島は共有地を持っておった。これを地（ジ）と称した。島人はその一部の上に村落を作って各島人の屋敷に当て、不毛の部分を島人の墓敷地（一家墓地を三十六坪以内とす）とし、その他を耕作地とした。これを幾つかの部分に区別しその単位を一地とした。新城の島の地は他の島におけると同様、一ヵ所に纏《まと》まっておらず、他の島の地と入り組んでいた。

島人は一定の年齢に達すると地を与えられた。一地あるいは二地与えられるのもあり、一地を数人で持つ者もあった。一定の年ごとに地の割換が行われた。

島の男は島の女を娶《めと》るのが原則であった。しかしある島の男女と他の島の男女が結婚することも少なくはなかった。かかる場合男は自由であったが女はその所属島に若干の金を出さねばならなかった。

島には地人寄り合い（ジンチュ、ユレー。地人会議）と云うものがあって、島の大小の公事を決議し、ある時には判決のようなものを与えた。

島の政治は男子によって行われた。島の男子の間には年齢による階級があった。即ち、若者組、主組、大主組これである。若者組は更に弟児と若者頭に分かれ、余の二階級の命令を奉ずべきものとされ、殊に弟児に至ってはいかなる賤務といえども長上の命とあれば拒むことは出来なかった。

（『シマの話』[1] 大正一四　佐喜真興英）※

沖縄の村はシマと称する部落を中心とする自治制をとり、一九〇三年（明治三六）まで地割制度が行われていた。男子には年齢に応じた階級の組織、すなわち若者組、主組、大主組がある。相当の年齢に達すると、シマの男子はすべて若者組に入り、一定の役割や賦役を果たすことになる。わずか二、三人の者が筆算人として御殿などに奉公に出かけ、文字を習った。

主組はシマに四つある組の組頭やこれを統率する総聴となり、あるいはそうした職に就かずにシマの仕事に当たった。大主組はこれという役はないが、その言や経験が大いに尊重されるのである。

シマには三、四の氏族があって氏神を異にしていた。新城氏、宮城氏、島袋氏は宗家として他シマの氏子とともに血族団体を形成し、佐喜真氏、知念氏は他シマに宗家を有した。

これらの宗家は外来者以外、みな本末関係がつけられ、その大宗家はシマのニーヤ（根本）と考えられて祭礼には重要な役割を果たした。

シマにはもっとも神聖な場所とされるタキがある。いわゆる御獄《うたき》といわれる聖地である。新城のシマのタキは周囲一〇町もあろうかと思われる円錐形の小高い岳である。円錐形の頂には拝所がある。小さな瓦葺きのお宮であるが、それ以前には四尺四方ほどの石小屋の中に石神が置かれていたという。

沖縄本島の御嶽（琉球村）

タキの南方、シマはずれにジトウフィナカン（地頭火神）があった。その神屋はタキのそれに似て小さく、中に三個の自然石で竈《かまど》の形にかたどった火神体を置き、前に香炉石を供え、前面に五、六坪の広場があった。シマの拝所としてはタキに次いで重要なものであるという。

また、シマの入り口には石体が置かれ、シマを守護すると信じられている。すべての入り口というわけではないが、数か所にある。中には小さな築山を築いてかなり大きな石を置く。シマのケーン（返し）といい、邪神を返しシマに入れない意をもつ。

他の多くのシマはそれぞれノロと称する女官をもっていたが、新城のシマにノロはいなかったので、祭礼の時には野嵩のノロが来て祭りを執り行った。たとえば日照りの時には雨乞いをしたが、野嵩のノロが来てシマ人とともにタキに上り祈る。祈って歌って神石に水を掛けるのである。

シマの芝居は神を楽しませるために行われた。例年これをやらぬとシマに災いが起こるものだと信じられた。芝居をやらぬ年も、旧九月のタントゥイ（種取り）という種播きの日は大事なものとされ、男子はタキの前のタントイモウ（種子取原）という広場で祭礼を行う。三味を弾じ歌を歌って神をなぐさめるのである。芋を常食としているシマ人もこの日は米飯を炊いて食べ、子どもたちはススキの茎で作ったデームヤという多角形の笊《ざる》に盛って食べた。

奄美大島でも明治末期ごろまでは各字《あざ》、すなわちシマに必ず一人ないし二人のユタが住んでいたという。当時の人々はこうしたユタをオドンガナシと呼んでいた。そして、病人が出るとそのもとへ駆けつけ、病名などを占ってもらったり祈禱を頼んだりしていた。

ユタは一五、六世紀における尚真王の時代に組織が制度化されたノロとは異なる。ユタが民間の職業的巫女であったのに対し、ノロは薩摩藩の支配を受けるまで一部落に一人が任命され、ノロ殿内に住み、一定の耕地を支給されている祭祀者というものであった。

『奄美大島民族誌』(2)（昭和二）には、次のような筆者の体験談が記載されている。

大島では病人が出来ると医者より先に巫女《ユタ》のもとへ走る。巫女は瓶《かめ》に満たした清水に、いろいろの秘言を吹き込む。この水を病人に飲ませると奇妙に病気が治る。これを風法《かざほう》と云う。私（引用者註—茂野幽考）も少年時代に、巫女のかざほう水を母の手で何回となく飲まされた一人である。病気の時は、不思議に巫女のかざほう水が有り難いような気がする。その心持ちが病気を治すのであろう。

と述べた後に、秘言の一例として、

かざほう　悪祓ひ　ちばや祓ひ　すみゆきの　山田のあら江草　悪魔ふり　すみゆき

神風の風法　金城にじせたる　おみき酒　神木やろてくて　きみ木やろてくて　きさかに入れられず　きさとに入れられず　あすになすな　もとにもどすな

を示した。

「この風法は、現在大島のユタが、絶対秘密を守って外に洩らさぬ秘言である。巫女《ユタ》が、この風法を私に教えた後で、非常に後悔して、もう自分の風法はきき目がないと悲観していた」という。

風葬という葬法

明治初年に至り鹿児島の藩では、仏教廃止を行い島民の仏壇、位牌等を焼き捨て、全島の仏像の首は大官付役の手で皆突き落とされて仕舞った。

明治二年六月に、島内には高千穂神社を十三か所に建立した。大島に神道が普及されて間もなく、浄土真宗が再び布教されたので、それから、島民の葬儀は神仏混合の大島独特の葬儀に遷ったのである。

大島では、仏式埋葬に移ってから、死後三年又は七年の内に、改葬の祭りを行うことになっている。旧暦九月十六日の夜、改葬される人の近親の者が集まって、墓地に松明《たいまつ》を燈し、墓碑を倒して、地中の棺桶を掘り出し骨拾いが始まる。その時の骨拾いの役はたいていは改葬される者の妻又は姉妹か伯母に限られている。いよいよ頭蓋骨が出てくる時には拾い手の女はたいていい泣き出すのである。かくして全部拾いあげたら、甕に納めて祀り、その夜は親族が集まって、祝祭が始まり、三味線太鼓で踊り狂うのである。

改葬された骨は、先祖の骨壺へ一緒に祀るようになっている。


(『奄美大島民族誌』(3) 昭和二　茂野幽考)※

人々の生活に大きな影響を及ぼす時の政府の宗教政策。明治初頭の政府主導の近代化への動きは様々な制度的改革をもたらした。ここでは、奄美や沖縄の島々に特有な風葬という葬法への影響を読み取ることにする。

奄美大島では、風葬の骨は明治初年ごろに土地の人の手によって、耕地整理の名目で整理され、甕に納め無縁仏として墓地の片隅や村はずれに捨てられたという。

大島本島南部の東方村勝浦の場合は、昔から海辺に人骨が散乱して村の災いとなっていた。そこで村じゅうの人が集まって海岸近くにモー屋（木棚で囲まれた骨置き場で、徳之島戸野に現存するという）を作って、骨を納めこれを祀った。しかし、ある年の暴風雨によって消失したのである。また、至る所の洞穴にはどくろが散在していた。そうしたどくろの鼻に木の枝やこよりなどを挿すと、どくろの霊のためにくしゃみをさせられるといって、子どもたちはいたずらを避けたという話もある。

「久米島民俗断片」(4)（昭和六）によれば、久米島の宇江城、比屋定、阿嘉の海岸絶壁の洞穴には古墓がある。たとえば、阿嘉の絶壁をなす砂岩層中の洞穴ではその入り口に石を積みその中を墓に利用しているが、その墓場に祀られたものの子孫は今なお正月一六日手製の御馳走を供えて墓に参るのである。七年に一回はこの墓の入り口を開いて祀る。これをゴーリと称する。以前は牛を殺して祀ったが、今は多く鶏または豚を殺して供える。現に大正一四年（一九二五）にはゴーリを行った。時期はその年の一一月であるが、紙を四つ折りにしたものを骨の上に置く、という。

島によって多少の違いがあるようだが、いずれにしても、沖縄地方の葬法をおおまかに捉えれば、風葬から一定の期間を経て洗骨し、祖先の甕や墓に納められるという順序から、風葬に変わる土葬から洗骨、そして祖先の墓へという変遷をたどっている。

奄美大島では、「人が死ぬと笠利土浜のイヤン屋（岩屋）の洞穴を通って、冥途即ち後生極楽浄土へ旅立つ」と信じられているという。そうした心情を物語るような話もある。

御維新ごろまで、与人（役人）や豪家の者が死ぬと、死体を岩屋の入り口まで送り、しかして更に墓地へ移したと土地の古老が語った。又岩屋の前には恐ろしい大きな神様のような番人が立っていたとも話したことを記憶している。

そのころの病人の魂は、身体を抜け出て、後生の道へ走ったと云い、昔巫女《ユタ》が先頭になって、その魂を迎えに馬を牽いて岩屋に出懸けたと云うことである。これは去年名瀬町で加計呂麻島の古老から聴いた話である。

本人は若い時、豪家林前織の魂を迎いに馬を牽いて行った。空馬《からうま》で行った馬が、帰りには、いかにも人が乗っているように重そうに歩き、また途中で馬に出会った人には、前織の姿が見えたとのことである。

一口に風葬といっても、棺を海辺や山裾、洞穴、あるいは築造墓に置き、一定期間の後に洗骨をして、先祖の墓や壺などに納める。この洞穴の魂迎えは、風葬から土葬に移行する過程において、風葬の背景となっていた洞穴に対する考え方が反映した儀礼と思われる。

墓地へ埋葬する前に、冥途への通り道と信じられている土浜の岩屋へ死者の魂を送る。しかし、おそらく若くして病死した人の魂は、身体を抜け出て後生への道を走り去ってしまう。そこで、葬送の手順を踏むために、その魂を迎えねばならない。そうした考えに基づく行為だったのであろう。

なお、目に見えない神霊や霊魂の存在を、送迎する馬や人の様子などによって推測するという伝承は広く聞かれる。

士族と餅なし正月

肥後の葦北、薩摩の出水両郡と天草下島の間に在るのが出水の長島だ。長島は二村に分かれている。指江《さすれ》を中心とする島の西部を西長島村と云い、島の東部及び伊唐《いから》、葛輪、獅子の諸島を合わせて東長島村という。

甑島で士族の多いのに眼を丸くしたが、これは薩州一般の国風で、したがって長島も御多分には洩れていぬ。やはり麓と在とはチンと区別がしてあったらしい。この地の郷士の邸宅をちょっと御紹介する。まず厳めしく屋敷のまわりを石垣でとり囲み、(引用者註―玄関の前に)見越しと称する石垣をも設けている。そうしてその大なる特徴はオモテとナカエとを、棟を別にして建てている事であった。すなわち囲炉裏と臼ン庭のある常住の間と玄関、客殿のあるオモテとは別に切り離して建てていた。

しかしこういう家もナカエとオモテを切り離しておくのは不便ゆえ、その間にゲヤを下し廊下をつけて繋いでいる所が多い。

この島の旅の終りになって、普通の人たちは掘立《ほったて》小屋に住んでいたのではないかと思ったが、これはあるいは獅子島だけの事情であったかもしれぬ。獅子島ではほとんど掘立小屋であったという。むかし平民はぜひ掘立家にし、窓には萱蓆を垂れねばならなかったという。しかしこのふうはあながち長島ばかりの事ではなく、天領であった天草御所浦島でもそうであったように思う。この島の嵐口、本郷は共に近年焼き払われたが、火災を免かれた小漁家の中には、土台石を用いてはいぬ家が二、三あった。土台石にし得るような石が、少なかったからかもしれぬ。

家の事はそれでよいとして、長島の在中宿《ざいなかやど》(濡れ草鞋を立ててこの島に移住した家)の衆は、地頭郷士の公役には随分泣かされたようにも云うていたが、それは記憶の薄い昔の事であり、それに一概にも云えぬ節《ふし》もあったかもしれぬ。

いまだこの地方では士族平民の区別が幾分物を云っている。


(「肥前平島と出水の長島」(5)昭和九　桜田勝徳)※

長島本島では氏神が多く祀られている。氏神といっても祖神や産土神とは別で、一家ごとに有しているという。ただし、持っているのは郷士と本屋敷だけのようで中宿の人は持っていない。

多くの場合、一家の中の本家の庭隅などに祀られているが、山裾の藪の中にも祀ってある。藁で作った小祠か地蔵堂ほどの大きさの堂を持つ戸数の多い一家もある。藁の場合は毎年作り替える。氏神祭りをウジマツリといって、一〇月から一一月にかけて行われる。氏祭りには各家の氏神に神官《ホイドン》が詣り幣を手向け、神官がお宮下りといって氏子中の本家に引き返してくるとそこで酒宴を催すことになる。

この氏祭りに竈《かまど》祭りを行う家が数軒ある。カマヤの大竈の上に大きな蒸《む》し籠《かご》を置いて、これに火を焚きつける前に神官が幣を奉るという。竈祭りを行う家はごく限られた数だが島の古い名家であり、正月には餅を用いないという家例を守っているという。いわゆる「餅なし正月」である。正月の雑煮に餅を用いずに、その代わりに毛のついたままの里芋を使うというものである。そのいわれについては様々な話を伴うが、ここでは先祖が急の出陣で餅を搗く暇がなかったためと伝えている。もっとも、こうした家例を持つ家は必ずしも竈祭りを行う家ばかりではなく、旧家にはよくあるようで、筆者桜田勝徳は近隣の阿久根の郷士の家でも聞いたという。

一一月に行われる山祭りももとは盛んであった。伊唐、葛輪、獅子の三島では部落ごとに山神を祀っており、本島では個人でも立ち木に注連縄を張った山神を有している家がある。元浦では天神社の脇の田を山の神の田として交替で作り、山祭りの費用とする。

御所浦では豆の飯の握り飯をたくさん作るが、その半数のものに梅干大の小石を入れる。この石が入っている握り飯を食い当てた人は、実が入っているといって大いに喜んだという。山の神の祭りといってもその主旨は豊作を願う祭りだったといえる。小石を入れた握り飯は小石を稲の実に見立てる見立て系の呪術であり、個人単位の年占《としうら》でもあった。

次に神仏と禁忌とのかかわりを思わせる事例に触れておきたい。

長島には大正六年の合祀前には一六の氏神があったが、長島に兎が一疋もいないのはこの氏神が嫌っていたからだという。

この地には天神社が四社ある。他の神々の御神体の多くは鏡か石だが、天神社と獅子島の七郎権現だけは木像である。その天神像はいつも片目が小さいといわれていた。最も高名な薄井の天神の氏子は、少年のころは御神体のように片目が小さいという噂があった。また、天神様は白鶏を嫌われるというので、氏子は鶏を飼わなかったという。獅子島の七郎権現は獅子谷七郎という神様で、雉《きじ》の羽で作《は》いだ矢に当たって死なれたためにこの島では雉というだけでも立腹したという。そこでイワズノトリと言ったが、今では島人でも雉と言うらしい。「イワズノトリ」がこの島での忌み詞の初めといえるのかもしれない。

流人島と地下《じげ》の生活

私の渡ったのは大島と相島だけで、櫃島・尾島・肥島・羽島の小島の事はまるで知らぬが、尾島だけはすぐ傍を通ったので船上から一見した。他の三島のことは知らぬが、この島も農業を本としている事だけは確かである。

大島も相島も現在は麦・芋・大豆を主に植え、相島では赤い実の黍をも相当に作るらしい。黍稈の箒をかなり地方へ輸出している。大島の部落内は比較的水が豊富であり、幾つかの共同井戸と、清らかな一つの流れ川(泉)とがある。相島はいずれの家もその屋根に落ちた天水を桶にうけて、外庭《ほかにわ》の井戸みたいに深く掘った池に注ぎ込んでおき、これをもっぱら日常用水に充てている。

両島は昔毛利藩の遠島島《えんとうじま》（流刑人をこの辺りの人は遠島者という）であり、この制度は地方《じかた》との大きな綱でもあったらしいが、しかし地方側から云えば厄介者をこの島に隔離したにすぎなかっただろう。

もっとも角島もそうであったと云うから、広く島々に厄介払いしたものとみえるが、島のほうではさぞ迷惑であったろう。相島では幕末ごろ遠島（流人の事）があまり多く入り込んだため、非常に不安を感じた事さえあったと云う。大きな島では流刑者を部落から切り離しておくという設備もあったろうが、相島などはほとんど雑居であったらしい。それで遠島が来れば地下《じげ》は順繰りに世話をしなければならなかった。この当番に当たった家を濡れ草鞋《わらんじ》と称したと云う。相島の地下《じげ》では家ごとに遠島小屋というものを構え、この設備の無い家が濡れ草鞋に当たると、奥の一間でも貸さねばならなかった。

この流人の中にはもちろん旦那もあれば襤褸《ぼろ》着《ぎ》もあったが、彼らが来島すると、先ず濡れ草鞋に地下一同を招いて馳走し、披露と挨拶をした。これを顔見《かわむ》せと称したという。いわば流人は仲間入りの酒みたいなものを買わされたわけである。

濡れ草鞋には無論扶持が下がったと云う。扶持と云っても遠島米《えんとうまい》という最も悪い米があてがわれ、流人はこれを自炊して喰ったというが、そのころの島人は毎日何を喰べていたろう。おそらくは最も悪い米だって、喰いはしなかったであろうに。

（「長門六島村見聞記」[6] 昭和八　桜田勝徳）※

幕藩体制下の流刑人を受け入れる島人にかかわる伝承である。貧しい時代に島に流刑人を押しつけられた人々の苦しみは想像を絶する。「そのころの島人は毎日何を喰べていたろう」と思わずにはいられなかった筆者桜田勝徳の心中が思いやられる。

相島は設備不足もあって、島内の農民すなわち地下《じげ》とは雑居状態であった。それだけに流刑者を部落から切り離した流刑地とは異なった生活があった。流人が地下人に悪さをすれば島換えになったというが、庄屋などが地下の若者を使って性悪者を簀の子巻きにして懲らすようなこともあった。また、流人同士の悪事やいさかいの際には遠島仲間が制裁を加えるということもあったらしいが、大島には流人に算術や書を習う者もいたという。

そうした相島には瀬川清子も旅し、「相島日記」(7)(昭和一三)を記している。

二つの報告から俗信と見なす儀礼や習俗を取り上げてみる。

まず年中行事に属するものから、節分の豆撒きの豆、鬼の豆について、これを膚につけていると厄病に罹らず、航海中靄《もや》に包まれた時、この豆を口中に含んで吹き出せば、見る見るうちに三、四丁の靄は晴れるという。節分の豆が厄病除けや航海安全の靄除けになるというものである。

コメノオミクジといって米を神前に供え、それを少し摑んで上へ投げ、掌で受ける。この時米の数が丁ならば吉、半ならば凶であるという。期日は不明だが米占の一種であることから、正月あるいは小正月の営みであろう。

農神祭は藁で実盛の人形を造り、それをもって田畑を巡り、その後海へ流す。これは藁人形に実盛という名を付けてはいるが、実際には夏季に多く行われる虫送りの一種である。鬼や作物に付く虫、流行病《はやりやまい》など生活上差障りがあるモノに対して、人はそれを除け、祀り上げ、送るという対応をとる。この場合は「送り」という鎮送系の呪法である。

次に産育習俗を見ていこう。

産着として定まったものはない。生まれて三日目までは、着物を裏返しに着せ、その後普通に復す。家によっては、子どもが多く健全に育っている家の子の産着をもらい、それを着せる。生まれたばかりの生児に一定期間産着を着せず、袖のない洗いざらしの布などで包むという風習は広く見られる。裏返しの着物を着せるといってもこの地では葬送とは無関係のようで、袖のない着物を着せるなどと同様の心情の表現であろう。多産で健全な家の産着を貰うのは、あやかり系の呪術である。

妊娠五か月か七か月に帯祝いとして産婆及び嫁の里方のものを招いて祝いをする。この時、箒の神を祀る。また、産をよむ（臨産のこと）箒を立て、それに神酒を供えた。

産の神、いわゆる産神は穢れを厭う日本の神々にあって唯一出産に立ち合う神とされる。ここでは箒神がそれにあたる。しかし、神位を有して常時祀られているものではない。箒と女性の結び付きが強いことから箒の神が生じたのであろう。それだけに「女は箒を跨いではいけない」という俗信も広く分布する。箒には集める働きと散らす働きがある。産むに足るだけの霊魂を集める出産の箒、葬儀の際に二度と霊魂が戻らないようにとはき散らす出棺の折の箒、ともに人の生死にかかわっている。

生児の夜泣きがひどい時には、ヨナの埋めようが悪いといって、大夫を招きヨナ祭りをしてもらう。ヨナすなわち胞衣は、臍の緒、爪などと同じようにその身から切り離されても身体の延長と考えられてきた。

最後に葬送儀礼を見ていこう。

人が死ぬとすぐその枕元に、丸い握り飯を作り、それを膳の上の茶椀の上にのせておく。これを枕飯という。人が死ぬとその仏はすぐさま信濃の善光寺まで行く。戻ってくるまでの間に、ぜひ枕飯を作らねばならぬという。大島では故人が生前に使用した椀に、飯を高く盛り、それに箸を十文字に立てるという。

握り飯であれ高盛り飯であれ、別火によって早く炊き上げるというのが一般的である。ここでは枕飯を早く作る理由を仏が善光寺から帰るまでと伝える。善光寺に行く時の手弁当と解説する地方もある。どちらにしても、枕飯は死者の霊に供える祭祀系の呪法である。

人が死ぬと枕飯を作る一方で、他の者は水を汲みにいく。湯灌に使う水である。この時水を汲みにいく者に向かって、必ず家から「早く帰れよ」と呼びかける。それで平素は水汲みに行く者に向かって呼びかけることを忌む。湯灌を行うについては様々な決まりがある。荒縄を帯やたすきとして使い、水に湯を足して温度を整え、その湯は床下や直射日光の当たらぬ場所へ捨てるなどである。葬送習俗には告げ人をはじめ、何かというと一つの行動を二人あるいは複数の人によって行う。その多くは穢れや忌みを防ぐという意味を持つ。

火打ち箱と年男

年男の譲り受けは火打ち箱でなされます。私の父は十人もの兄弟がありましたので叔父たちは小学校の終わりごろになると順次にその兄からこの神聖な切り火の道具を譲り受けたのです。私も尋常五年のころいちばん若い叔父からこの年男の唯一の道具を譲り渡されました。そしてしばらくしてやはり小学生であった弟に譲ったのでしたがただ一人の弟が成人して家を離れると年男の仕事は長男である私に逆戻りしていました。やがて自分が四十男になって子供に改めてこの仕事を譲るまでこの火打ち箱と古い家の習俗とを守り続ける立場となりました。

日本武尊が御東征の折御叔母の命からお受けになったのも燧《ひうち》の道具であったと申します。火が神聖なカミの象徴であるならば火打ちの道具は古くその祭具として現在のマッチと異なる用途をもったものと思います。現在私の家で使用しておりますのは、石は普通燧石という半透明の石英質のもので金は銅で厚さ二分幅一寸長さ二寸五分程の長方形の板であります。板の中央に「吉井」と刻してありますのは、明治の始めまで火打ち金の産地で名高かったあの多野の古駅の名前でありましょう。古くから使った金は撥《ばち》形に中央が凹んでおります。ホクチは昔から手製で、麻の苧殻のよく乾燥したのを焼いて作った消し炭であります。

火打ち箱の構造は中に仕切りのある細長い四角の箱で、中央の仕切りによって一方が石、金、付け木などの入れ場所一方がホクチ入れとなっています。ホクチ入れの方はちょっとしたつまみのある落とし蓋があって、使用後自然に酸素の供給を絶って消すようになっています。燧石と火打ち金との打ち合わせによって発した火花はホクチにうつり静かにひろがります。これを付け木にとってお燈明の燈芯に移すのです。

（『習俗歳時記』(8) 昭和一六　今井善一郎）※

「赤城山西南麓農家の年中行事」という副題を持つ歳時記の一節である。地域を代表する旧家の主人が、年中行事を中心に一家の有り様を詳細に記述、報告されたものである。

年男といえば通常正月迎えの準備から年棚の設置、年神の供応などの仕事を担う男性で、多くの場合その家の戸主があたるが、長男や下男が務める地域もある。この地の今井家では父親の兄弟が一〇人もいたことから小学校を終える年頃から順次年男を担った。その象徴が火打ち箱の譲り渡しだったという。年男の継承性を重んじたようであるが、その後筆者の代になると弟が独立したことを機に長男である筆者に逆戻りする。父の代は兄弟が多いため、全員に年男の経験をさせようという祖父の計らいによる一時的なもので、火打ち箱の譲り渡しは本来世襲的なものだったのであろう。

その内容について見ていこう。火打ち箱に納められた火打ち道具は正月や盆には何度も使われるが、平常の月に神様に上げる火はすべてこれを用いる。少なくても一日、一五日、二八日の三日《さんじつ》の前宵はこの火を上げるという。火打ち箱の譲り渡しは単に年男の継承ではなく、その家の神仏の祭祀権の継承、つまり、家の相続をも意味するということになるのである。

この火の取り扱いには二つの注意がある。決して火に息を吹きかけないことが一つ目。神の火は口で吹くものではないというのは、気持ちで受け継がれたものである。消す時は手による風で消す。二つ目は灯明の油をこぼしてはならぬこと。もしこぼした場合にはどんな寒中でも裸で水を浴びるよう申し伝えられているというのである。

年男を中心とする準備であるが、注連《しめ》を綯《な》うのは一二月二三日の夜である。家の男だけ先に湯に入って体を清める。この夜は主婦でも後に入る。最も大切な注連は年神様の前に揚げる「オカヲカクシ」で、注連の同体に玉結びの垂れを付け、そこに楢を半割りにして黒く焦がした焼け木、蔦《つた》、干し柿、昆布を同時に結びつける。

注連綯《な》いの夜はこのほか年神様の上がる敷藁を作る。神様の食物を作るのに用いる箸や杓子を入れるものも藁で作る。

注連綯いの次は「オマツ切り」で、一二月二五日ごろの暦の上のよい日に松切りに行く。「お飾りつけ」は二八日の朝行う。この日は餅つきの日でもあるので、手分けして夜明けまでに正月の装いを整える。年神様の棚の前には塩鮭、青昆布、するめ、蜜柑、末広などを青竹につけて吊るす。このほか、今井家では諸帳簿を小机にのせて大晦日の夜から元日一日だけ年神様の前に供えておくのが家例という。

一般には節分に豆撒きをするが、今井一族だけは大晦日に豆撒きをする。言い伝えによれば遠い先祖がその主君と戦死したのが一月の二一日であったので、その子どもたちは節分に豆撒きが出来ずに大晦日にする家例となったという。

大晦日の一日が終わると、年男は湯に入って体を清め、神仏の火を切る。その同じ火が囲炉裏の豆木に移され豆が炒られる。炉を焚き、頭と尾の二つの部分に胴切りされた鰯がふたまたの柊《ひいらぎ》の枝にさされてあぶられる。少し焦げてくると、炉のまわりの人に順次手渡される。これを持った人は農作物を害する虫に対して呪文を唱え、つばをかけて炉の火にあぶって次の人に渡すのである。「虫の口焼き」である。一つ一つ虫の名を呼ぶことも、一度にその名を唱えることもある。害悪除けとして、一年じゅう出入口の上に飾っておく。

炒り上った豆は一升枡に入れられて年神様に供え、年男を先頭に豆撒きが始まる。豆撒きが終わると一度神棚へ供え、豆茶にして飲んだり、新しい年の数だけ食べたりする。この豆は「鬼の豆」といって少しばかり瓶に入れて神棚に置く。筆者の父は村の問題や心配事がある時などは、この豆を三粒ほど口に入れて行ったという。

聖域を示す注連は昆布や末広という縁起のよいものを結びつけるだけでなく、同時に焼き木などの害獣除けや厄神除けとする焦げた木片を取り付けている。祝いと祓えは一体となっている。節分や大晦日という年の境に正月様、年神といった神霊とともに、厄神や鬼が訪れるという言い伝えは全国に流布して、焼いかがしや道切り、豆撒きなどの呪法を通して追い払う行事が営まれる。

番太と借金返し

大阪府豊能郡歌垣村は能勢妙見山の北方に位し、丹波とその境を接している。田尻川と呼ぶささやかな小川が村の中央部を流れ、その川の西北と東南の山裾に部落が相対峙して散列している。

この村の世帯数は大正初期より現在に至るまで、ほとんど大差なく三三〇前後を示している。村の産業の主たるものは農業であり、生産価格の点よりみれば農作物にほぼ匹敵していた工産物が昭和五年より二十万円を超えて農産額の上に出ている。

この村の工業の主なるものは造酒・醤油製造・寒天製造で、造酒は宝暦のころ一六五石を産し、この盛衰はむしろ緩漫であったと推察せられる。この村が産業組合を最も早く組織したのは、大阪の問屋による不如意がちな寒天製造者たちが明治三十三年の始めに頼母子講同仁会を組織画策中に産業組合法が発布になり直ちに組合を作ったためである。

今日でもこの村に入って来る者ははなはだ多い。たとえば酒醤油醸造の杜氏、寒天製造の職人らは、毎年冬が来るころ峠を越して丹後・丹波よりやって来ている。寒天製造に電力を用いなかった以前には、その職人中に婦人もまじっていたという事で、婦人は主として石花菜《てんぐさ》を唐臼で踏む役を勤めたという。婦人の数は一釜で三人ぐらい、この丹後の女がこの出稼ぎを機会にこの地で縁組みした例は少なくなかったらしい。

この地では同苗字の団体を株と云い、中津姓を名乗る者は中津株、奥姓を名乗る者は奥株に加わっている。この地では入株またはつきあい株と称し、他所人が株に参加した例は多いらしいので、株内に入ればその苗字に改めねばならぬ。

株でも必ず地神様を祀るとは限っていぬ。祀られている地神様はいずれも株内の共同神であり、その祭りは神々により日を異にするが、多くは九月十五日が神をいさめる日であるという事である。

（「歌垣村記」(9)　昭和一一　桜田勝徳）※

京都府の丹波と接している大阪の豊能郡の山村の村事情である。

ここでは、共同体という側面から村を見ていこう。同じ苗字団体の株や産業組合のほかに結《ゆい》も地域共同体として大きな役割を果たしている。また、共有地は共同体を支えるものとして存在する。まず、多くの地方で村の影の部分を担っていたと思われる番太について見ておくことにする。

この地には以前、普段は髪結いを仕事とする番太が二人いて、何か事が起こると罪人捜査やその捕縛に当たっていたようである。番太への給料は庄屋が支払っていたが、このほかに正月には袋を担いで各戸を訪れて餅をもらって歩くという余禄を得ていた。また、何かにつけて無心し、米麦が不足すればもらい歩いた。

しかし、番太のあまりに無法な振る舞いに対する村の制裁として威力があったのは、軒別という仲間はずしに等しいもので、株内や垣内の間で行われた。実際に老人たちが行った軒別は、博奕を打っている現場を見付けた時の制裁であったという。こうした際の詫びの入れ方は、必ず仲人を中に立てて寄り合いの機会に酒を出して詫びるというものである。町とは違って村ではこうした者が、どんなに剛腹な者であっても一本立ちするのは無理であったということである。

同一労働の労力交換である結をこの地方ではカッタメというが、タメはこの地方では広く贈物に対するお返しを意味する。このカッタメは株や講などとは別に、気の合う同士が二、三軒ずつ組んで、田植えや田草取り、麦畑の畔かきなどに取り交わすのである。

共同体に欠かせないのが共有地であるが、共有の野山で青草を採る口明けは以前は半夏生の日で、この日から牛を追って草を刈りに行った。コエカリと称するこの草刈りに共有地へ行く道は部落ごとに決まっていて、それ以外の道を通ってみだりに立ち入ることは禁じられていた。なお、私有地の山林でも鋸を持っていくことは禁じられているが、鎌だけ持って入るのであれば、誰の山でも自由に入ることができたので、枯れ木や枯れ葉の類いは制限なく集められる。

個人の家建てには近親や近所の協力が必要となる。地搗きに加勢を依頼しておくと、皆が手伝いに来てくれる。地搗きは戌《いぬ》の隅の柱の隣を搗き始めとして戌の柱で搗き始めとして戌の柱で搗き納める場合と、大黒柱で搗き納める時とがある。この地搗きは酒を飲み、伊予の瓢箪の唄をうたいながら時間をかけて二日間ぐらいで搗く。棟上げも長い時間をかける。家移りの時には黒豆を入れた粥を炊き、株や近隣の人を招いて酒宴を開く。そして、夷《えびす》祭りといって新宅の座敷で人形をまわした。

次の事例は共同体とか協力仲間と言えるものかどうか疑問を持つのだが、参考までに記す。

借金を返す手段として相撲や芝居を勧進するというものである。まず借金をして返済に困っている者が世話人を頼む。そして、一人相撲や仲間をかたって芝居をする。人々は世話人の顔に免じて仕方なしにこれを見物し、相撲や芝居をしている者に祝儀をやる。これによって借金を返すことが、ことに牛馬商の間に多かった。

『岡山県土俗及奇習』(10)(昭和八)によれば、牛馬の飼い主によって万人講が行われる。講といっても信仰集団ではない。牛馬が死ぬと飼い主は近所の人たちに頼み弁当を出し、それぞれの縁故をたどって銭を集めてもらう。それで死んだ牛馬の供養をし、かつまた新しく買い入れる資金にしたという。岡山付近でも維新までは盛んに行われ、殊に貧しい人のために骨折ったようである。たとえ縁もゆかりもない者でも多人数で来られて、「誰某の万人講でござえます。お志を」と言われると、多少にかかわらず出さねばならなかったという。

筆者島村知章は一九二八年(昭和三)の夏、久米郡打穴村の山中で、牛の供養塔婆の傍らに銭を恵んだ人の名を記した建て札と出会った。その後も御津郡一の宮村でも見たが、この時は七寸幅一尺ばかりの板片に名前と金高が書かれていた。それによると、二〇人ほどでいずれも一〇銭ずつであったという。

主婦権と若者組

山口県佐波郡柚野《ゆの》村は、北に長くのびる佐波郡の最も奥地の山村である。

家の古さに黒光りする大黒柱、幅広い桁や梁を背景に、家族―祖父母、父母、子供たちと少なくとも三代のものが一緒に生活し、しきたりを持ち続ける家族生活が展開されているのである。その性格を一言で言えば、「家長的家族制度」というべきものであろう。それかといって、家長が家族員に対して強大な家長権をふりまわしているというわけではない。ただ自然のままにしきたりに従ってそうなされ、そうしているにすぎない。

家のうちでは長男は、「兄がしら」といって、弟たちより優遇される。サシミの添えられかたは、家長ついで老人があれば老人、そしてまず長男である。格式をいう家では長男に風呂たきや炊事の手伝いはさせない。「女々しい男になっては大家がつげない」というのである。兄弟喧嘩は兄弟ともにしかられるが意見が異なる。「兄は家をつぐのだから弟は兄のいうことをきかねばならん」という意味の弟への小言。兄へは「弟は兄の相談柱でさきざき兄を助けてくれるものだから可愛がってやらなくては」という意味の小言である。正月の年男は長男、次男以下はやれない。齢が若いと言うだけではないのである。

娘の子は男兄弟にさからわぬものとさとされている。もしも喧嘩をすれば―それも得てして男兄弟の誰かが手出しをするからであるが―しかられるのはいつも娘の子であるという。

娘へのしつけは常住坐臥、いつかはとつがねばならぬその日の嫁づとめを対象とする。「女の子は人のあずかりもの」とよくいわれる。その責任は母親にあって、日常のしつけは男の子にするしつけとくらべて、細かいところにまで気を配り、きわめてきびしいものとなる。きびしければきびしいほど、娘を思う愛情のあらわれと観念されている。「むこうの（とつぎさきの）味噌の味を変えるな」が、古くはとつぐ娘にさとされる言葉であった。
（『柚野民俗誌』[11] 昭和二九　松岡利夫）※

筆者松岡利夫のいう家長的家族体制の様子である。強大な家長権による家族支配ということではなく、伝統的な仕来りに従った「過去とともに行きつづける村の家族のすがた」である。

山村なので時たま新しい魚が入ると刺身にするが、家族に行き渡らないことがある。そんなときには、「お父さんはようしんぼうしてじゃから」とお酒も付いてまず家長にと、ごく自然に配膳される。また、家長が旅に出ているときには陰膳がすえられる。他の家族については出征時に限って行われるものであった。

それに対して、家長の妻たる嫁の苦労話は多く聞かされたようである。この村ではこの報告書の一、三〇年前までは、嫁の主だった働きは野良仕事と機織だった。「嫁は五畝植え」が一人前、機織は一日一反が日機といわれていたが、嫁には雑用も多く実行はなかなか困難であった。ところがこの日機が織れないというので、里に帰された嫁がいたという。

嫁は労働力と見なされ、離縁については舅や姑の影響力が大きいものであったことを物語る。

また、四人の子どもがあるにもかかわらず、シャクシクビが渡されないので、炊事のたびに米と麦の割合を姑に尋ねる嫁がいるという話もあった。

シャクシクビは単に御飯時の杓子を意味するものではない。シャクシクビを渡すというのは家庭経済全般を取りしきる主婦権の譲渡を意味するのである。こうした大きな意味をもつので、譲渡すると世渡しといって親戚を呼んで宴を催す。『祖谷山民俗誌』[12]（昭和三〇）によれば、一升枡にお米を入れてその上に杓子を二つ置いて、姑が皆の坐っている前で渡したという。通常は嫁に来て初めの子どもが出来ると、その子の名付けの祝いの日に譲られることになっている。

近代家族と位置付けられる核家族が誕生するまで、嫁にとって「主婦」は自らの努力と忍耐によって獲得しなければならなかった。こうして長年の嫁苦労を経て世渡しの披露を迎えても、こんどは一家の主婦としての苦労が始まるのである。

話は前後するが、まだヨバイの行われていたころは、本人同士の意志による結婚が見られていたようである。以前は一五歳になると若者組に仲間入りをして結婚と同時に若者組を退くが、結婚しなくても二五歳からは自由であった。この若者組には若者宿があり、若者仲間であれば誰でもいつでも泊まれた。宿親・宿子の関係は親密で、特に恋愛については相談しあった。結婚式には必ず宿親を招き、農繁期には宿子が手伝いに行った。

この若者宿の生活を通してヨバイの楽しみをもつのである。娘の家へひそかに忍んでいくのだが、気心の通う娘ができると若者組の兄貴株が忍び方を教えてくれる。

娘の親たちは娘が年ごろになってもヨバイの若者が忍び込む様子がないと、かえって心配したようである。こうしてヨバイが進展すると、若者仲間は二人の結婚の成立のために様々な協力をする。しかし、ヨバイから結婚へ進むとはかぎらなかった。

こうしたヨバイも村内の娘のもとに通う分には問題はないが、他村からの若者の場合にはこの者を捕えてトンボ削ぎという罰を与えた。古くはチョンマゲのマゲを切り取るのである。ザンギリ頭になると、この侵入者を荒縄でくくって街道筋にひと晩じゅう縛っておいた。

ヨバイが盛んだったのは、三〇年前に村に電灯がつく前のランプ時代までだったという。

村内分家が多いこの村では、結婚も「村内に行く」と称する村内婚が多かったという。まだヨバイの行われていたころは、若い者同士の意志による結婚がかなり見られた。といっても、似つかわしい家柄の相手を選ぶことになる。そこには親の意志が反映されているからである。

その後近隣の村など村外との通婚が増えるに従って、仲人を立てるようになると家長の意志が前面に出るようになり、本人同士の気持ちより優先される。家と家との縁組みという性質が強くなりがちになるのである。

婚姻とは夫の家に入ることであった。夫と結婚したといっても、それは夫の家の嫁になることであって、妻であることよりもまず嫁であることが大切なことであった。一般にこの村では、舅や姑に孝行する嫁としての妻をみて、夫になるものもまたそれを何よりもよろこぶそうである。

当事者同士の意志から家長の意志を尊重する婚姻へという変遷に加えて、村外婚の率の高まりという動向が見られた。そしてそうした婚姻形態の普及と明治という時代の思潮が習合して、日本独自のイエ観念が生じ家制度が形成されたのではないかという問題を含有している。

浮き世の児の行方

私通の結果妊娠したりしますとたいていの場合、嫁に貰って解決がつきますが、何かの事情のために、嫁に貰う事も出来ず、臨月に及んでいつ産むかわからぬと云う場合には、男はあらかじめ部屋と云って、作業小屋の傍らに上げ間六畳と四畳ぐらいで土間にカマドがあり、入り口に小便所もついている老人が隠居する所がありますから、それの明いているのを借りて、これを産室に当てます。

生まれるときには、産婆に来てもらいますが、別に尾頭付きをつけるなんのと云う事は無し当座の手当だけで、助産をしてもらいます。何かの事情があって嫁に貰わなくても孫には違いないので男の母か、女の母か世話をしてやります。

達者になると子供はどこかへ子にやり、女は奉公に行きます。これを浮き世の児と云います。費用は全部男の負担です。女が淫婦で関係者が多数で誰が父親と定めにくい子を、ショケ児と云い、あの人は今度ショケを廻すそうだなんて云います。ショケと云うのは米あげに用ゆる笊です。ショケが関係者へまわって来ると応分の金品を入れるものだと云いますが、実際見聞した事はありません。

（「滋賀県高島郡西庄村」[13]昭和八　井花伊左衛門）※

「浮き世の児」とは何とも心の痛む言葉である。しかし、報告されにくい事例であっても、現実に起こっていることを物語るものでもある。本書のテーマとする俗信とは距離のある事象ではあるが、往時の社会情況、とりわけ産育事情を知るには欠くことのできないものとして、この「私生児」の問題を取り上げる。

『牟婁口碑集』[14]（昭和二）によれば、ヨバイは田辺付近の村々では明治の末年まで盛んに行われ、大正の初年にも幾分は存し、一部ではその後も続いていたという。現に大正一五年にある村の炭焼きの娘が妊娠し始末に困り出産と同時に殺害するに至ったが、付近の多数の男とのヨバイの結果とわかり取り調べを受けたことがある。もっともそうしたことは極めてまれであった。

農村の青年が娘のいる家に夜遊びに行くのが当時の農村の唯一の娯楽であったので、青年のヨバイは盛んに行われていたという。夜遊びといって娘の米搗きなどを手伝ったりするもので、しだいに親しくなり約束ができてヨバイとなるのである。時に相手の了承を得ることなくヨバイに行く者があったので、大正初年に青年の夜遊びには提灯を携帯することを決議した村があった。

漁村では男はおおむね漁夫であり、夏は夜半に起きて沖へ出る。以前はその後人妻にヨバイをするものがあったが、その際女が男の名を呼べば姦通となり、呼ばねばそういうことにはならぬと耳にしたという。こうした状況下で、浮き世の児やショケ児が生じていたようである。

ここで注意しなければならないのは、私生児の捉え方は村の社会構造と密接な関係をもつという点である。次項で取り上げる「白川村木谷の民俗」(15)（昭和一二）では別の面が見えてくる。白川村の中切地方の大家族部落では、正式に公然と同棲結婚ができるのは家長と長男に限られていた。弟や姉妹などはヨバイが唯一の結婚形式であった。

ヨバイの相手はどの地方でも基本的には村内の人であるが、この地方でも中切地方の内に限られていたようである。女たちも他郷の者を非常に警戒し、他所者の子を生むことをひどく恥じたという。他所者とは主として越中のポッカや博労で、ポッカの子とか博労の子とかといわれて卑しめられた。

白川村の大家族の場合、正式に同棲結婚している家長や長男の子女より、家の女たちの子女の方が多い。現代感覚でいう私生児は当たり前であるがゆえに他の地方のように特別視されることはなかった。私生児という観念そのものがなかったのである。

したがって、子どもの所属という場合、何々家の誰それの子と表現する。父親違いの二人の子どもでもそれぞれ父親がはっきりしていれば私生児すなわちマカナイゴではない。マカナイゴとは他所の子や、父親のわからない子を意味するのである。

大家族制度の広く行われた飛騨大野郡白川村の中切地方でも、木谷は最もそれの盛行した所のように思われる。嘉永六年の調べで見ると、人家は七戸にふえている。この七戸が現在に続いているのである。以下木谷出身の老人たちに質して、特に明治前半期の民俗を調査してみた。

注意すべき事は、ここでは草分けとか、宗家とか、親方の家とか言って、村から特別扱いにされている家の一戸も無いことである。更に白川村には有りがちな、平家の落人伝説も木谷には全く無い。

老人たちの話によると、この木谷には、明治二十年前後には百七、八十人の人間が住んでいたと云う。で、これを木谷七戸に平均すると、二十四人余り、実際には中でも多人数の東屋・森下家では三十四、五人、少数は坂下家の二十人余りであったと云う。この驚くべき家族は、一般的にみて直系を中心にだいたい三世帯ぐらいの男女が同居していたらしい。この三世帯の大家族の中、祖父・戸主・長男のそれぞれの妻を除くと、例外なく血縁関係である。

大家族で現代的常識からみて、正式な同棲結婚を行う事の出来るもの、外見上妻を持ちうるものは、トトとアニだけである。すなわち、戸主と直系相続人のみである。

相続人の嫁は多くナジミであった。ナジミとはヨバイナジミの事で、アニも年ごろになれば土地の習俗で夜遊びに出る。ナジミが重なり双方異存が無くなってから、形式的に仲人が立ち、素朴ながら一応の礼式が厳重にある。もちろんこうしたやり方のほかに、いわゆる仲人に依る婚姻も行われていて、とおく芦谷や加須良や萩町なぞから嫁に来ているものもある。

ヨバイの子供は、シンガイゴ、またはマカナイゴと云われ、例外なく母親の家に留まる。だから男子は大家族内に自分の子供は一人もない事になり、他家に残されているわけである。そして彼の父としての義務は、シンガイ（著者註―個人的所得）で得た金を時折与えたり、衣類を少し買ってやるくらいである。

木谷七戸の大家族は、現在もそうであるが、言うまでもなく百姓であった。百姓と云っても奥深い山間峡谷の事であるから、平野のそれのように稲作を専らとした百姓ではなく、農業の半ば以上は焼き畑づくりであった。

副業としての養蚕は、自給経済としての農産物に対して、金銭に替えらるべきほとんど唯一の大切な仕事であった。木谷では各戸で普通繭八十貫から百二十貫、ないし百五十貫も取ったと云う。明治初期までは家の女たち総がかりでそれを糸に挽いた。もちろん手挽きである。そして秋までかかっても挽ききれなかったと云う。明治中期以降は繭のままほとんど高山の製糸家に売り払うようになってきた。

（「白川村木谷の民俗」(16) 昭和一二　江馬三枝子）※

富山県五箇山とともに合掌造りの家屋で知られる飛騨の白川郷。その合掌造りの家に住む明治前半期の大家族の生活模様である。

ここでは、白川村木谷を中心とする婚姻や産育にかかわる習俗について見ていくことにする。

冒頭の事例で見たように、白川村の中切地方の大家族では正式に同棲結婚ができるのは家長と長男だけであった。その他の弟や姉妹にとっては、ヨバイが唯一の結婚形式として許されたものであった。いずれも出生した家に留まるものである。

ヨバイは中切地方内に限られていたようであるが、女たちも他郷の者に対して警戒心が強く、他所の者の子を生すことを恥としていた。したがって、通婚圏は木谷、あるいは中切地方が多かった。時代が下るにつれて遠方婚姻が増している。

アニのオバ（嫁）は木谷や中切地方の場合にはまずナジミであったので、すでに子がいて、嫁入りの行列の中に子守がいることも珍しくなかった。これに対して遠方の場合は、仲介者が両家に通ってまとめるので、当日まで互いの顔さえ知らない場合もあった。

嫁迎いは当日の朝、遠方の場合は前日に行く。その時の服装はハンコ（袢衣）に草履ばきで、嫁方で紋服に着換える。嫁方に着くと見物人が「祝ってやる」といって、それぞれが水や雪をかける。それを避けて大急ぎで家の中に入ってしまう。門口での儀礼は特にない。

嫁の行列が聟方の門口に近づくと、嫁迎えと同じようにお祝いと称して水や雪がかけられる。あらかじめ片付けられている土間から寝所のチョーダまで、草履ばきのまま一目散に駆け込む。門口の式はもちろんのこと、炉端や仏壇にも参らない。嫁が入って来る時にうろうろしていると、悪いモノに見込まれてしまうと信じられているという。

嫁盗みには二通りの場合がある。一方は生家では娘をやらぬというが、当人が来てもよいと思っている場合である。すなわち当人同士の意志が一致しているということである。もう一方は相手の家と相談した上で盗み出すものである。通常は嫁入り支度ができない場合が多いが、再婚などの事情でそう何度も披露をするわけにはいかないということもある。

大家族内では日常的に杓子に触れることができるのはカカだけであった。カカのみが家族のそれぞれに相当する飯を分配した。このカカがオバに杓子を渡すと、その日から座席も明け渡し、その後はそれまでのカカでも杓子を勝手にすることはできないのである。シャクシワタシは年取りの日で、オオトシの飯をよそう時にカカがオバに「今日からお前に世帯を渡すから飯をよそってくれ」と言い渡す。オバはその日から主婦として家の切り盛り一切をすることになる。

これに対して、トトの世帯渡しは決まった期日はなく、養蚕が済んでまとまった金が入ったような時にそれをアニに渡し、「これからお前が世帯をやってくれ」と言うだけだそうである。なお、渡す年も各自の健康状態や都合によって、カカのほうが早い家もトトのほうが先に渡してしまう家もあるなど、様々である。

白川村の大家族内では正式に同棲結婚できるのは家長と長男であるから、その子女たちより家の女たちの子女、マカナイゴという私生児のほうが人数は多かった。しかも、特に幼少期は家長の子女と差別されることなく、食物の区別などを受けずに育てられる。出産についても主婦の場合でも家の女たちの場合でも、赤子や産婦の取り扱いやそれに伴う習俗も同等の待遇である。

一般的に産育習俗の場合、出産という現実的な目的を遂行する行事と、その目的を何事もなく達成するための願いや祈りといった儀礼がからみ合うように営まれる。しかし、この地の報告を見る限り儀礼的要素は極端に少ない。こうした特徴は婚姻・産育・葬送といった通過儀礼や年中行事にもいえるようである。

御師《おし》の村

福井県大野郡石徹白《いしどしろ》村は福井県の東の端にあって岐阜県に接し、白山の南麓に位置をしめ東西三里南北七里という広い面積を持ちつつ人家二百戸ばかりの小さな山村である。

この地にまつられた白山中居神社は白山の別宮であり、白山への南の登山口として、全村中居神社に仕える社人の村である。この山中の小さい村がもとは更に六つの村に分かれて山中六か村とよばれていたのである。

石徹白は山深く標高も高い所にある村で、交通もあまり便利ではなかったから、必ずしも暮らしのよい所とは言えない。そして冬が殊の外長いだけに言い知れぬ苦労があった。ただ中居神社の社人をしているために旦那場を歩いての収入が少なくなかったし、また田もつくれば山仕事もしていたので、他の山村よりは世間も知っており、生活程度も高かった。旦那場というのは信者たちの住んでいる村の事である。

御師と旦那場の間にはそれぞれ特定の関係があって甲という御師の親しくしている旦那場へ乙が行くというような事はなく、乙の旦那場へ甲の行くこともなかった。従って旦那場は一つの権利のようになっており、財産のようなものであった。だからその売買が昔から盛んに行われたものである。よい旦那場を持っている者は信者からの寄進が多くて、なかなかよい収入があった。

山伏は御師とはたいへんよく似ていたけれども、これを支配する主権者がちがっていた。山伏の方は本山派といわれる京都の聖護院を本山とするものと、当山派といわれる醍醐《だいご》の三宝院を本山とするものがあった。前者は天台宗に属し、後者は真言宗に属している。御師の方は、吉田家から白川家の支配をうけていたのである。

（『越前石徹白民俗誌』[17] 昭和二四　宮本常一※

福井県の石徹白は白山中居神社を中心とする社人の村としてよく知られている。筆者宮本常一がこの地に興味を持った点は、徳川時代にも大名領になったことがなく、村組織などに中世的なものが多分に見られることだと述べている。以下、この報告に従って、簡略にまとめてみる。

村には乙名《おとな》（頭社人）・平社人・末社人という三つの階級があって、頭社人・平社人の家で経済的に余裕のあるものは家来をおいた。山中六か村は一二人の乙名によって政治が行われていた。

この地は中居神社の社人の村といわれているが、実際には社家と社人とに分かれている。社家というのは六か村の一つである上在所の人々である。上在所は中居神社の鳥居の前にある部落で、御師と呼ばれ神に仕えることを本職とする人が住んでいる。白山へ登る人の案内と宿を営み、百姓はしなかった。全国各地にある旦那場を回っていた。それに対して、社人というのは上在所以外の部落の人で、祭礼時に奉仕するが日常は百姓をしていた。社家と社人とがはっきり分かれたのは明治初頭の廃仏毀釈の時からという。

次に白山信仰にちなむ伝承を取り上げてみたい。

白山の神の使いは雉《きじ》とされ、これを捕ったり食したりすることは禁忌となっている。また、石徹白は古くは真言山伏に属する神仏混淆の地で、泰澄《たいちょう》という僧侶がこの山を開いたと伝えられている。その泰澄大師が柿を嫌いだったということから柿も避けられている。

祈願割符《わりふ》（京都府吉田神社）
中央で割り、一片は願い事を書いて絵馬掛けへ掛け、もう一片の御守護札はお守りとする。

中居神社にはイワナガヒメが祀られているので、病気の女性がよく参る。病気が治ると千本幟《のぼり》を奉納する。また、スサノオノ命・大国主命も祀られ、ともに病気を治す神とされており、人々は百度参りをする。宮川で石を一つずつ拾って供え、百になるまでこれを続けるのである。歯の具合が悪い時にもこの願いをかける。その際、楊子《ようじ》を五本か一〇本編んで供えることになっている。願ほどきをしないまま死んだ場合には御幣《ごへい》をあげる。これらは個人祈願という形式をとる願掛けである。

ある年の九月祭の時に洪水が出た。川の向こう側に助右衛門という男が住んでいたが、橋が落ちてお宮へ参ることができない。そこで岩の上に初穂を供えて祈った。すると、ある社家に神がかりがあって、「助右衛門大儀であった」といった。人々は不思議に思ったが、後で助右衛門のことがわかって神徳に驚いたという。

白山の神の神徳をたたえたものか、信者はこうあるべきという教えなのか、そのいずれの可能性もありそうだが、大いなる誇りをもって語り伝えられてきたと思われる。

隠居性の村

茨城県の北部、福島県堺に接して、東に多賀郡、西に久慈郡がある。高岡村は南北五里東西三里にわたる大きな山村である。木材搬出のトラックの道が村内まで通ずるようになったのは、私（著者註―大間知篤三）の調査の年即ち昭和九年のことである。

高岡村は南から中戸川、大能、上君田、若栗、横川、下君田の六大字から成っている。それらの大字は通例「部落」と呼ばれ、旧藩時代はそれぞれ一村を構成していたのであり、戸数は最大の上君田が約八十戸、最小の若栗が二十戸足らずである。部落はまたそれぞれ数個のツボから成り、日常生活における協同はツボを単位に展開されているものが多い。

大字ごとに、社格村社の神社が祀られている。それらを呼ぶ場合にこの村では必ず「鎮守」と呼び、六社を兼ねた一人の神官が大能に常駐している。仏寺は下君田に禅寺が一つあるだけで、旧水戸藩領全域の傾向であろうと思われるが、この村でも総じて仏寺の力の微弱なるを思わしめる。

隠居制の伝承は極めて強い。私の聞き書きによると、若栗は戸数一六で隠居者の住屋を別に有するもの四であるが、その数字は上君田では八〇戸のうち二〇、中戸川は五〇戸のうち二五、大能は三五戸のうち二七となっている。

隠居者の住む別屋はインキョとも、インタクとも呼ばれ、それに対して戸主の住む主屋はホンタク、あるいはオマイと呼ばれている。ちなみに本家分家はホンケとシンタクと呼ばれている。

大能では、古くから土着せる家のほとんど全部が隠居を持っている。隠居を持たないのは、近年できた新宅か、新しく他から移って来た家か、あるいは貧困のためにそれをつぶしてしまった家である。

隠宅の所在地は、ほとんど全部が本宅と同一の屋敷内であるかあるいは隣接した屋敷内であって、他人の屋敷を隔てて存在するような例はごく稀である。構えは本宅に比しても小さいが、炉や竈を備えて独立の住屋である。

（『常陸高岡村民俗誌』[18]　昭和二六　大間知篤三）※

高岡村の村落生活の基盤となっている隠居制の様子を見ることにする。

隠居や新宅に移り住むことをワタマシというが、隠居へのワタマシは通常長男が結婚して落ち着いた時期に行われる。多くは結婚して一、二年ほどたってからであるが、なるべく早くワタマシを済ませたいという気持ちは強いという。ワタマシには長男夫婦を本宅に残して、次男以下の子女をみな連れていくのが一般である。両親とともに隠居に移った息子たちは隠居息子と呼ばれる。

隠居に移っても、家の財産はその父親の名義になっているようで、所有山林の売却などには父親の意志が色濃く反映される例もある。

田畑などは一定の割合を決めて耕作するが、隠居の事情、たとえば隠居息子や娘の人数や年齢などによっても変わる。年を経て息子が新宅を構えたり、娘が他へ嫁いだりといったことによって、隠宅の耕作地は減少していく場合が多い。

家族の地位を表す本宅の炉辺の席については、隠宅の父親が来ても、主人の席であるヨコザには本宅の息子が座る。父親はワキともムコザとも呼ばれる客座に移るのである。

信仰についての役割分担はかなりはっきりしている。仏壇は隠宅に置かれ、先祖の年忌といった仏事や盆行事などは隠宅が担当する。本宅は正月の祝いなどそれ以外の年中行事や祝い事を受け持つ。ただ、神棚や荒神などは双方とも祀っている。

本宅の主人からいえば祖父母にあたる人も別居している。これをカンキョという。閑居は隠宅をそのまま使うのではなく、隠宅は自分の子に明け渡し、別の住まいに移るのである。この住まいは普通、本宅や隠宅のそばに設える。それまでは納屋として使用していたものをそれに当てたりするのである。閑居にあっても炊事などはできるだけ本人たちでする。

閑居するには当然ながら、その家に長寿の人がおり経済的にも余裕がなければならない。調査に当たった大間知篤三は「今日のように次第に婚期がおくれ、また村外で暮らす人々が多くなるという状態では、漸次なくなる傾向にあるものと思われる」と述懐する。

なお、一つの家族が本宅・隠居・閑居と世代別に分居していても、それが一家である以上は一戸と見なされるという。また、村一般の隠宅はその隠居者の死亡によって閉じられるが、例外的には財力に恵まれた有力者が隠宅を分家に発展させるような動きもあるようである。

出小屋の村

有名な国立公園「日光」の裏、尾瀬沼から十六キロメートルほど降りた山の中にある平和なこの「檜枝岐」は、都会の人々によって桃源郷とよばれている純山村である。

一九四四年の調査によると、東西十六キロメートル、南北二十六キロメートルのこの村には総数百戸、百十九世帯、六八一人が住んでいる。

電燈は一九二〇年に引かれ、電話は今も郵便局だけにたった一本であるが、一九四一年に通じた。ラジオセットのある家は八軒、新聞は約四十軒がとっている。

農耕地の畑が部落から遠いために、本宅のほかに畑作業のための小屋が独立して、それらの農耕地に建てられており、全戸数の約七十パーセントが各々この畑小屋を所有、一方山で木細工（主としてヘラ、シャクシ、炭焼き）のための山小屋は各々山の作業小屋として設けられ、その数は六十軒ぐらい、畑小屋と山小屋の双方を持つ家は六十軒ぐらい、約十パーセントの多きに達する。

こういうわけで、この村の人々は、山仕事や農耕をやらぬわずかな期間だけ自宅に住み、あとの働く全期間は畑小屋や山小屋で暮らすといった移動をくり返している。

（『檜枝岐民俗誌』(19)　昭和二六　今野圓輔）※

昔は人口も報告時よりも多く農業も盛んだったが、天明の飢饉で人口が減少し、農業も衰えて、山仕事や狩猟が多くなったといわれている。養蚕は明治の初めにはすでに行われ、マゲワ作りも明治初年から大正末ごろまで盛んであった。明治末に下野《しもつけ》栗山の人から伝えられたという杓子作りや、同じ郡の館岩の人に習ったヘラ作りは、報告時では村の生計の基盤となっている。

この村には医者も僧侶も神主もおらず、薬屋もなかった。その上、様々な呪術や祈禱によって病気を治してくれる職業的な宗教者や祈禱師も住んでいない。村人は昔から訪れる二人組の万歳やヤナドリ神楽と呼ばれる一団、二、三人の瞽女の組み、浪花節や祭文語りなどの民間芸能者、鋳掛屋や鋏磨《と》ぎなどの職人、行商人などを喜んで迎えていた。

畑小屋や山小屋のほかに、クラヤと呼ばれている板倉の物置小屋が多数点在する。これは火災予防のためで、人の起居する本宅から離れた場所に建てられていた。クラヤの総数は総戸数をしのぐ一三〇棟という。クラヤの屋根は厚い割り板で葺き、その上に重しの石を載せている。本宅には最小限の日用品を出しておき、家具や農耕具、食糧など多くの物は火の気のまったくないクラヤにしまって、その都度取り出す。

昔のような山小屋の作法にはかまわなくなったが、彼岸の中日に山に入ると怪我をするから入ってはならぬとか、二月五日（旧暦）には山へ行ってはならぬという禁忌は守られている。したがって、春秋の彼岸のころ以外、働き手は皆畑小屋や山小屋に出掛けてしまい、村は老人と子どもだけになる。そこで鍋や釜までクラヤに移し、味噌なども一〇日分ほどに分けて家に出すほど火事を警戒していたのである。

この村には焼き畑の慣行が残っている。カノと呼ばれ、山の傾斜地を選び秋九月、一〇月にこの山の樹木を切り倒して、翌春五、六月の播種直前に火をつけてカノヤキをする。二、三日後に焼け土が冷めてから粟や黍《きび》を播き、アラクオコシをして種に上土をかけておく。夏のアラク（一年目）には半年で収穫できる蕎麦を播くという。

昔は大木の生えている山もヤキカノにしたが、近ごろは草地や柴山を主にやっているようだ。火をつけてヤキカノにする場所を焼いておく。それは蕎麦ならば七月二十日に、粟を播くのなら田植え前の五月中旬ごろに火をつけて山を焼くのだ。焼く時も、焼いてからも、マツリらしいことは何もしない。

第一年目に蕎麦を栽り、二年目には粟を、三年目にも粟を播いて、この三作で終わりになり、その後は十年ぐらいは土地を休ませ再びヤキバタにするのが普通である。

筆者今野圓輔の問いに地元の人が答えたものである。

次に、農耕地から離れて家々の様子を見ることにする。家々には姓とは別に、太和屋、柳屋といった屋号がついている。そしてA・⊖・ᄀo・ᄊなどの印《しるし》を使っている。Λの形は山を型どっており、Aは山一と呼ばれる。したがってᄊは二つ山型、ᄀはカネマルとよみ、ᄀの印は大工の使う物差しのような形である。それぞれ鉄製の印があって、下駄とか家具調度などに焼き判をして、その家の所有を示している。

また、もう一つの記号による「木ジルシ」についても見ておきたい。木ジルシは一つの山を幾人もの人が共同で伐る場合に、どの木が誰のものであるかを示して区別する記号である。樹の幹にごく簡単な文字のほか、「•」「＊」「Ⅸ」のような印を彫りつける。

その他、所有権を示す方法には、「草結び」がある。これは茸の群生や山蜂の巣などを見つけた者が、付近の草を結び合わせて占有権を示すものである。こうした印のある物を取ることは、鍵がかかっている他家の物を盗むことと同等の重大な犯罪とされている。

ただし、単に木の枝を折ってあるのは、山路を行く先行者の道標代わりで占有権とは異なる。

稗《ひえ》とケカチ(饑渇)

一般の家では米五合に稗《ひえ》五合の割合では贅沢《ぜいたく》であるとて米三合に稗七合ぐらいの割合が普通であった。貧しい家ではそっちら稗とて稗のみで食べた。又家の者は白米を混じて食っても名子や奉公人は稗を多く混じて食うものだとて必ず稗を多く入れて食った。このような場合家族の食べる物は上居《じょうい》の飯《めし》と言い、使用人のものを台所飯等と称した。

米の混じない飯は付着力がなくボロボロであるため、農夫等は昼飯の時は冷水で呑み下《くだ》すか、又は河辺でこの稗食を食べる。真っ黒い味噌漬け大根を菜にして、水を呑みながら河辺で飯を食べている田舎の情緒は今でもありありと覚えている。

今稗のみを食う者はほとんどない。稗は早く腹がすく。しかし米のみ食べるより稗を混ぜて食べると健康上良いと言う。粟《あわ》はよくないが稗は身体が温まると言う。

このごろは米を食えない村はないらしいが、冬部《ふいべ》、平糠《ひらぬか》では「病人に米粥《こめがゆ》を呉れて介抱したのに遂に死んだ」と言うくらいな話がある。久慈の方では田稗《たへ》と言って田に植える処もあると聞いているがこの付近(著者註—岩手県二戸郡福岡町)では田には植えない。

稗の実は大きな蒸竈《せいろう》に入れて蒸し、夜に筵《むしろ》を敷いてよく干してから搗く。又ひぼしと言って原稗をそのままむろに入れ、火で干して精白にするのもある。浄法寺より上の方では今でもひぼしを多くつくる。

米や稗が不足の時はひぼし稗に糠《ぬか》もろとも入れて粥にして食う。これをひぼし粥と言った。又ひぼし餅と言って、糯稗《もちひえ》を水に一昼夜漬けて、ざるに上げ、水をきり臼《うす》に入れてはたき(搗く事)粉にする。これをたち湯(沸騰している湯）を入れて団子か、平たい餅にする事もある。

（『二戸聞書』[20]昭和一八　山口弥一郎）

『二戸聞書』の序によれば、岩手県北部の下閉伊・九戸・二戸から青森県三戸にわたる地方は、日本における稗食の残存地域であるという。

一八六九年（明治二）は巳の年のケカチと称される非常な飢饉で、穀物はみのらず稗だけが幾分か獲れた。そこでこれをその粉粕《こなかす》と一緒に砕いたのを粥に炊いて塩を振り掛けて食したという。また、ねもちという蕨《わらび》の根を晒《さら》し粉にして餅にして食すものは、凶作の際の大切な食物であった。

こうした情況は東北地方に限られたものではなかった。北陸地方の『越前石徹白民俗誌』[21]（昭和一四）によれば、石徹白は山間で寒気が厳しく、雨や雪が多いためによくケカチに襲われた。他所が凶作でないような時にも凶作であることは少なくなかったという。そこで凶作に備えて郷倉を建て、そこに稗を集めた。一人二升ずつの割合で、倉に入らなくなると古いものを売り払った。またどの家でも三年間の食料は貯えるようにしていた。

粟・稗・栃などの主食物の中では稗が最も多く食べられたもので、一反について二石も獲れた。しかし皮が二重で調理に骨がおれたので、他から食料が多く入るようになると耕作する者が減ってきたのである。

性質強健な稗にあやかって命名したり、病気がちの子の名を改名したりすることがあったようである。『津軽口碑集』[22]（昭和四）によれば、稗はたやすく生育するので、ことに土用なら投げてもつくというので、常に薬湯を用いていた子の名を「稗子《ふえこ》」と改名すると壮健になったと、稗子なる人の妹が語ったとある。また、生児に稗子と命名してその健全を願う風習は他所にもあるという。

命名についてはやはり津軽地方で、女児が続いて生まれた時に「あぐり」と名付けると次に男児が得られ、男児が続いた時には「まぐと」とつけると女児が得られるという言い伝えがある。

病弱な子どもに対しては、法印などの民間宗教者による改名や、その法印と形式だけの養子になる「取り子」というものが『檜枝岐民俗誌』[23]（昭和二六）に報告されている。同じ村の人に頼まないのは、法印が何か特殊な能力を持つと思われていたためであろう。

九州地方の『日向馬関田の伝承』[24]（昭和一二）には、子どもが幼いうちに死んだりして恵まれぬ者はノサラヌ者と言って、新しく子どもが生まれたら、その子を塩売りに譲った。これをヤシネゴという。そうすれば順調に育つとされた。そして盆正月には塩売りに鏡餅その他のものを送り、塩売りは海産物などの土産物を持ってきたという。因果関係は不明だが、病弱な子を塩売りに譲ると丈夫に育つという話は時折り目にする。

間引きについても触れておく。

間引きは明治初期に殺人罪と認定されて減少したが、それまでは生活難が大きな原因となって行われていた。柳田國男が少年期に茨城県の布川で見た間引きの絵馬に大きな衝撃を受けたという話はよく知られている。

ここでは『檜枝岐民俗誌』から引用する。

この村では堕胎はあまり行われなかったが間引きはやはり盛んだったようで、最も多く行われた方法は、生後直に濡れ紙を口と鼻に貼って呼吸を絶つ方法であった。産湯をつかわせる前ならば殺すことが出来るが、産湯をつかわせてしまったら、もはや殺せぬものと考えられていた。

こうして殺された児は川へ流す地方もあったが、ここでは日光のささぬ床の下に埋められた。昔の新生児はたいていこうして殺されたといわれる。

間引き絵馬（茨城県）
幼少期の柳田國男が、衝撃を受けたといわれる絵馬である。

「志津川紀行の覚え書き」[25]（昭和六）に、この辺りも東北地方一帯の風に従って「まびき」はかなり盛んであるらしいとある。隣の登米地方では間引きを「ウシゴロ」と言った。「ウシ」は臼の意で、それを転がして轢殺するという。仙台地方は濡れ紙を張ったともいう。そのためこの辺り一帯は男児二人という子持ちが少なくなかったようである。

また、間引きとともに子どもの身売りもかなり行われていた。福島県の伊達川股には昔から製糸工場があって、付近の子どもを買って酷使したような痕跡がうかがえるという。

『二戸聞書』には、間引きが一八九一、九二年（明治二四、五）ごろまで続いたとある。

遊び日と夜なべ

遊び日の代表的なものは、正月と盆とである。手毬唄にも「正月三日、盆三日、飾り松は十五日」と唄ったり、良い事が続くと「盆と正月が一緒に来たようなもんだ」と言うのでも解る。正月は一か月閑で遊んでいたが、又実際に遊び日も多いのである。先ず正月三日、七草、十日は笠井町の観音様の縁日で、鯉売りと目無し達磨《だるま》の赤い山だ。十五日のモチイ、二十八日は浜松の秋葉神社の祭典で、この日は正月の注連縄《しめなわ》を境内で焼く。粥占いの神事があって、その年の豊作の豊凶を占う。ここでも目無し達磨、農具、苗木などを売る。

正月にはこれだけあるが、その他では三月五月の節供、春秋の彼岸の中日、盆三日、十一月の日待ち、鎮守の祭典など、これらは年中行事であるが、このほかに臨時の遊び日がある。雨が欲しいと言い合っている時に降雨があったり、そうでなくとも久しぶりに雨が降ったりすると、「しめり正月」と言って、太鼓を打ったり、特定の人が鉦をたたいて、村じゅうを大声で、「しめり正月ヤァーイ」と呼び歩いた。又昨年の暴風、降雹、潮風といったような凶事のあった日が無事であると、この日も遊んだ。もっとも下男下女の雇人は、正月、盆各三日は終日遊び、その他の遊び日には、朝常よりも早起きして米一俵を搗いてから遊ばせた。米一俵は半日の仕事である。無論夜も遊ばせた。日待ちには餅を持たせて里へ帰した。

以上は一日を遊んだ日であるが、これら以外に、晩から夜へかけて遊んだ日がある。恵比須講、節分、月見、八日餅、亥《い》の子などがこれである。万一遊び日に遊ばなかったり、遊ばせなかったりすると、ハチブ並みに取り扱われたり、衆人の中で面罵されたりした。

遊び事は多く正月にしたもので、これには金銭を賭けたものが多い。では他の遊び日には何をして遊んでいたかと言うと、無芸大食、気の置けない家に集まって、寝そべって大声に唄を唄って一日を暮らしていたらしい。

(『遠江積志村民俗誌』[26] 昭和八　中道朔爾)

労働と相関関係にある休日について注目してみた。筆者中道朔爾は総括的な見方であるがと断った上で、村の生活を保持するための経済的な労働という考えは一八八七年(明治二〇)ごろに発生したものだろうと推測する。その具体的な行為に一八八八、八九年(明治二一、二二)ごろの作物に金肥を施すようになったこと、耕作法に対する研究的態度、一八八九年(明治二二)の養蚕方法の移入を挙げる。そして、一般的な見方でいえば、農村の労働に歌謡が伴わなくなった時を、歌謡の伴った労働生活時代と歌謡が伴わない農村生活の境界を見たいと主張する。

前者の時代は農作物の種類は五穀と綿、綿についで藍、それに自家製の野菜と至って少なく、一年を通じての労働状況は単純なものであった。収穫が少なく貯蔵を最大の目標にしていたので、労働そのものは非常に辛苦なものであったが、遊び日が多かった。そのうえ雨でも降れば「しめり正月」と称して気のおけない家に集まって気楽に過ごす労働状態であった。

それに対して、後者の経済観念に基づく農村労働は土地の有効使用を重視するために土と人の休養を軽んじる。農作物の種類ばかり増え、そのうえ養蚕という副業があるので一年を通じて遊び日が極端に減るだけでなく、遊び日そのものの意味が前者のそれとは異なるものとなったというのである。

農民の生活は自給自足をひとつの目安としていたので、衣服作りの準備は夜なべ仕事の重要なものであった。綿は「柿の花の落ちるころ」に藁灰でもんで播く。ちょうど麦刈りの時期であるが、二百十日ごろになるとぽつぽつと裂け始める。多くが熟すと抜き綿をするが、二つの籠を腰につけて良否を選り分ける。これをすだれに乾し塵を拾ってロクロにかけて実を取り、打ち屋に頼んで打つ。打ったものをヨリコにして、それを糸に取るのである。綿の実から油が取れ、その粕が肥料になるので売れた。

糸の準備にはおよそ一年かかり、春は終日、夏は雨の日、秋から冬にかけては夜なべをする。夜ごとに主婦も下女もそろって糸を取った。そうして一夜に一紡錘《つむ》、一〇匁の糸を取る。これが女の一人前の働きで、普通三時間を要するものであった。一反の糸は通常二〇〇匁ないし三〇〇匁であったので、およそ一か月ほどかけなくては一反の糸は取れなかった。

冬から夏物の糸の準備が始まり、春の農閑期を利用して染色し、肌着から手拭いまで織り上げた。この時期に母親が裁縫などを親譲りの方法で娘に伝える。嫁の資格はまず糸取りに機織りが出来ることが最大の条件であった。

註

（1）佐喜真興英　一九二五　『シマの話』　郷土研究社　大系第一巻所収
（2）茂野　幽考　一九二七　『奄美大島民族誌』　岡書院　大系第一巻所収
（3）茂野　前掲書（2）
（4）小牧　実繁　一九三一　「久米島民俗断片」（『民俗学』三―四）
（5）桜田　勝徳　一九三四　「肥前半島と出水の長島」（『島』九年版前期）　大系第一〇巻所収
（6）桜田　勝徳　一九三三　「長門六島村見聞記」（『島』一―一・二・三）　大系第一〇巻所収
（7）瀬川　清子　一九三八　「相島日記」（『旅と伝説』一一―一〇～一二）　大系第一〇巻所収
（8）今井善一郎　一九四一　『習俗歳時記』　煥乎堂　大系第八巻所収
（9）桜田　勝徳　一九三六　「歌垣村記」（『近畿民俗』一―一・二）　大系第一一巻所収
（10）島村　知章　一九三三　『岡山県土俗及奇習』　文献書房　大系第三巻所収
（11）松岡　利夫　一九五四　『柚野民俗誌』　柳原書院　大系第三巻所収
（12）武田　　明　一九五五　『祖谷山民俗誌』　古今書院
（13）井花伊左衛門　一九三三　「滋賀県高島郡西庄村」（『旅と伝説』六―七、七―七、八―一二）　大系第一一巻所収
（14）雑賀貞次郎　一九二七　『牟婁口碑集』　郷土研究社

(15)　江馬三枝子　一九三七　「白川村木谷の民俗」(『ひだびと』五―三～一二、六―三・四・五・八)　大系第一一巻所収
(16)　江馬　前掲書(15)
(17)　宮本　常一　一九四九　『越前石徹白民俗誌』　三省堂出版　大系第七巻所収
(18)　大間知篤三　一九五一　『常陸高岡村民俗誌』　刀江書院　大系第八巻所収
(19)　今野　圓輔　一九五一　『檜枝岐民俗誌』　刀江書院　大系第九巻所収
(20)　山口弥一郎　一九四三　『二戸聞書』　六人社　大系第九巻所収
(21)　宮本　前掲書(17)
(22)　内田　邦彦　一九二九　『津軽口碑集』　郷土研究社
(23)　今野　前掲書(19)
(24)　楢木　範行　一九三七　『日向馬関田の伝承』　鹿児島民俗研究会
(25)　中川善之助　一九三一　「志津川紀行の覚え書き」(『旅と伝説』四―一)
(26)　中道　朔爾　一九三三　『遠江積志村民俗誌』　郷土研究社　大系第五巻所収

関連文献一覧

原田　敏明　一九五九　「俗信」『日本民俗学大系』七　平凡社
井之口章次　一九七五　『日本の俗信』　弘文堂
真野　俊和　一九七六　「兆・占・禁・呪—俗信の民俗—」『日本民俗学講座』三　朝倉書店
大藤　時彦　一九七七　「暦と俗信」『言語生活』三〇四　筑摩書房
宮本袈裟雄　一九七八　「民間信仰」『民俗研究ハンドブック』　吉川弘文館
藤井　正雄　一九七九　「禁忌・呪い」『講座日本の民俗』七　有精堂出版
小嶋　博巳　一九八三　「俗信覚書—概念の再検討に向けて—」『民俗学評論』三
佐々木　勝　一九八八　『厄除け—日本人の霊魂観—』　名著出版
野村　昭　一九八九　「俗信の社会心理」『社会心理学選書』八　勁草書房
宮田　登　一九九〇　『妖怪の民俗学』　同時代ライブラリー　岩波書店
関　一敏　一九九六　「俗信論序説」『旅』二七
伊藤　哲司　一九九七　「俗信はどう捉えられているか—「俗信を信じること」のモデル構成に向けて—」『茨城大学人文学部紀要　人文学科論集』三〇
赤田　光男　一九九七　「精霊信仰と俗信」『帝塚山短期大学紀要　人文・社会科学編・自然科学編』三四
板橋　作美　一九九八　『俗信の論理』　東京堂出版
古家　信平　一九九九　「俗信」『日本民俗大辞典』上　吉川弘文館

高橋　典史　二〇〇五「「憑きもの筋」と近代―「俗信」の形成と存続の社会学的試論―」『千葉大学日本文化論叢』六

加藤　迪男　二〇〇八「調査ノート岐阜県に伝わる天気予知のことわざ・俗信」『岐阜女子大学地域文化研究』二五

中田　亮　二〇一一「俗信の発生―タナバタ祭の禁忌を事例にして―」『信濃』六三

常光　徹編　二〇一二『共同研究　兆・応・禁・呪の民俗誌』国立歴史民俗博物館研究報告第一七四集

川上由美子　二〇一三「育児の俗信―「ヒャッケンギモン（百軒着物）」の伝承―」『紀要／埼玉県立歴史と民俗の博物館編』七

常光　徹　二〇一三『妖怪の通り道―俗信の想像力―』吉川弘文館

廣田　龍平　二〇一六「俗信、科学知識、そして俗説―カマイタチ真空説にみる否定論の伝統―」『日本民俗学』二八七

あとがき

私の母は、ことのほか躾に厳しい人であった。多くのことに「○○してはいけない」と言われながら育った。「ご飯にお箸を立ててはいけない」、「履物を新しく下ろす時には部屋から履いて出てはいけない。午後に下ろす時には一度外で下ろしてから、玄関に戻って家を出るように」など、大学に入学し、民俗学という学問に接した時、「ああ、あれは葬送儀礼に通じるものだったからいけなかったのだ」と、納得したものもある。「夜、口笛を吹くものではない」というのもあったが、それらの理由について教えてくれることはなかった。

私自身が、大学で産育儀礼を講じるにあたり、伝統社会における民俗事象をあらためて見直すという機会を得た。現代社会における産育儀礼を理解するにも伝統社会のそれを知らなければ、伝承されてきた儀礼を理解できないからである。如何にしたら若い世代に伝統社会を理解してもらえるのかが、私にとっての大きな課題となった。

まずは、柳田國男に始まる日本の民俗学の揺籃期の民俗誌や民俗関連の雑誌によって、産育儀礼を分析することから始めたのであるが、これらの作業が伝統社会に根付いていた俗信生活の宝庫へ招いてくれるとは、思いもよらぬことであった。

沖縄に始まり、東北地方へと続く旅は、伝統社会に生きる人々の信じる世界を訪れるものとなった。そこで見出したのは、人間の生存原理にも通じる多様性と共通性の妙である。

そして、日本の民俗学の揺籃期に編まれた多くのテキストからは、人々が営んでいた暮らしのそここに、俗信が生きていたということ、そして、その俗信が今につながることを発見したのである。

近年は、現代社会に生きる人々の生活にばかり目を向けていた私であるが、人々の生きる生活の中に存在していた俗信は、人々のより良い生活に向けた活路であるということに気がついた。

それからというもの、「俗信捜し」の毎日が続いた。ことに産育儀礼と葬送儀礼の大半が俗信に由来するということ、有名な寺社での祭礼にも伝統社会で伝承されてきたことが神事や仏事として取り入れられていることなど、一つひとつの事例から読み解くことの楽しさに心を奪われる思いであった。

伝統社会の実態を知らない世代にも是非伝えたいという願いを込めて、本書を上梓する。今一度、日本人が歩んできた伝統社会の様相を振り返りつつ、これから民俗学を学ぶ学徒のためにも伝えておきたいと念じてやまない。

先人の学恩なしに本書をしたためることはとてもできなかった。今はその学恩に感謝するばかりである。あわせてその学恩を次世代に橋渡しできるとすれば、この上ない喜びである。

最後になるが、岩田書院の岩田博氏には、二〇一六年の『「産む性」と現代社会』に引き続きお世話になった。「現代社会」と「伝統社会」と対比するかのような二つの著書となったが、どちらも民俗学徒にとって、不可欠な視点である。この二つの著書を一対のものとして上梓できたことに感謝したい。

佐々木　美智子

二〇一八年三月三〇日

索　引

あ行

か行

さ行

た行

な行

は行

ま行

や行

ら行

わ行

著者紹介

佐々木 美智子（ささき　みちこ）

國學院大學文学部史学科卒業
日本民俗学会会員
女性民俗学研究会代表
専攻　日本民俗学
現職　國學院大學文学部兼任講師
著書　『日光街道千住宿民俗誌—宿場町の近代生活—』（共著　名著出版　1985）
　『21世紀のお産を考える—2000年男性助産婦導入問題から—』（岩田書院　2001）
　『「産む性」と現代社会—お産環境をめぐる民俗学—』（岩田書院　2016）
編訳　『現代訳産家やしなひ草』（産科文献読書会編　私家版　2000）
　『平成版産論・産論翼』（産科文献読書会編　岩田書院　2008）
論文　「産神と穢れ」（『女性と経験』9　女性民俗学研究会　1984）
　「近代化と地域度—茨城県竜ケ崎市の産育儀礼をめぐって—」
　（『明治聖徳祈念学会紀要』復刻37　明治聖徳祈念学会　2003）
　「今に生きる厄年・年祝い」（『悠久』112　おうふう　2008）
　「婚姻研究をめぐる「話」と「覚書」の融合—柳田國男と瀬川清子—」
　（『女性と経験』37　女性民俗学研究会　2012）
　「「個人化する社会」のお産事情」（『女性と経験』42　女性民俗学研究会　2017）
　他

「俗信」と生活の知恵　**—揺籃期の民俗誌から—**

2018年（平成30年）6月　第1刷　300部発行　　**定価［本体9200円＋税］**
著　者　佐々木 美智子

発行所　有限会社岩田書院　代表：岩田　博　　http://www.iwata-shoin.co.jp
〒157-0062 東京都世田谷区南烏山4-25-6-103　電話03-3326-3757 FAX03-3326-6788
組版・印刷・製本：藤原印刷　　Printed in Japan

ISBN978-4-86602-041-9 C3039　¥9200E

岩田書院 刊行案内（民俗学関係11）

			本体価	刊行月年
917	矢島　妙子	「よさこい系」祭りの都市民俗学	8400	2015.05
919	西海　賢二	山村の生活史と民具	4000	2015.06
926	有安　美加	アワシマ信仰	3600	2015.08
930	野本　寛一	牛馬民俗誌＜著作集４＞	14800	2015.09
933	山崎　一司	「花祭り」の意味するもの	6800	2015.09
934	長谷川ほか	修験道史入門	2800	2015.09
936	橋本　裕之	儀礼と芸能の民俗誌	8400	2015.10
938	首藤　善樹	修験道聖護院史要覧	11800	2015.10
945	板谷　　徹	近世琉球の王府芸能と唐・大和	9900	2016.01
948	菅原　壽清	シャーマニズムとはなにか	11800	2016.02
951	**佐々木美智子**	**「産む性」と現代社会**	9500	2016.02
959	福原・西岡他	一式造り物の民俗行事	6000	2016.04
966	日野西眞定	高野山信仰史の研究＜宗教民俗８＞	9900	2016.06
967	佐藤　久光	四国遍路の社会学	6800	2016.06
968	浜口　　尚	先住民生存捕鯨の文化人類学的研究	3000	2016.07
969	裏　　直記	農山漁村の生業環境と祭祀習俗・他界観	12800	2016.07
971	橋本　　章	戦国武将英雄譚の誕生	2800	2016.07
975	福原・植木	山・鉾・屋台行事	3000	2016.09
976	小田　悦代	呪縛・護法・阿尾奢法＜宗教民俗９＞	6000	2016.10
977	清水　邦彦	中世曹洞宗における地蔵信仰の受容	7400	2016.10
981	松崎　憲三	民俗信仰の位相	6200	2016.11
982	久下　正史	寺社縁起の形成と展開＜御影民俗22＞	8000	2016.12
988	高久　　舞	芸能伝承論	8000	2017.02
993	西海　賢二	旅する民間宗教者	2600	2017.04
999	植木・樋口	民俗文化の伝播と変容	14800	2017.06
002	野本　寛一	民俗誌・海山の間＜著作集５＞	19800	2017.07
003	植松　明石	沖縄新城島民俗誌	6900	2017.07
004	田中　宣一	柳田国男・伝承の「発見」	2600	2017.09
008	関口　　健	法印様の民俗誌	8900	2017.10
016	岸川　雅範	江戸天下祭の研究	8900	2017.11
017	福江　　充	立山信仰と三禅定	8800	2017.11
018	鳥越　皓之	自然の神と環境民俗学	2200	2017.11
028	松崎・山田	霊山信仰の地域的展開	7000	2018.02
030	秋野　淳一	神田祭の都市祝祭論	13800	2018.02
179	福原　敏男	江戸山王祭礼絵巻	9000	2018.03
034	馬場　憲一	武州御嶽山の史的研究	5400	2018.03
038	由谷　裕哉	近世修験の宗教民俗学的研究	7000	2018.04
039	佐藤　久光	四国猿と蟹蜘蛛の明治大正四国霊場巡拝記	5400	2018.04